山东大学(威海)马克思主义学科建设成果文库
山东省委高校工委高校思想政治理论课教学改革专项支持
山东大学(威海)学科建设项目支持

探索培育信仰之道

——山东大学(威海)思想政治理论课教学探索文萃

主　编　吴文新　郝书翠
副主编　马秋丽　焦　佩　张文军
　　　　陈永刚　陈　宾　李建宁

山东大学出版社

图书在版编目(CIP)数据

探索培育信仰之道：山东大学(威海)思想政治理论课教学探索文萃/吴文新，郝书翠主编. —济南：山东大学出版社，2016.7
ISBN 978-7-5607-5586-1

Ⅰ. ①探… Ⅱ. ①吴… ②郝… Ⅲ. ①思想政治教育—教学研究—高等学校—文集 Ⅳ. ①G641-53

中国版本图书馆 CIP 数据核字(2016)第 180320 号

责任策划：刘旭东
责任编辑：陈佳意
封面设计：张 荔

出版发行：山东大学出版社
　　社　址　山东省济南市山大南路 20 号
　　邮　编　250100
　　电　话　市场部(0531)88364466
经　　销：山东省新华书店
印　　刷：泰安金彩印务有限公司
规　　格：720 毫米×1000 毫米　1/16
　　　　　15 印张　265 千字
版　　次：2016 年 7 月第 1 版
印　　次：2016 年 7 月第 1 次印刷
定　　价：25.00 元

行走于探索培育信仰之道
(代序)

习近平总书记在2013年“8·19讲话”中,特别强调了意识形态及宣传思想工作的极端重要性,并指出,各高校要把马克思主义作为必修课,成为马克思主义学习、研究、宣传的重要阵地。众所周知,在高校,针对青年学生意识形态工作的主渠道和主阵地就是思想政治理论课教学。因此,总书记也高度重视高校思想政治理论课教学工作,并在有关报告上作出了要编好教材、建好队伍、抓好教学、切实办好思想政治理论课的重要批示。随后,中共中央办公厅、国务院办公厅印发《关于进一步加强和改进新形势下高校宣传思想工作的意见》(中办发[2014]59号),指出:要建设学生真心喜爱、终身受益的高校思想政治理论课,实施高校思想政治理论课建设体系创新计划,全面深化课程建设综合改革;要着力增强大学生思想政治教育针对性、实效性等。2015年又相继发布了《普通高校思想政治理论课建设体系创新计划》(教社科[2015]2号)和《高等学校思想政治理论课建设标准》(教社科[2015]3号),更是强调了高校思想政治理论课的极端重要地位和作用:“思想政治理论课是巩固马克思主义在高校意识形态领域指导地位、坚持社会主义办学方向的重要阵地,是全面贯彻落实党的教育方针,培养中国特色社会主义事业合格建设者和可靠接班人,落实立德树人根本任务的主干渠道,是进行社会主义核心价值观教育、帮助大学生树立正确世界观人生观价值观的核心课程。办好思想政治理论课,事关意识形态工作大局,事关中国特色社会主义事业后继有人,事关实现中华民族伟大复兴的中国梦,必须始终摆在突出位置,持之以恒、常抓不懈。”毫无疑问,思想政治理论课教学承担着向广大青年学生阐释和培育社会主义核心价值观、唱响主旋律、传播正能量的重大责任,无论是对办好社会主义大学、还是培养社会主义事业的优秀接班人和合格建设者，都具有极为重要而无可替代的意义。因此，想方设法疏通主渠道、守住主阵地，搞好思想政治理论课教学，不断提高教学教育效果，真正做到主旋律、正能量进教材、进课堂、进学生头脑，就显得相当关键和紧迫。

山东大学（威海）马克思主义教学部自20世纪90年代中期就成为与其他学院并列的二级教学科研单位，在学校党委和行政的积极领导下，我们历任党政班子带领全体教师对思想政治理论课教学做出了艰辛而有成效的改革探索。蓦然回首，我们的思想政治理论课教学已经走过了13个年头的探索历程。这期间也曾通过招收行政管理和社会工作专业本科生而圆“学科寻祖”之梦，但随着学校发展升级的需要，这两个专业仅持续两年就被划到了法学院。于是，我们“马列部”依然独守思想政治理论课教学，苦苦地坚守着这一阵地。之后，在本科教学评估活动的督促下，健全了各种教学资料，完善了相关规章制度，我们的思想政治理论课教学也逐渐走上了规范化的轨道。此时也恰逢中央关于大学生思想政治教育的2004年“16号文件”发布，我们似乎嗅到了思想政治理论课教学春天的气息，很快，思想政治理论课“05方案”颁布施行。由于我们的改革持续，就在教育部未将我们纳入新方案试点、“马工程”教材尚未编成出版的情况下，我们于2005年当年率先尝试了新的方案，教材除了自编外，还采用了一家敢于创新的出版社的教材：《马克思主义基本原理》《中国化马克思主义》和《中华民族精神概论》（这门课按照山东大学总校的安排和做法，自编教材实施教学）。在增强理论整体性的前提下，强化了实践教学环节，部分老师还在课余时间带着学生到校外一些企事业单位参观学习，收到了意想不到的效果，这是后来我们在社会上建设思想政治教育基地的先导。

特别是2004年以来，我们逐步摸索出一条以强化实践教学和过程评价为中心的改革思路，兼顾理论教学和实践教学、期末考试和平时考查、知识理解和情感培养、信念认同和行为养成等，取得了显著的效果。目前，我们已经在威海和烟台建立了近20个“大学生思想政治教育实践基地”，每门课都会带领学生到这些基地参观考察并撰写实践报告；在教学过程中，也有相应的课时通过专题讨论、辩论、演讲等形式组织学生参与教学过程，提高学习主动性。我们还在学生修学思想政治理论课期间组织几次大型实践活动，第一学年所有新生都到刘公岛和“定远舰”景区接受爱国主义教育，其余几个学期，依托我校大学生红色社团联盟，以唱响主旋律、传播正能量为主题，分别组织红色之歌演唱会、红色文化知识竞赛和大学生思想政治风采大赛等，通过初赛、复赛到决赛的过程，使学生在积极准备中，营造我校积极向上的文化氛围。与此相应，思想政治理论课的学习评价即考试考核方式也进行了改革，强化了学生平时学习过程的考查，除了以上实践教学环节纳入平时成绩外，还督促学生记读书笔记、撰写小论文、跟老师进行交流（面对面、E-mail以及QQ、微信等方式）等，加强教学的针对性，提高实效性。同时，形势政策课作为通过国内外热点问题和事件对大学生进行社会主义核心价值观教育的更为灵活机动的平台，近年来在校党委积极推动下，由学工部牵头组织学校党团学生工作系统的中层干部统一备课、专题授课、辅导员老师组织专题讨论等方式，极大地提高了学生们关注时事、关心政治的热情，改善了该课程的教学效果。总体而言，这样的改革探索得到了学生的理解和配合，对教师和课程的认可度也有了很大改善，思想政治理论课教师在"毕业生最喜爱的老师"评选中，屡屡上榜，在总体评教中，思想政治理论课教师要略胜于专业课教师，这都表明，这些年来我校思想政治理论课教学改革和探索的确取得了值得肯定的成效。

实际上，2004年"16号文件"不仅确立了新形势下高校思想政治理论课的地位和作用，而且为之后设立"马克思主义理论"一级学科、上马"马克思主义理论研究和建设工程"（简称"马工程"）打下了基础。"马克思主义理论"一级学科的设立，最终圆了我们思想政治理论课教学的"学科寻祖"之梦。作为"马工程"重点教材的《马克思主义基本原理概论》《毛泽东思想、邓小平理论和"三个代表"重要思想概论》《中国近现代史纲要》等陆续出版，我们也在第一时间运用到课堂里，至此，思想政治理论课教学的课程体系问题得以解决。通过这十多年的改革与探索，初步形成了完整的课内课外实践教学体系。与此同时，我们进行了考试、考查评价体系改革，逐步降低了期末考试成绩比重，增加了平时成绩比重，后者从2002年的20%逐步增加到现在的50%，把学生参与各种实践教学活动的情况体现在平时成绩之中，学生的学习主动性有了显著改善，学生自己的收获也是实实在在的。

我们的这些改革和探索，得到了学校党委和行政，教务处、宣传部、党委组织部以及学工部和团委等相关部门的大力支持，同时，其初步成效也被《光明日报》《中国教育报》《科学时报》《大众日报》《威海日报》及威海电视台等媒体予以了报道，也得到了山东省高校工委的肯定和不少同行的赞同。为了初步整理这段时间的改革和探索成果，我们将2005年以来老师们的教学研究成果，择其代表性论文和调查报告27篇，编成此"文萃"，总结前段时间的改革探索，使之系统化，同时也接受全国思想政治理论课同行同仁的批评，以促进我们继续探索和完善。

但是，众所周知，随着社会发展和现代化的加速推进，各项改革日益进入深水区，社会发展进入急剧转型期，市场化改革愈益深入，利益分化愈益强烈，利益主体多元化必然伴随着价值观的多元化和意识形态斗争形势的复杂化。这对高校教师和学生都产生了不容小觑的影响，特别是大学生，不少人由于缺乏政治信念和价值观的辨析鉴别力，而为复杂的思想舆论形势所困惑或误导，陷入困顿甚或误区。随着微博、微信等自媒体愈益深度进入学生日常生活，学生从睁眼起床到闭眼睡觉都离不开网络，而网络又是各种思想交汇争锋的战场。因此，不知不觉中有些学生便可能"中枪"或被俘虏，从而极大地抵消了我们的思想政治理论课教学和宣传思想工作的效果，并构成了进一步宣传教育的愚顽"路障"。

大学生作为一个特殊的社会群体，并不生活在真空之中，他们已经成为对互联网最具有依附性和粘连性的一个群体，称他们为"网虫一代"一点也不过分，吃饭、购物、娱乐、上课、做作业、与同学老师朋友交往等都离不开移动网络，就连课堂上也有不少同学没有真正脱离手机或平板电脑的网络诱惑。这显然为我们传统的思想政治理论课教学(其他专业课教学好像也未能逃脱这一困局)提出了更加严峻的挑战！我们不少老师也尝试通过最新的网络手段，比如微博、微信等等来建构新的思想政治理论课教学平台。但事实证明，学生们对我们发布的"正能量"的东西关注度并不高，他们把这些东西呼之为与己无关的"高大上"，认为它们抽象、枯燥、教条。与此同时，"微课""慕课"等大潮来袭，各种移动自媒体在教育领域的辐射或渗透也带来新的挑战。虽然我们的改革和探索一直没有停步，但这种严峻的形势、巨大的挑战，着实让我们这些思想政治教育者深深地感受到了肩上日益沉重的担子。

这一方面显示出思想政治理论课教学的意义越来越重要，同时也表明思想政治理论课教学取得预期实效的难度在加大。但是，站在国家核心利益和民族前途命运的高度，本着对青年一代人生和祖国未来负责的态度，我们必须毅然决然地"亮剑"，做到守土有责，守土负责，守土尽责。显然，思想政治理论课教学是一项崇高而艰辛的工作，担负着维护党和国家核心利益、中华民族和中国人民整体长远利益的重任。意识形态形势越复杂，思想政治理论课教师的使命就越光荣，工作自然也愈艰辛，成效也就愈珍贵。另一方面，我们也相信，这些困难都是暂时的，随着国家各项制度的完善，全面深化改革、全面依法治国、全面从严治党等工作的扎实推进，全面小康目标的实现，人民群众物质文化生活状况的全面改善，国内环境和社会氛围会越来越好，这必将为我们的思想政治教育创造极为有利的大环境。

无论如何，我们必须在培育青年学生民族信仰的道路上勇敢地前行！国家在发展，社会在进步，人民对幸福生活有很高的期待，作为马克思主义者，作为共产党人，对于培育我们民族的信仰、弘扬我们民族的精神，担负着不可推卸的责任，我们只有奋力拼搏的使命，而没有畏难退缩的理由。正因如此，我们于2014年年底，成功投标了中共山东省委高校工委思想政治理论课教学改革招标项目，期望在此前十余年努力的基础上，勇敢地面对新的思想政治教育形势，进一步推进改革。编纂这样一本“文萃”，既是对老师们辛勤努力的认肯和激励，同时也表达一种态度、一种期待。

习近平总书记的重要讲话和批示，打响了十八大后加强思想政治教育的第一声春雷，战斗在思想政治教育第一线的广大教师的努力，正在培育着高校思想政治教育工作百花烂漫的春天。这本论文集，作为此前各种改革探索的阶段性总结，不仅记录了我们诸位思想政治理论课教师同仁的探索历程，凝聚了大家辛苦创新的心血智慧，而且也是他们踏着春雷的节奏即将走向夏长秋收的宣言。祝愿我校的思想政治理论课教学更上一层楼、更加出彩！也愿与全国同行们相互切磋，共同开创大学生思想政治理论课教学的新境界！

编　者

2016年1月于玛伽山下

目　录

思想政治理论课教学的理论专题研究

思想政治理论课的理论教学专题研究

思想政治理论课的实践教学专题研究

思想政治理论课学生评教与考试改革专题研究

思政课教学的理论专题研究

马克思教育思想对当代思想教育的方法论启示

付文忠　李　风*

卡尔·马克思19世纪声名鹊起，对世界无产阶级运动产生了重要的影响，马克思的理论学说即便到了21世纪仍能引发世界范围内的广泛争论。马克思作为马克思主义的缔造者之一开启了世界发展的新篇章，马克思主义经过实践的锤炼不断向前推进，历史产生了马克思主义，马克思主义也证明了历史，世界的发展离不开与时俱进的马克思主义。

尽管马克思没有对教育进行专门篇章的论述，但无论是作为理论家还是实践家，马克思都与教育有着密切的联系。可以说，马克思是19世纪以来对当今世界发展具有重要影响力的教育家，他致力于唤醒无产阶级的整体性、革命性的意识，通过不断的辩证思考，在过去与现在的延续中完成教育自我与大众的目的。“那些做好的事情本身就是一种目的。我们做这些事情是因为它们属于人类自我实现的一部分，并不是出于责任、习俗、感情，也不是因为权威的命令、物质的必需、社会的福利或者对万能造物主的敬畏。”①他在整体性的社会发展框架内反思教育，从教育中挖掘深层的社会联系，完成思想到实践的过渡，不断从自身走向世界，形成理论与实践、自我教育与世界指引的多次升级式的转换。马克思将世界文化作为其教育思想的终极目标，反对阶级分化与压迫式的教育，他眼中的理想化的教育是人类的共享成果，而不是个别人私有的财产。

世界文化并不是“大一统”的文化，它并不遵循如今美国所鼓吹的“普世价值”，而是追求无阶级的、建立在同一基础上拥有丰富差异性的文化。马克思并

---

* 付文忠，山东大学（威海）马克思主义教学部教授，博士生导师，主攻国外马克思主义，“马克思主义基本原理概论”课程主讲教师；李风，2013级硕士研究生，主攻马克思主义中国化研究。

① [英]特里·伊格尔顿：《马克思为什么是对的》，李杨等译，新星出版社2011年版，第128页。

没有对世界文化作出详细的规定性描述,没有为世界文化设置思想的束缚,而是为世界文化指明了前进的方向。然而,世界文化并不是毫无根据的乌托邦,它是教育发展的必然趋势,是教育发展的终极目标,是人类对文化共享的追求。世界文化以辩证法作为核心的指导思想,遵循社会发展的基本规律,通过学校、国家、社会的教育角色运转,逐渐形成清晰的发展趋向。总的来说,世界文化作为马克思教育思想的终极目标,对我国的教育发展具有重要的理论与实践价值。

一、辩证法——核心指导思想

出生在律师家庭的马克思接受良好的教育,马克思的理性思维以家庭这一小环境为起点,在学校教育环境中逐渐成熟,通过自身对社会现实的深刻反思,马克思的思想完成多次转变,最终确立了其唯物主义的思想基调。从最初对黑格尔的崇拜到对黑格尔颠覆式的发展,马克思以社会现实为基础,将积累的丰富理论知识与现实结合,为未来社会的发展指明了道路。马克思在黑格尔的基础上使辩证法由思维领域走向社会实践,将思维与社会物质现实实现了完美的结合。正如叔本华对康德的道德学说所作的评价那样:"康德的道德学赢得的名声,不只是由于它所达到的这一更高水平,也是由于它的结论之道德纯洁性与高超。"①马克思对辩证法的贡献亦是如此,不仅将辩证法推进到了更高的水平,并使辩证法变得更加纯洁与高超,他使辩证法摆脱了唯心主义的魔咒。辩证法是马克思教育思想的核心指导,教育是一个过程,这个过程是个人与世界发展过程的统一,教育的发展离不开辩证法,运用辩证法逐渐成熟的过程也是世界文化逐渐实现的过程。辩证法之所以成为马克思教育思想的核心指导,在于其普遍性、批判性和实践性。

首先,辩证法是普遍的。"除了追问普遍性之外,哲学并不高出于个别科学一筹,当然也不永远具有掌握真理的特权。"②辩证法作为方法论对于普遍性的追问,并不消除对立,辩证法是具体与抽象、内容与形式的有机结合。辩证法的起点是社会具体,从马克思的博士论文《德谟克利特的自然哲学和伊壁鸠鲁的自然哲学的差别》开始,其就对社会现实表现出了极大的热情,"他公开表明了

① [德]叔本华:《伦理学的两个基本问题》,任立等译,商务印书馆1996年版,第140页。
② [德]哈贝马斯:《后形而上学思想》,曹卫东等译,南京译林出版社2012年版,第14页。

无神论的观点,宣布了哲学应该积极地对待现实的原则"①。同时,对辩证法的运用必须站在无产阶级的立场上才能将社会具体抽象为合理的普遍,正如马克思在《论普鲁东》一文中认为:"普鲁东是天生地倾向于辩证法的。但是他从来也不懂得真正科学的辩证法,所以他陷入了诡辩的泥坑。实际上这是和他的小资产阶级观点相联系。"②无产阶级是社会长期发展的产物,尽管辩证法没有阶级属性的划分,但是辩证法与无产阶级的结合是最优的组合。在资本主义社会里,马克思以辩证法作出指导不断探寻资本主义的奥秘与其发展前景,其大部分的时间都用在探索未来社会发展之上,可以说资本主义的社会环境为马克思的探索提供了丰富的内容。马克思并没有局限于眼前,而是以动态的眼光审视现在,拷问过去。黑格尔将辩证法看作是纯粹的思维运动,将现实的运转看作是思维的运转,尽管黑格尔在头脑里坚持以动态的步骤构建未来,但是他注定只能完成辩证法内容上的完备,无法对其形式作出正确的阐释。"在他那里,辩证法是倒立着的。"③

世界文化需要以具有普遍性的辩证法作为指导,辩证法是教育趋向世界文化发展目标的工具。"手用的工具不外是供以动力或加以引导,同样,心用的工具也不外是对理解力提供启示或示以警告。"④辩证法作为一种思维指引,能够使教育更加趋于合理化、非工具化,使得个人与社会的发展更加趋于全面化、普遍化。世界文化作为一种普遍的、整体性的文化,需要借助整体性、普遍性的辩证法,教育是世界文化的组成部分,更是实现世界文化的手段、过程。普遍性的辩证法能够为世界文化的发展作出符合社会发展方向的指引。

第二,辩证法是批判的。资本主义未来的答案孕育在资本主义的社会现实中,作为资本主义的敌对者,马克思用批判的眼光在资本主义中发现了社会发展的奥秘。"资本主义的局限性必须从资本主义的最大优点所包含的不足中去寻找——也就是说,用辩证的方法去寻找,只有当资本主义不能进步时,它才会达到自己的极限。"⑤马克思运用辩证法,认识到资本主义蕴含的强大生产力,从马克思出生到其逝世的六十多年的时间里,资本主义迸发的活力是其他生产方式所不能企及的。在资本主义繁荣风光的背后,"马克思看到,资本主义发展了

---

① [苏]彼·费多谢耶夫等:《卡尔·马克思》,孙家衡等译,三联书店1980年版,第20页。

② 《马克思恩格斯选集》第3卷,人民出版社2012年版,第24页。

③ 《马克思恩格斯选集》第2卷,人民出版社2012年版,第94页。

④ [英]培根:《新工具》,许宝骙译,商务印书馆1984年版,第8页。

⑤ [英]梅格纳德·德赛:《马克思的复仇——资本主义的复苏和苏联集权社会主义的灭亡》,汪澄清译,中国人民大学出版社2006年版,第9页。

人类能力的普遍性和社会性，但仅仅是以外在的或是物的形式来发展”[①]。资本主义打破了地域的界限，使得整体性在全世界范围内得以确立，然而这种整体性却是不公平的，资本的利益凌驾于普通民众之上，资产阶级的享乐建立在无产阶级的痛苦之上，二者的对立尽管通过一次次的政府干预有所缓解，但病根无法消除，尽管资本主义的剥削手法越来越隐秘，但二者的矛盾在日积月累的表面性修复中日趋加剧。尽管随着经济的发展，“各民族的精神产品成了公共的财产。民族的片面性和局限性日益成为不可能，于是由许多种民族的和地方的文学形成了一种世界的文学”[②]。然而，这样的文化并不是真正意义上的“公共财产”，世界的普遍性日益加深，世界文化虽初具模型，但在资本主义主导下的世界文化只能是压迫的、非平等的。资本主义将交换价值的意义不断提升，文化逐渐被赋予资本的意义，文化逐渐沦为资本的奴隶，因而，挖掉资本这颗毒瘤，才能给以世界文化正常的发展空间。

马克思所追求的是全面自由发展的个人与全面自由发展的社会，个人与社会的发展建立在一定的生产力发展之上，资本主义带来人与社会外在、非本质发展的同时，使得个人与社会逐渐异化，教育的工具化特性在一定层面异常加强。教育成为资本主义控制普通下层民众的强有力手段，教育异化在一定程度上使得世界性矛盾加剧。

批判的辩证法在发现优点的同时发现不足，通过对现实具体的分析，发现整体性的布局，对自身的反思使得思想趋于成熟，对现实的批判为实践提供指引。世界文化是动态的、非固定的，它的建立需要一定的经济基础，全球化的发展为其开辟了发展的空间，然而世界文化并不能成为资本主义扩张的借口，世界文化倡导的平等与共享是纯粹的、非资本性的。批判性的辩证法有助于世界文化的良性发展。

第三，辩证法是实践的。辩证法并不仅仅是思维的运动，辩证法的实质作用需要依靠实践的展开。“对经典马克思主义来说，现代社会发展理论、现代社会批判理论和现代社会革命理论三者是不可分割地重叠交融在一起的。”[③]发展需要以批判的眼光审视存在，通过实践完成革命的目标，在社会发展的过程中，理论与实践是不可分割的搭档，忽视任何一方的瘸腿革命注定要以失败收场。资本主义不断改造着自己存在的形式，“资本主义的生产不仅创造出经济上贫

① ［美］古尔德：《马克思的社会本体论：马克思社会实在理论中的个性和共同体》，王虎学译，北京师范大学出版社 2009 年版，第 30 页。

② 《马克思恩格斯文集》第 2 卷，人民出版社 2009 年版，第 35 页。

③ 刘怀玉、章慕容：《马克思主义辩证法的一元性本质与多元化探索》，载《南京大学学报》2014 年第 2 期。

困的无产阶级，而且创造出生态上贫困的环境无产阶级”①。人与人之间、人与物之间的关系日益紧张，社会与环境的对立不断加深，在马克思看来，资本主义只是社会发展的一个阶段，因而需要将其放在人类发展历程的总体过程中看待，也需要对其进行历史的批判改造，总体性与历史性的结合使得人类能够把握发展的合理动向，资本主义所创造的生产力为下一阶段的生产发展奠定了基础，为世界文化的普遍繁荣创造了条件。然而，整个过程的实现需要以实践的辩证法作为指引并通过无产阶级的自觉觉醒和行动实现。

马克思理想的共产主义是自由发展的世界，“在那里，每个人的自由发展是一切人的自由发展的条件”②。而每个人的自由发展需要通过教育逐渐使无产阶级觉醒并使其积极地行动起来，推翻原有的压迫剥削关系，建立更高层次的生产方式，无产阶级需要掌握自我实现、自我决定、自我发展的主动权，以实践的辩证法作为指导并在实际斗争的过程中逐渐提高运用理论的灵活程度，不断完善理论的不足之处。无产阶级由众多被剥削生产资料的个人组成，个人是具体的历史的产物，个人需要团结起来争取劳动的自由、发展的自由。世界文化追求的个人的全面发展与社会的合理发展需要通过实践实现。发展需要以自由为前提，更需要将自由作为结果，无论是个人还是社会，对马克思而言，都需要通过实践克服外在压迫，逐渐实现自由。那么，是否意味着无成熟的资本主义经济基础作为保障，就无法实现世界文化，答案是否定的。这是由于世界文化的发展有两条重要的主线，即生产力与生产关系、经济基础与上层建筑，世界文化的发展遵循二者相互作用的规律。

二、生产力与生产关系，经济基础与上层建筑——两条重要主线

在马克思看来，生产力与生产关系、经济基础与上层建筑的相互作用对世界文化产生重要的影响。资产阶级在反抗封建势力的斗争中逐渐确立自己在生产力方面的领先地位，充分发挥生产优势，在与无产阶级的联合中以压倒性的胜利战胜了封建地主阶级。资产阶级登上历史舞台是社会发展的必然趋势，资产阶级以暴力的、血腥的方式确立了统治并通过技术革命等手段不断扩张自己的势力范围，从最初依靠个人发明提高生产逐渐演化为集体协作，在资本主义社会中，生产由手工劳作演变为机器大生产，资本主义凭借着娴熟的生产技

---

① 汪行福：《当代资本主义的批判——国外马克思主义的新思考》，载《国外理论动态》2014年第1期。

② 《马克思恩格斯文集》第2卷，人民出版社2009年版，第53页。

巧与压迫机制使这个历史阶段的生产水平不断提高，资本主义经济取得了举世瞩目的成就。技术的革新速度是之前任何发展阶段无法达到的，“生产的不断变革，一切社会状况不停的动荡，永远的不安定和变动，这就是资产阶级时代不同于过去一切时代的地方”①。可以说，资本主义的自由是金钱、资本的自由，资本主义贪婪的本性借助资本的力量在全世界蔓延。“一句话，它按照自己的面貌为自己创造出一个世界。”②对于无产阶级来说，资本主义的发展在无形中推动自身的壮大，由最初个人斗争逐渐发展为集体的对抗，由最初简单粗暴的方式升级为具有巧妙智慧的形式，无产阶级在实践中不断提升觉悟使自己发展壮大。资本主义的发展，打破了民族、地域的界限使世界连为一体，此时的上层建筑也随之发展改变。

资产阶级竭力压制无产阶级教育的发展，试图将无产阶级塑造成没有反抗能力的生产工具。“对工人阶级来说，性别和年龄的差别再没有什么社会意义了，他们都只是劳动工具，不过因为年龄和性别的不同而需要不同的费用罢了。”③然而，随着经济的发展，二者的紧张关系不断加剧，为自身生存发展的需要，无产阶级对先进教育的渴望愈加强烈。一方面，资产阶级内部阶层的竞争淘汰机制使得一批受过良好教育的阶层充斥到无产阶级队伍中；另一方面，经济的发展、斗争的加剧使得无产阶级的实践知识不断积累，无产阶级的现实教育因素持续增加。资本主义所建立起的世界联合是资本的联合，资本只有通过整体性的运作才具有发展的可能性，同时，“在资产阶级社会里，资本具有独立性和个性，而活动着的个人却没有独立性和个性”④。哪怕是资产阶级自身都逐渐沦为资本的奴隶，因而，尽管资本主义为教育的发展积累了一定的经济基础，但是却无法真正实现无阶级压迫，实现个人全面发展的世界文化。

在资本主义不断上升的时期，法国的革命走在了时代的前列。“德国的哲学家、半哲学家和才子们。贪婪地抓住了这种文献，不过他们忘记了：在这种著作从法国搬到德国的时候，法国的生活条件却没有同时搬过去。在德国的条件下，法国的文献完全失去了直接实践的意义，而只具有纯粹文献的形式。”⑤也就是说，思想脱离了具体的实践环境就会失去真正的价值，具体的经济基础为上层建筑的构建发挥了决定性的作用，上层建筑需要结合具体的社会现实作出相应的调整。作为上层建筑重要组成部分的文化可以走在经济发展的前面，先进

---

① 《马克思恩格斯文集》第2卷，人民出版社2009年版，第34页。

② 《马克思恩格斯文集》第2卷，人民出版社2009年版，第36页。

③ 《马克思恩格斯文集》第2卷，人民出版社2009年版，第39页。

④ 《马克思恩格斯文集》第2卷，人民出版社2009年版，第46页。

⑤ 《马克思恩格斯文集》第2卷，人民出版社2009年版，第57～58页。

文化的指引往往先于社会经济基础。教育作为一种过程、工具，是文化的重要组成部分，资产阶级利用文化巩固自身的统治，因而，无产阶级应重视自身的教育，提高战斗的能力。在马克思所处的时代，他提醒共产党“一分钟也不忽略教育工人尽可能明确地意识到资产阶级和无产阶级的敌对的对立，以便德国工人能够立刻利用资产阶级统治所必然带来的社会和政治的条件作为反对资产阶级的武器，以便在推翻德国的反动阶级之后立即开始反对资产阶级本身的斗争”①。教育的发展能够提升思想的觉悟，因而各统治阶级总是把教育的主动权掌握在自己的手中，试图在经济上、思想上同时控制被统治阶级。

随着资本主义的发展，其对思想的控制手段更加隐蔽化。在社会发展中，尽管文化受经济的决定性所牵制，但文化可以走在经济发展的前列以指引社会的发展。无产阶级在直接的社会生产中不断提升自身的觉悟，无产阶级的教育者与被教育者都在不断的斗争中接受现实的洗礼。资本主义的控制使人的劳动发生了异化，个人越来越单一化、片面化，因而捆缚在每个人身上利益的枷锁，成为资本主义难以解决的问题。在资本主义的体制下，人的劳动成为自己被物控制的包袱，“人工作的意义是由体制决定的”②。构建马克思所预见的共产主义社会仍有很长的路要走，资本主义在当今社会仍具有很大的发展空间，社会主义仍处于较为弱势的地位，因而确立真正无阶级压迫的世界文化的发展目标，重视个人全面发展、社会合理发展的教育，使文化不断趋向理性的成熟，才能够为现实实践提供合乎实际的规划。资本主义的发展为世界文化打开了一条道路，世界逐渐连为一体，民族、区域的时间、空间距离因为技术的发展而逐渐缩减，只有不断追求无阶级压迫的世界文化才能使世界真正实现繁荣与和平，同时能够为全世界共产主义社会的胜利提供指引。可以说，世界文化的重要功能就是为未来社会提供美好的蓝图。

三、学校、国家、社会与教育——三个主要关系

学校、国家与社会是在提及教育时必然要涉及的词语，三者与教育有着密不可分的联系。在马克思看来，三者在教育中扮演不同的角色，只有各司其职才能够促进教育的发展。教育过程的完成需要个体自身的不断提升，也需要与学校、国家与社会这些环境进行良性的互动。

---

① 《马克思恩格斯文集》第2卷，人民出版社2009年版，第66页。

② [英]特里·伊格尔顿：《马克思为什么是对的》，李杨等译，新星出版社2011年版，第93页。

首先，学校是教育的主阵地。随着经济的发展，家庭教育逐渐退居二线，普遍的学校教育成为教育的主阵地。教育不能急于求成，而应采取循序渐进的策略。“显然，学生应当逐步地学跳，不能第一天就跳过整个壕沟，绳子应当逐步拉远。”[①]实现真正的世界文化发展目标需要分阶段、分层次逐步完成。同时，学校不仅要成为理论知识的传播者，更应成为劳动技能的培养者。在马克思生活的时代，资产阶级统治者将学校作为意识形态灌输的主要场所，并把大批的贫苦学生投放到工厂，学生参与到资本主义大生产中，尽管资产阶级的目的在于压榨更多的剩余劳动，但在无形中提高了学生的劳动技能。我们需要意识到学校不应成为赚钱谋利的场所，真正的公平教育并不是阶级等级的教育，更不是片面发展心智、体智和劳动能力一个方面的教育，学生的心智、体智与劳动能力需要在正确的引导下逐步完善。心智、体智与劳动能力的全面发展应作为学校教育的阶段性目标。作为学校教育的直接实施者，教师需要拥有批判的思维方式，对自身与教育拥有清醒的认识，在双向互动中不断完成自身教育的升级。可以说，教育是教育者与被教育者双方发展的过程。

资本主义社会将人异化，“我们看到，工业的历史和工业的已经产生的对象性的存在，是一本打开了的关于人的本质力量的书，是感性地摆在我们面前的人类心理学；对这种心理学人们至今还没有从它同人的本质的联系上，而总是仅仅从外表的效用方面来理解”[②]。异化成为资本主义的普遍特征，资本主义无法看透人的本质，更无法实现个人的全面发展。尽管资本主义创造了丰富的物质、精神财富，却无法真正实现物质与精神的共享。在资本主义社会中，教育是私有化的，私有制渗透在方方面面。个人的全面发展需要通过教育逐渐完善，资本主义无法提供平等的教育，资本主义的最大目的只是通过教育榨取更多的利润以满足自身的发展。资产阶级害怕无产阶级的崛起，因而其给予无产阶级教育的机会只是为满足其获得利润的欲望，恩格斯曾在《英国工人阶级状况》一文中分析了无产阶级受教育的真实状况，揭露资产阶级的真实面目。尽管随着社会的发展，工人阶级的受教育状况逐渐好转，学校教育逐渐完善，但仍改变不了教育不公的现实，更无法改变资本主义的嗜血本性。可以说，学校教育在资本主义社会是以利益为导向的，资本主义无法实现学校教育的公平化。因而，推翻资产阶级的统治，改变社会环境，才能够使学校教育成为符合真正世界文化进程中的教育。

第二，国家是教育的调节者。马克思认为随着社会的发展，国家的压迫职

① 《马克思恩格斯全集》第 1 卷，人民出版社 1995 年版，第 198 页。

② 《马克思恩格斯全集》第 42 卷，人民出版社 1979 年版，第 127 页。

能逐渐消失，管理职能逐渐增强，但在教育中，国家不应成为教育的操控者，而应发挥调节的功能。这并不意味着国家对教育不管不顾，任其自由发展，国家需要作出保证教育按照符合社会发展的方向发展的引导。国家对于教育的影响是通过将个人利益上升为整体利益，将整体利益与个人利益实现有机结合的方式，发挥个体与整体之间合理权衡的作用。资本主义国家将资产阶级的个人利益凌驾于整体之上，以追求利润最大化为方向，因而使国家之间、民族之间、人类社会与自然之间的矛盾不断激化。真正的世界文化境界是“工人没有祖国”[①]的高度，无产阶级对于国家的掌控意在消除经济上的阶级差别，经济上的平等发展与共享可以消除阶级对立，国家之间非对抗性斗争、民族之间非歧视性的发展、人与自然和谐相处是世界文化描绘的美好图景，个人与社会的全面自由发展依赖国家对教育的调节。

第三，社会是教育的实践场地。“国家只是社会组织的工具，社会则通过这一工具来维护在其母胎中所产生的阶级分化。因而把阶级统治的罪责归之于国家，那是因果颠倒。”[②]阶级分化的基础来自社会，因此应促进社会转型，发挥社会在教育方面良性的作用，使社会不仅成为教育的影响者，更成为教育的实践地。在社会发展过程中出现的教育问题，只能通过社会与教育的共同发展来解决，教育与社会的共同发展实现世界文化的目标。

四、当代启示

马克思作为教育的革命者，与21世纪教育的发展密切相关。教育的核心思想是什么、贯穿教育发展的主线是什么、教育中的各角色应以何种面貌呈现是研究马克思教育思想的重要问题。尽管马克思的思想经历多次转折，但其始终把对教育的研究摆在重要位置并将其渗透在经济、政治分析批判的各个层面。我国作为社会主义的践行国家，我国的共产党人承担着重要的历史使命，社会主义在资本主义社会不可调和的矛盾面前其优越性越发显著。越过资本主义发展阶段，我国的经济基础并不完善，但这并不妨碍我国把世界文化作为教育的终极目标并结合各个阶段、地区的实际情况制定具体的教育计划。长远规划与实际现实的结合才能使前进的步子更加稳固，我们追求世界文化，倡导

① 《马克思恩格斯文集》第2卷，人民出版社2009年版，第50页。

② ［美］古尔德：《马克思的社会本体论：马克思社会实在理论中的个性和共同体》，王虎学译，北京师范大学出版社2009年版，第302页。

共性与个性的有机结合。

我们必须重视与坚持辩证法。辩证法是抽象普遍的,也是现实具体的,辩证法在否定与肯定的运动中不断实现自身的升级,辩证法的发展离不开实践,辩证法作为未来社会的指引具有不可比拟的优越性。追求世界文化并不是消除个性,而是在充分发展个性的同时使全面发展、平等共享成为全人类的共性。

辩证法将对立双方的博弈作为主要的运作形式,对立与同一的话题是辩证法永恒的争论点,无论是在内容还是形式方面,辩证法的魅力吸引了众多学者的目光,辩证法的发展经历了三个阶段,最终在马克思的参与下得以完善。“辩证法在古希腊那里是人类研究哲学、讨论真理问题时的辩论术,也就是修辞和思想的智慧。到中世纪,辩证法作为神学论战和论辩中的修辞技术得以延续,其只不过是神学庇护下的人文学科的修辞手法。”[①]经德国古典哲学家的改造,特别是黑格尔的阐释,辩证法成为思维的神器。马克思确立了辩证法的物质实践源头,将辩证法与革命结合,不断发挥辩证法在具体现实中的作用。辩证法经受住了历史的检验。因而,在教育的发展中必须坚持以辩证法作为核心指导的立场,正确处理内容与形式、主观与客观、历史与现实等之间的矛盾,化解各民族、各区域间的文化冲突,在同一性的基础上包容差异,逐步将对抗性的矛盾转化为非对抗性的文化碰撞。马克思是一位懂得因时因地而时刻变化的教育家,重视延续性,以动态的变化实现共赢。各民族的文化没有等级之分,优秀的文化值得各个民族共赏与交流。最终的世界文化不是某个人、某个民族单一力量的呈现,而是全世界平等繁荣的展示。

另外,学校、国家与社会需要各司其职。我国处于社会主义初级阶段,学校教育更应处理好知识与应用的关系,使智能、体能与劳动能力的发展适应社会发展的需要,在个体的不同发展阶段实施适宜的教育。同时,国家要确保教育沿着社会主义的方向前进,避免出现道路的偏移,避免过渡干涉教育。国家要对经济与教育进行联手抓。21 世纪的世界是相互联系的世界,大多数地区已经摆脱了愚昧的状态进入现代文明。资本主义在全球范围内已建立起世界文化的基本雏形,但这种世界文化因为资本主义的贪婪而发生了扭曲。我国应该将真正的世界文化作为教育发展的终极目标,但这并不意味着追求霸权,而是坚持世界各国优秀文化的平等与共享。就总体而言,处于社会主义初级阶段的中国的整体经济实力与资本主义发达国家具有很大的距离,因而重视经济的发展,才能够使各项工作拥有强大的经济保障。近年来,我国经济建设取得了一

---

① 刘怀玉、章慕容:《马克思主义辩证法的一元性本质与多元化探索》,载《南京大学学报》2014 年第 2 期。

定的成果，我国《2013 年国民经济和社会发展统计公报》显示："国民经济平稳较快增长。初步核算，全年国内生产总值 568845 亿元，比上年增长 7.7%。其中，第一产业增加值 56957 亿元，增长 4.0%；第二产业增加值 249684 亿元，增长 7.8%；第三产业增加值 262204 亿元，增长 8.3%。"[①]与此同时，教育事业也在稳步发展，本专科生数量逐年增多。同时，"全年研究与试验发展(R&D)经费支出 11906 亿元，比上年增长 15.6%，占国内生产总值的 2.09%，其中基础研究经费 569 亿元"[②]。经济的发展为教育提供了强有力的物质支持，教育的发展为经济输送了大批的高素质劳动者，文化与经济的结合使得生产力稳步提升，因而重视教育与经济的发展，有利于国家整体实力的提高。社会整体需要端正态度，使教育在优质的环境下良性发展，整体社会氛围的形成需要社会个体的共同努力。

总而言之，教育的发展离不开正确的理论引导，更离不开现实具体，教育的发展需要多方联动，世界文化作为马克思教育思想的终极目标，对我国乃至世界教育的发展具有重要影响。

---

① 中华人民共和国国家统计局：《2013 年国民经济和社会发展统计公报》，http://www.stats.gov.cn/tjsj/zxfb/201402/t20140224_514970.html，2014 年 2 月 24 日。

② 中华人民共和国国家统计局：《2013 年国民经济和社会发展统计公报》，http://www.stats.gov.cn/tjsj/zxfb/201402/t20140224_514970.html，2014 年 2 月 24 日。

高校思想政治理论课教学的困境与出路

张文军*

长期以来，高校思想政治理论课普遍存在着“学生厌学，教师难教”的尴尬局面。为了解决这一问题，应当说有关方面上上下下做了不懈的努力，但是总的来说效果不够理想。为此，近几年来我们在考试、实践课教学、多媒体教学手段运用等方面进行了一些改革探索，最近又制作了“关于思想政治理论课有关问题的调查”问卷，在有关专业的本科生中调查摸底，了解掌握了一些情况。现就此谈谈我们的认识和做法，以期相互交流，共同提高。

一、高校思想政治理论课教学中存在的主要问题及其原因

进行思想政治理论课教学改革，必须对当前存在的一些主要问题加以梳理。我们认为问题主要表现在以下几个方面：

首先，实用主义和急功近利的社会环境对学生接受思想政治理论课有一定的负面影响。改革开放以后，伴随着社会主义市场经济体制的逐步建立，我国取消了高校毕业生国家计划统一分配制度，这对于增强学生的自主意识，激发学生的学习积极性，有一定的正面作用。但是，由于思想政治理论课内容本身并不直接创造经济效益，或者说距离经济场相对较远，面对社会上物质利益的刚性化和日趋强烈的利益角逐，思想政治理论课教学的作用显得比较软弱无力。一个明显的事实是，相关专业的就业范围十分狭窄，相关职业的收入普遍

* 张文军，山东大学（威海）马克思主义教学部教授，“马克思主义基本原理概论”课程教研室主任，主攻方向为马克思主义中国化及中国社会基层民主发展。

本文为学校教学改革研究重点项目阶段性成果之一。

不高，作为非专业的思想政治理论公共课更是被认为学无所用。这种学科内容的非功利化是导致学生学习态度冷漠化的一个主要原因。在我们收回的1699份有效调查问卷中，关于"一些人对思想政治理论课抵触的主要原因"一项，选择"市场经济的负面冲击"的有938人，占55.2%；选择"理论过时"的有353人，占20.8%，说明社会环境要比理论本身的问题对学生影响更大。

其次，有关一些教材内容空洞、枯燥、呆板甚至粗制滥编[①]，是造成学生厌学的一个重要原因。现行的有些教材要么脱离实际，在一些命题、概念上做游戏，晦涩玄奥，莫辨高深；要么是教材文件化，局限于政策的注释、枯燥的宣传和呆板的说教；有的教材内容则几十年一贯制，以不变应万变，或者仅仅在包装上改头换面，实际上是"换汤不换药"，甚至一些明显不合时宜、不能自圆其说的理论仍在沿用。而且，在教材编写方面存在着不严肃性、非权威性、随意性和泛滥化，以致教材品种多如牛毛，教材编者更是繁若群星，其中相互抄袭、粗制滥编、谬误百出者，司空见惯。比如在马克思主义哲学部分，强调物质对意识的决定作用较多，意识的能动作用总是处于次要的从属的地位，存在"见物不见人"的片面性；讲"人类社会发展是一个自然历史过程"，仍然没有跳出强调"历史决定论"、忽视"主体选择论"的窠臼；只讲人民群众是物质财富、精神财富的创造者，不讲人民群众应当是这些财富的享有者；整个课程体系仍然存在唯物论、辩证法、认识论和唯物史观几大块相互分割、缺乏整体感和贯通性的现象。如此等等。在马克思主义政治经济学和科学社会主义部分，对当代资本主义和社会主义缺乏联系实际的有针对性的分析，内容显得比较陈旧和空泛，某些方面缺乏可信度。诸如此类，不仅不能体现时代性，增强针对性，突出实效性，而且还有误人子弟之嫌。因此，大学生对现行教材乃至整个思想政治理论课的某些排斥心理也就毫不奇怪了。调查问卷中关于"教材的内容"一项，1648人中只有178人认为"很生动，有兴趣"，占10.8%；有719人认为"很枯燥，没兴趣"，占43.6%，我们认为，这一数据基本上能够反映出教材的真实情况和大学生对教材的态度。

再次，与上述问题相联系，高校在教学管理理念方面，教师在教学水平、教学方法、教学手段等方面存在的问题也是导致教学效果不佳的重要原因。近几年来，党和国家对高校思想政治理论课教学是十分重视的，中央主要领导人专门多次作过批示，有关职能部门也就此进行过各种形式的改革研究，但是就总体而言，高校似乎始终没有改变思想政治理论课不受重视的状况，存在着事实上的"学科歧视"。在许多高校，作为公共课的思想政治理论课总是处于"从属"

---

① 参见张文军：《全国普通高校"两课"教材岂能这样"示范"》，载《社会科学论坛》2005年第11期。

或"辅助"地位，即所谓"边缘化"。在资金的投入上、教学人员的待遇上，乃至教学时间的安排上等都明显不如专业课，成为高校的"弱势学科"。该学科的教师大都被一些人认为"没学问""混饭吃"，成为高校中的"弱势群体"。这就不能不影响到该课程的一些教学环节和教学效果。从作为教学主体的教师的教学水平来看，虽然参差不齐，但我们认为总体上还是不错的。调查问卷中关于"一些人对思想政治理论抵触的主要原因"一项，1599 人中只有 132 人选择了"教师水平问题"，占 8.3%。但是，这并不意味着必然会有较好的教学效果。现在的问题是，由于受社会环境、学生情绪、教材等各方面的影响，从事思想政治理论课教学的教师普遍存在职业荣誉感、成就感不高的自卑心理和"厌教"现象，有的与学生的"厌学"形成双向排斥的恶性循环。从教学方法和手段来看，目前仍然普遍运用"牛不吃草硬摁头"的强制性灌输法，不但难以收到好的效果，还很容易引起学生的逆反心理。同时，教学条件原始、手段单一等等，也必然对教学效果构成一定的影响。

最后，高校思想政治理论课作为所有学生开设的课程，在命题和考试方式方法上也存在诸多问题。学生的学习学科专业不同，学习基础、学习兴趣不同，甚至有的同一专业的同一班级学生在中学阶段也有文科和理科之分，其接受的思想政治理论方面的教育内容有很大差别；同是文科，不同学科、不同专业的学生在本学科的基础上也存在很大差距，这就给该课程的讲授和命题带来了很大困难。比如，新闻传播学院的学生与艺术学院的学生在授课、考试等方面就应当有所差别。而我们目前大多采用的是不分学科、专业的"一张卷""一刀切"的考试模式，因而难以照顾到许多学生不同的专业特点。同时，我们的教师专业特长、研究方向各不相同，对这种"万金油"式的教学方式也存在某种程度的不适应。

当然，这里也与一些大学生对思想政治理论课的某些模糊认识和主观偏见等思维定势有关。比如有的认为马克思主义创始人的思想是一百多年前的，又是外国的东西，对于我们现在已经过时了，即便有用，也是决策者操作的事，与自己无关；还有的把过去社会主义国家违反马克思主义造成的失误看成是马克思主义、社会主义自身的缺陷。如此等等，难免会对学习思想政治理论课产生排斥心理和消极抵触情绪。

二、关于思想政治理论课教学改革的几点思路

针对上述现象，我们认为在教学改革中有关方面特别是决策者必须转变观

念，理清思路，明确目标，找准路径。必须改变过去“头疼医头，脚疼医脚”、零打碎敲的方法，进行全方位、系统化的改革。

首先，高校及其主管部门要真正重视思想政治理论课在塑造培育大学生人文素质乃至构建和谐社会中的作用，切实把思想政治理论课放在应有的地位，在学科建设特别是资金投入、人文关怀等方面有明确具体的规划和安排，改变那种思想政治理论课“说起来重要，做起来次要”的状况。要在高校乃至全社会营造这样一种氛围：学习思想政治理论课的学生有兴趣、有用处、有前途；从事思想政治理论课教育的教师有作为、有地位、有自豪感。这是搞好高校思想政治理论课教学改革的前提和基础。

其次，要下大气力对思想政治理论课教材体系和内容进行改革。虽然以往有关方面也就此进行过多次改革尝试，但是由于总是局限于分分合合、修修补补，缺乏实质性的突破，因而效果并不明显。改革现行的教材，必须在思路上有一个大的转换，即由“跟风型”“务虚型”转到应用型、服务型。一方面，思想政治理论课教材毕竟不同于时事政治，不能因时政的变化而频繁更改，应当保持相对的稳定性；另一方面，教材内容应当突出与大学生密切相关的深层次问题，那些被大多数学生认为学了没有用处的教材内容，无论如何也是无法引起他们的学习兴趣的。当然，有些学科如马克思主义哲学，理论抽象性要强一些，但是这并不妨碍我们把它的哲理与现实社会、现实工作和生活很好地结合起来，哲学的实践化、通俗化并不等于哲学的庸俗化。正如邓小平所指出的：“其实马克思主义并不玄奥。马克思主义是很朴实的东西，很朴实的道理。”[①]要改变“教材学术化”和“教材文件化”两种倾向。前者是把学术界颇多争议的个别观点写进教材；后者只是对有关文件进行图解，缺乏对实际问题具体的分析判断，二者都是理论脱离实际的表现，都不适宜大学生学习和接受。

最后，要在改革传统的教学方法、考试形式方面有较大的突破。传统的教学方法主要采用“我说你听，我打你通”“满堂灌”的单向灌输式，讲究纲目齐全、板书规范等等。这样一来往往容易出现的问题是：教学主体与客体的不和谐，教材与教法的不和谐。一方面，作为教学客体的学生总是处于被动地位，缺乏参与的积极性、主动性；另一方面，作为教学主体的教师“出力不讨好”。而传统的考试形式与这种教学方法又是互为联系的。它侧重于临时应付，死记硬背，过后即忘。这种导向不利于培养提高学生分析解决问题尤其是创新的能力，也不利于培养学生的人文素质。因此，在教学中要把单向灌输式改为引进社会实践内容的教与学的双向互动式，把“课本＋粉笔＋黑板式”改为以教材为参考、

① 《邓小平文选》第3卷，人民出版社1993年版，第386页。

以多媒体课件为主要手段的专题讲座式以及学生登台演讲的教学互动式。在命题考试方式方法上要体现个性化、多样化，即按照学生的不同学科、专业特点命题和组织考试。当然，这不仅仅需要观念和方法上的变化，更需要物质条件的支持。

三、关于思想政治理论课教学改革的几点尝试和体会

根据上述认识理念，我们在思想政治理论课教学方面进行了以下几点改革尝试：

首先，在本科考试中采取了卷面成绩和平时成绩相结合的办法。平时成绩包括学生的到课率、课堂纪律、课堂测验、PPT 课件制作和演讲、完成校外实践课教学任务等情况，占总成绩的 40%。之所以把平时成绩作为考试内容，主要基于两个方面的考虑：其一，思想政治理论课教学重在培养学生的人文素质特别是思想道德素质和政治素质，单靠卷面考试、让学生死背书本上的一些概念和条文是难以达到目的的。如果一个学生经常旷课、迟到早退、违反课堂纪律，那么即便卷面成绩很好，也不能说明我们的教学效果是理想的。其二，思想政治理论课作为主流意识形态对当代大学生教育的主渠道，在目前情况下单靠大学生自觉性学习是难以达到理想效果的，需要带有某种灌输性。这除了体现在国家把思想政治理论课规定为高校学生必修课之外，还需要有一些具体的灵活多样的富有实效性的制度来加以保证。把平时成绩作为考试内容，在丰富教学内容和教学形式的同时，也增加了学生参与教学的主体能动性以及师生之间、学生之间的互动性。为了保证学生平时成绩的客观公正性和可操作性，我们专门设计制作了《思想政治理论课教学周志》。周志除了记有该课程的教学重点、难点及教学进度计划等内容外，还记录学生每次上课过程中的表现（包括遵纪违纪、回答问题、PPT 课件制作和演讲效果、校外社会实践课任务的完成情况等），由任课教师与该班级负责考勤的学生共同填写，作为该学期期末评定学生平时成绩的主要依据。从这一制度实施以后的情况来看，学生的旷课、迟到早退等违纪情况大大减少。《教学周志》的实行，从制度层面使学生对教师的单向考评变成了教与学的双向考评，形成了教、学双方相互制约、相互促进的教学机制。现在许多高校都在实行期末学生评教制度，即由学生给教师的教学情况打分，以作为教师考评的主要依据，这当然是必要的。但是它同时也带来负面作用，有些学生在评教中也存在着情绪化、非理性的因素，而有些教师为了获得较高的感情分，往往对学生采取无原则的迁就态度，不敢大胆进行课堂管理，导致

某些学生课堂自由主义泛滥，对整个学习风气、教学效果都产生了不良影响。为此，我们设置了“有限评教权”制度，即只有该科成绩达到规定分数者才能获得评教资格。这样就可以基本上避免某些因违纪扣分而成绩偏低的学生对教师情绪化的评价，从而在较大程度上保证了学生评教的客观公正性。

其次，突出实践教学的地位并对其资金、内容、路径、形式及课时量等进行了改革。教学实践课的安排，目的在于培养学生的学习兴趣、表达能力、团队意识、协调能力等，促进学生提高全面素质。一般认为，其教学路径主要有知识感受型（参观革命圣地、重大史迹、大型国企、高科技园区、现代农业等）、参与体验型（把教学内容与学生校园生活结合起来）和运用拓展型（利用假期组织学生开展社会调查和社会服务）等。[①] 但是由于高校学生数量很大，无论是资金的投入、学生外出的组织安排（比如安全问题），还是教学内容的设计、教学时间的分配等各个方面，具体操作起来都有相当的难度，搞不好反而会事倍功半、得不偿失。对此，我们经过多年的精心培育，在学校所在城市及其周边相关单位建立了若干“思想政治理论课教学基地”，为大学生思想政治理论课实践教学的规范化和可持续性打下了基础。同时，本着节约资金、保证安全、注重实效的原则，统筹解决了一些相关具体问题。在实践教学内容上，根据不同课程的特点、学生专业特点以及社会热点和焦点问题选择不同的教学实践基地；在资金安排上，学校根据学生人数为实践教学课拨出专项资金；在形式上，主要以社会调查、参观考察、知识竞赛、命题演讲、专题辩论、PPT 课件制作等为主；在课时分配上，实践教学占课程总课时的 1/3；在成绩分配上，其占平时成绩的 2/3。从教学实践课改革的初步尝试来看，的确大大增强了学生参与的积极性和主动性。调查问卷显示，学生对上述教学实践课的满意率达到被调查对象的 96.5％。

最后，为思想政治理论课优先提供比较先进的教学手段，鼓励担任思想政治理论课的教师运用多媒体教学。每学期由专业人员对教师进行多媒体教学设施使用、教学课件制作等方面的培训，经考核合格后颁发多媒体教室使用证，规定无证人员讲课不予安排多媒体教室，思想政治理论课优先安排多媒体教室。同时，把课件制作、使用情况作为学生评教的内容之一。近几年来，我校承担思想政治理论课教学的教师已经能够达到并全部使用多媒体教学，受到学生的普遍欢迎。

用发展的眼光来看，我们现在实行的思想政治理论课教学仍然存在一些改

① 参见黄焕初、吴正国：《“全国高校公共理论课实践教学研讨会”综述》，载《教学与研究》2004 年第 11 期。

革的空间。比如在实行专题教学等方面还需要作进一步的研究探讨;实践课教学的内容和形式还需要进一步丰富和完善;尤其是考试方式方法,还有待于深入研究,加大改革力度。至于教材改革,由于存在全国教材统一的要求,所以这里只能提出上述改革思路,供有关方面参考。

[原载《中共青岛省委党校(青岛行政学院学报)》2009 年第 3 期]

对制约高校思想政治理论课教学效果的矛盾分析

陈永刚*

在高校中开设思想政治理论课是我国社会主义本质的要求。2004年，中共中央、国务院发布了《关于进一步加强和改进大学生思想政治教育的意见》(以下简称《意见》)。《意见》明确指出，高等学校思想政治理论课是大学生思想政治教育的主渠道。思想政治理论课是大学生的必修课，是帮助大学生树立正确世界观、人生观、价值观的重要途径，体现了社会主义的本质要求。然而，尽管伴随我党理论的不断创新，高校思想政治理论课也在不断与时俱进。高校思想政治理论课程先后经历了三次大的调整，形成了三个具有里程碑意义的课程方案，即20世纪70年代末开始酝酿、1985年形成的"85方案"，20世纪90年代初开始酝酿、1998年形成的"98方案"，新世纪开始酝酿、2005年形成的"05方案"。② 但是，目前思想政治理论课依然存在着实效性不强、思想政治教育与大学生思想实际结合不紧等问题，思想政治理论课教学效果亟待进一步提高。笔者认为，要想进一步提高思想政治理论课的教学效果，增强思想政治理论课的吸引力和实效性，使思想政治理论课成为使学生真心喜欢并终生受益的课程，关键要正确处理思想政治理论课所面临的诸种矛盾。为此，笔者将对这些矛盾展开分析，以求为进一步提高思想政治理论课的效果作一探索。

---

* 陈永刚，山东大学(威海)马克思主义教学部副教授，主要从事思想政治教育和基层社区干部治理研究，"思想道德修养与法律基础"教研室主任。

② 参见沈壮海、刘玉标：《与时俱进：改革开放以来大学生思想政治教育的突出标志》，载《教学与研究》2008年第9期。

一、思想政治理论课的功能与大学生个体诉求的矛盾

冯友兰先生在谈到哲学的功能时曾讲:“哲学是使人作为人首先成为人而不是成为某种人。”据此,我们可以对思想政治理论课的功能进行深入的反思。与专业课不同,思想政治理论课的功能在于使学生“成为人而不是某种人”,即要培养学生树立科学的世界观、人生观、价值观,并非传授供学生个人安身立命谋生的某种职业能力。思想政治理论课就是要提升人们的精神境界,塑造完美的人格和高尚的道德情操。具体而言,思想政治理论课就是要培养有理想、有道德、有文化、有纪律,德智体美全面发展的中国特色社会主义的合格建设者和可靠接班人。因此,就功能效果而言,思想政治理论课重点在于传授学生“为人”之道,而非供个人谋生的所谓“实用”之学。但是,在市场经济中,金钱成为社会财富的一般代表,利益成为驱动人们行为的动机,这使得某些学生在较大程度上受到市场经济消极方面的影响,在价值取向上表现为注重个体利益,强化功利意识,单纯追求自我价值的实现。因此,追求个体利益、眼前利益以及自我价值的实现成为大学生们较为普遍的个体诉求。于是,这种个体诉求与思想政治理论课的功能发生了矛盾与冲突。这种矛盾和冲突反映在教学过程中,则表现为学生重视专业知识、专业技能的学习,轻视甚至排斥以培养科学的世界观、人生观、价值观为主要内容的思想政治理论课的学习;重视科学文化素质的形成和提高,忽视思想政治素质的培养。在某些学生看来,思想政治理论课讲的都是抽象的“大道理”,是单纯的“说教”,思想政治理论课只具有政治性、思想性,不具备知识性、科学性。否认思想政治理论课的内容是科学知识体系,认为它们对自己未来的生存发展、谋取幸福生活、实现自我价值意义不大。由此降低了学习思想政治理论课的积极性、主动性。我部每个学期召集的学生座谈会也证明了这一点。尽管每位思想政治理论课教师在第一节课都会开宗明义地介绍思想政治理论课的课程性质、功能作用,但是,“学习思想政治理论课有什么用”依然成为历次学生座谈会上老生常谈的话题。正是由于对思想政治理论课的功能缺乏科学的认识,才导致思想政治理论课的功能与大学生的个体诉求产生了种种矛盾与冲突,这在客观上表现为教师与学生、教与学的对立,破坏了原本和谐的师生关系。诚然,育人为本、德育为先是我国教育必须遵守的基本原则,但是,在思想政治理论课的功能、作用、重要性问题上,全体师生并未达成共识,忽视、歧视思想政治理论课的现象依然大量存在。

值得一提的是,对思想政治理论课的功能缺乏正确认识的现象,不仅仅存

在于学生中，而且存在于某些教师中。某些专业课教师在教学中也会散布学思想政治课没用的错误言论。针对这种情况，《意见》明确提出，要充分发挥课堂教学在大学生思想政治教育中的主导作用，并把课程分为三个组成部分，即思想政治理论课程、哲学社会科学课程和其他课程。其中，思想政治理论课是大学生思想政治教育的主渠道，哲学社会科学课程负有思想政治教育的重要职责，各门课程都具有育人的功能。应该说，《意见》为我们科学认识思想政治理论课的功能、作用，正确处理思想政治理论课功能与大学生个体诉求的矛盾和冲突指明了方向，即“学校教育要坚持育人为本、德育为先，把人才培养作为根本任务，把思想政治教育摆在首要位置”。

二、思想政治理论课使命与大学生“逆反心理”的矛盾

由思想政治理论课课程性质及其功能、任务所决定，思想政治理论课必须要坚持正确的政治方向，要弘扬以爱国主义、集体主义、社会主义为主题的主旋律，要以正面宣传和教育为主。可以说，弘扬主旋律、进行正面宣传和教育是思想政治理论课教师义不容辞的责任，也是思想政治理论课的使命。因此，教师不仅要通过教学传授知识、传播真理，更要弘扬以爱国主义、集体主义、社会主义为主题的主旋律，要牢固地确立马克思主义在意识形态领域的指导地位。然而，长期以来自小学、中学沿袭下来的政治理论课的“灌输式”教学以及大学生的青春叛逆心理使得学生在学习过程中对思想政治理论课普遍抱有极强的“逆反心理”。这种“逆反心理”表现在：其一，盲目排斥思想政治理论课教学，否认思想政治理论课是完整的科学体系。某些学生将思想政治理论课对基本概念、基本原理的阐释视为“空”，将“正面宣传”视为“假”，将共产主义理想教育视为“大”，因而错误地认为思想政治理论课上不上都一个样。其二，学生更热衷于接受揭露社会阴暗面的教学材料，认为这才是理论联系实际，才讲了真话。对弘扬主旋律的正面材料则嗤之为“假”。这样，便使教师陷入“两难”的尴尬境地，要么迎合学生的逆反心理，放弃弘扬主旋律，这与课程的性质以及所要完成的任务、发挥的功能和作用则是完全相悖的；要么顶住压力，坚持弘扬主旋律，这便会面临因教学内容不适合学生口味而导致所谓教学效果不好、学生评教分数不高的尴尬结局。因此，如何处理思想政治理论课的使命与大学生逆反心理的矛盾已经成为目前增强思想政治理论课实效性所面临的重大课题。笔者认为，作为思想政治理论课教师，不仅要通晓马克思主义理论，具有扎实的理论功底，还要善于把握学生的心理，要运用高超的教学艺术来消除学生对思想政治

理论课内容的抵触情绪，以达到彻底解决思想政治理论课使命与大学生逆反心理矛盾的目的。具体讲，思想政治理论课教师要做好以下工作：

其一，要充分展示思想政治理论课的科学性和价值性。[①] 高校思想政治理论课融知识性、科学性、政治性、思想性为一体，在培养大学生判别是非真假、鉴别善恶美丑能力方面，具有其他学科不可比拟的优越性。[②] 目前的难点是如何让大学生真正认识到思想政治理论课不仅具有政治性、思想性，而且还是具有知识性、科学性的完整的科学体系。这就要求思想政治理论课教师要具有扎实的理论功底，能够做到学贯中西，纵论古今。要用学生所能接受和习惯的语言、事例，阐明深奥、抽象的理论，使学生切实感受到思想政治理论课科学的魅力。可见，思想政治理论课教师不仅不是任何人都能胜任的，相反，它比其他学科教师具有更高的要求。

其二，要加强教学内容的针对性。学生对思想政治理论课抱有逆反心理，原因之一是认为思想政治理论课缺乏实效性。而缺乏实效性的原因，在很大程度上又源于教学内容缺乏针对性。可以说，思想政治理论课的吸引力是与教学的针对性成正比的。这是因为思想政治理论课的内容具有抽象性、概括性、综合性的特点。因此，思想政治理论课教师必须使自己的教学内容贴近当代世界的实际，贴近当代中国的实际，贴近学生的生活实际和思想实际。为此，教师必须善于把握学生的特点，了解学生关注的热点和思想上的疑点，使教学真正做到有的放矢。

其三，改进教学形式，革新教学手段，增强教学的艺术性。由学科特点所决定，长期以来思想政治理论课都习惯于采取“灌输”式（“填鸭”式）教学，这不仅损害了学生的主体性，而且助长了学生业已存在的逆反心理，因而大大降低了思想政治理论课的教学效果。为增强思想政治理论课的实效性，应该彻底改变这种“灌输”式教学方法，而代之以“研究”式（问题讨论式）。教师由“灌输者”变为学生学习探究的启发者、合作者与促进者。这样，就可以使学生由“要我学”变成“我要学”，极大地提高学生学习的积极性、主动性。

随着信息科学和网络技术的日益发展，过去那种“一支粉笔、一本书”的教学手段也日渐淘汰，各种现代化的教学手段已广为采用。课堂教学已非教师的“一言堂”，除学生积极参与的互动以外，还有丰富的音像资料，这使课堂教学生动、形象、直观，增强了教学的感染力和渗透力。与教学手段革新相适应，教师

---

① 参见李杰：《浅谈如何增强“两课”教学的吸引力》，载《学校党建与思想教育》2005 年第 2 期。

② 参见张梅：《增强高校思想政治理论课教学吸引力研究》，载《华北水利水电学院学报（社科版）》2008 年第 6 期。

的功能定位也发生了变化，教师不仅仅是“传道、授业、解惑”者，而是教学资源的组织者、配置者。教师的作用主要不是“教”，而是“导”。

三、传统教学模式与数字化时代学生特点的矛盾

传统教学模式一般以课堂教学为主，教学一般都是按照教材按部就班地实施教学，因而具有教学手段单一性、教学过程封闭性、教学内容稳固性的特点。随着数字化时代的到来，当代大学生形成了一系列不同于以往学生的新特点：

其一，电脑成为学生生活、学习的重要工具。福建师范大学夏俊丽曾于2006年对福建省大学生选择与使用网络的现状作过一次抽样调查。调查显示：被调查者每周上网的时间在30小时以上的有6.5%，20～30小时的有6.8%，10～20小时的有17.5%，5～10小时的有43.9%，5小时以上的有74.7%。在“你获取信息的主要渠道”条目的回答中，回答“网络”的有32.7%，“书刊报纸”的有24.3%，“广播”的有25.4%，“电视”的有17.6%。[①] 显然，传统的课堂教学已经不是他们获取知识和信息的唯一途径，甚至也不再是主要途径，网络已开始成为大学生获取知识和信息的最主要途径。[②] 基于这个特点，传统教学模式显然已不能满足学生的要求，这就会倒逼教师改变教学模式，以适应数字化时代学生的特点。教师要广为采用多媒体教学手段，以学生喜闻乐见的形式表达深奥的理论内涵，使枯燥的课堂生动活泼起来，增强理论的说服力、吸引力、感染力。其二，开放性的特点。多数大学生热衷于网络社会，很重要的原因就在于网络社会无疆界，能满足大学生开放性需求。大学生开放性特点也给传统教学模式带来了冲击，教师再也不能满足于课堂上的系统讲授，而是要把实践纳入教学环节。要由单一课堂向学校课堂与社会大课堂结合转变。要鼓励学生积极投身社会、了解社会、服务社会，通过亲自实践，加深对理论的理解。对此，《意见》明确要求：“坚持政治理论教育与社会实践相结合。既重视课堂教育，又注重引导大学生深入社会、了解社会、服务社会。”并且认为：“社会实践是大学生思想政治教育的重要环节，对于促进大学生了解社会、了解国情，增长才干、奉献社会，锻炼毅力、培养品格，增强社会责任感具有不可替代的作用。”其三，

---

① 参见夏俊丽：《福建省大学生选择与使用网络的现状调查》，载《中共福建省委党校学报》2006年第12期。

② 参见郭秋光、刘雪岚、王员：《思政课网络平台与大学生思想政治教育创新》，载《南昌大学学报（人文社科版）》2008年第5期。

信息交流中的主动性和互动性。在数字化时代，学生已不是信息的被动接受者，他们还要主动地选择、传播，甚至生产信息。大学生的这个特点也会形成对传统教学模式的冲击。它要求教师再也不能像传统教学模式那样进行"我教你学"这样的单向交流，而是应该转变为双向甚至多向交流。

四、教师"主导"作用与学生"主体"地位的矛盾

自古以来，教师在整个教学过程中居于主导地位，是教学过程必须遵守的"铁律"。然而，随着现代教育的发展，人们越来越重视学生在教育中的主体地位。尤其"80后"的新生代，其思想活动更加具有独立性、选择性、多变性和差异性，其对主体地位的要求更胜往昔。这样，教师便面临着如何正确处理教师"主导"作用与学生"主体"地位的矛盾的问题。

诚然，以教师的主导作用为借口，搞"满堂灌""填鸭式"教学，显然是错误的。但是，放弃教师的主导作用，片面强调学生的主体地位，致使教学过程放任自流，同样是不可取的。现在的情况是，某些学生热衷于"简单地"参与教学过程，反对教师发挥主导作用，其结果不仅难以保证完成正常的教学任务(对基本概念、基本原理、基本理论的掌握)，而且难以完成党和国家赋予教师的培养中国特色社会主义事业接班人的神圣使命。因为，只有教师进行符合一定逻辑的、完整的系统讲授，才能使理论具有说服力。由于对思想政治理论课缺乏了解，甚至歧视，目前高校中片面强调学生主体地位而忽视教师主导作用的势头比较强健，这不仅严重妨碍了思想政治理论课教师的自主教学，而且给教师带来了较大的精神压力，势必影响教学效果的提高。解决这一矛盾的关键依然在教师。教师的主导作用与学生的主体地位并非冰火不同炉。学生的"主体"地位，只是要求教师要更新教育理念，转变教学方法，充实教学内容。教师要确立以学生为本的理念，对学生多施以人文关怀；要改变"灌输"式的教学方法，代之以民主疏导式的方法；教学内容要做到与时俱进，及时把马克思主义中国化的创新成果充实到教学中，把握时代脉搏，回答时代提出的新课题。

五、教师认知与学生认知的矛盾

教师与学生不仅是教学过程矛盾的两个方面，而且在认知上也存在较大差距，由此产生了种种矛盾。

其一，在思想政治理论课名称的认知上，马克思主义作为一个涵盖哲学、历史、经济、政治、文化、军事、艺术、宗教等多领域、多学科的博大精深的科学理论体系，是由既有联系又相区别的不同部分构成的。根据“05 方案”精神，思想政治理论课由“马克思主义基本原理概论”“毛泽东思想和中国特色社会主义理论体系概论”“中国近现代史纲要”“思想道德修养和法律基础”四门课组成。然而，学生并不关注这四门课程在教学目的、教学内容等方面的差异，只是将这些课程笼统地称为“政治课”。实际上是把思想政治理论课简单地归于意识形态教育，甚至错误地把思想政治理论课与“洗脑”相提并论，由此在内心产生了极大抵触情绪。

其二，在教学材料选用的认知上，教师要根据教学内容确定适宜的教学材料，而学生往往从自身兴趣、需要、偏好出发，提出选用教学材料的要求。在与学生交流过程中，经常有学生要求教师教学中要联系实际，事实上，绝大多数思想政治理论课教师都在各自的教学中根据内容需要来安排恰当的实际材料。然而，一旦这些“实际”与学生要求不符，他们便认为教师没有做到理论联系实际，是在“空谈”理论。

其三，在教学内容的认知上，有的学生提出，在课堂教学中应该让马克思主义与非马克思主义展开对话。事实上，教师在教学中始终在做这一工作，因为教材就是采取这种方式编写的。如辩证唯物主义与旧唯物主义、唯心主义的对立，唯物辩证法与形而上学的对立，唯物史观与唯心史观的对立。学生之所以提出这样的要求，是因为在他们看来，只有当代的西方非马克思主义的社会思潮才是非马克思主义，如弗洛伊德主义、萨特的存在主义等等。

其四，在对思想政治理论课功能作用的认知上，教师认为思想政治理论课是培养学生确立科学的世界观、价值观、人生观的主渠道、主阵地。但是，在学生看来，思想政治理论课是进行国家主导的意识形态“灌输”的课程，学不学都一个样，之所以学习，主要是因为它是必修课。显然，尽管大学生对思想政治理论课也普遍认同，但是，这种认同只是强制的认同、利益的认同，而非观念的认同，即指认同者对认同对象的制度和规范内化的结果。① 如果学生对思想政治理论课的认同仅仅停留在强制认同或利益认同的层次上，则思想政治理论课的教学目的就很难实现了。

其五，在对中学思想政治理论课的认知上，学生往往简单地将大学课程与中学课程等同起来。如“马克思主义基本原理概论”课会讲授马克思主义哲学、

① 参见郭秋光、刘雪岚、王员：《思政课网络平台与大学生思想政治教育创新》，载《南昌大学学报（人文社科版）》2008 年第 5 期。

马克思主义政治经济学、科学社会主义等内容，某些学生便把它们与中学学习的哲学常识、经济常识、政治常识等同起来，甚至抱怨老师“在炒剩饭”。事实上，即使就文科学生而言，大学期间所学习的思想政治理论课的内容，与中学所学习的内容相比，也是不可同日而语的。如果说中学学习的是一个“点”，大学则学到一个“面”；中学学习的是基本观点，而大学则学习和掌握整个完整的理论体系。正是认知上的矛盾，导致教师的教学内容与学生的需要相脱节，既降低了学生的学习积极性，又影响了学生对教师的公正评价。

六、知识性与趣味性的矛盾

教学过程是一个认知和求索真理的过程。这个过程不仅会使人感到单调、乏味，有时还会使人产生挫折感和沮丧心理。因此，教学过程既要坚持真理性原则，又必须兼顾趣味性，要遵循知识性与趣味性相统一的原则。高水平的教师不仅是知识渊博的布道者，而且是一位具有卓越表演才能的大师。但是，教师也是普通人，并非每一位教师都能够做到既学识渊博，又负有令人喜爱的表演才能。这样，知识性和趣味性就会发生矛盾。然而，就对教师的基本要求而言，知识性应该是置于首位的要求，趣味性必须让位于知识性。但是，现实教学中却出现了重趣味性轻知识性的倾向。无论教师治学如何严谨，学识如何渊博，如果不能引发学生的笑声与掌声，那么，这堂课依然得不到学生的喝彩。相反，如果你能迎合学生的需要，趣味横生，不时地引发学生的笑声与掌声，即使出现了某些知识性错误，依然能够受到学生的欢迎。在这种形势压力下，使得某些教师也堕落为“媚俗者”，不得不放弃严谨的治学精神，以博学生一笑。可见，现在的教学效果评价体系存在扭曲，这从根本上制约了教学效果的提高。

七、“因材施教”与“大班教学”的矛盾

思想政治理论课属于公共课，因而普遍采取“大班教学”方式。一般每个教学班都达到 100 人以上。为此，2008 年，中宣部、教育部发布了《关于进一步加强高等学校思想政治理论课教师队伍建设的意见》，就思想政治理论课的课堂规模问题，强调“要以中班教学（每班 100 名学生左右）为主体，组织开展教学活动”。但是，这一政策规定要么因思想政治理论课教师不足而难以落实，要么因某些教学管理者对思想政治理论课的功能、作用缺乏足够的认识而不愿落实。

总之，目前，“大班教学”模式依然是思想政治理论课的普遍现象。

大班教学不仅学生数量众多，而且学生成分复杂，既有中学的文科毕业生，也包括中学的理科毕业生，而中学的文、理科学生在思想政治理论课的基础上存在较大差异。这便给教师的教学造成困难。众所周知，因材施教是教学过程必须遵循的基本原则，然而，大班教学却使得教师“众口难调”、鞭长莫及。在教学过程中，往往会出现文科学生认为讲得过多、过细，而理科学生还未理解的现象。同时，过大的班型，也限制了一些行之有效教学方法的采用。如我部实施多年的“学生登台实践”措施，所遇到的最大障碍便是班型过大，致使某些学生无法参与，或因时间关系影响了登台实践效果。此外，备受人们关注的大学生社会实践活动，也因学生过多、班型过大，面临着无单位愿意或有能力接待的结局。应该说，要增强思想政治理论课的实效性，降低班型是提高思想政治理论课教学效果的必由之路。

（原载《大学研究》第 2 辑，山东大学出版社 2011 年版）

高校思想政治理论课教学中学生厌学情绪分析

李建宁*

高校思想政治理论课是对大学生进行思想政治教育的主渠道和主阵地，教学的目的和任务，就是使大学生树立科学的世界观，掌握科学的方法论，接受马克思主义，坚定社会主义信念。但是思想政治理论课教育目的的政治性与大学生接受马克思主义理论学习的选择性上存在着矛盾，有相当一部分学生对思想政治理论课的学习存在厌学情绪，抱着“要我学”，而不是“我要学”的被动消极学习态度，视思想政治理论课学习为一种外在的负担，一个不得不完成的“学分”任务，学生的到课率和课堂秩序仍要靠“考勤”和“考试”来维持。要改变这种状况，必须以科学发展观为指导，为思想政治理论课的学习创造一个良好的生态环境。

一、用生态观点分析学生对思想政治理论课厌学的原因

“所谓生态观点，是指借用生态学研究生命主体与其所在环境之间相互作用及关系的理论与方法，来研究高校思想政治教育。”“我们这里所说的生态环境，不是指自然环境方面的生态关系，而是指社会方面的大生态环境，这种环境中包括如经济生态、政治生态、社会心理生态、社会意识形态生态等环境。”①高校思想政治理论课教育教学，从表面看似乎是高校的任务，但实际上却连接着

* 李建宁，山东大学(威海)马克思主义教学部教授，主攻方向为中国特色社会主义理论和思想政治教育。

① 邱柏生:《21世纪高校德育课程论》，南海出版社2004年版，第179页。

社会的方方面面，受社会经济发展状况，政治体系运作状态，以及社会文化、社会心理的影响。可以说思想政治理论课教育教学是社会大生态中的一个动态有机体，其生态环境圈，可分为宏观生态环境，即整个社会的经济、政治、文化生态等环境与高校思想政治理论课教育教学之间的相互影响、相互作用；中观生态环境，即学校的校风、学风，思想政治理论课与专业课、学生第二课堂、学生业余生活等之间的关系；微观生态环境，即构成思想政治理论课教学过程的一切因素之间相互作用、相互影响的关系。微观生态内部存在着平衡协调状况，并与宏观生态环境、中观生态环境紧密联系，相互作用，相互影响，构成一个运作的生态环链，对大学的政治理论课产生不可名状的影响。

(一)宏观生态环境的影响

首先，从国际环境看。一是苏东剧变后，世界社会主义运动处于低潮，在冷战时期，社会主义意识形态所占的优势已不复存在，致使一些学生对社会主义产生怀疑，对我们所讲述的理论产生怀疑。二是经济全球化的趋势，淡化了社会主义和资本主义的对立，造成了大学生对两种社会认识上的模糊，但政治理论课不容这种淡化和模糊，这就在理论和现实间设置了一个“悖论”，给政治理论课解读这个“悖论”，使中国特色的社会主义理论，真正入脑、入心带来了难题。三是现在的世界是开放的世界，各种思想文化相互激荡，文化由原来的一元性迅速向多元性发展，使大学生开阔眼界、增加见识、活跃思想的同时，在思想理论上受腐蚀的机会也增加了，在西方腐蚀渗透的机制面前逐渐接受一些西方腐朽的思想，对我们所倡导的理论不感兴趣。

其次，从国内环境看。中国改革开放以来，在社会主义建设取得巨大成就的同时，也不可避免地产生一些新矛盾和新问题。一是市场经济固有的趋利性，强化了人们的物质观念，容易诱发个人主义、拜金主义、享乐主义，使人们考虑问题功利化，这些都冲击着我们的理论教育所提倡的艰苦奋斗、先公后私、先人后己、无私奉献的社会主义价值观。二是青年学生耳濡目染着社会主义改革过程中出现的诸如腐败、失业、下岗、贫富差距、道德滑坡等问题，对这些现实问题我们的理论教学未能及时作出总结和回应，使理论显得苍白，在一定程度上降低了马克思主义理论的可信度，致使一些学生认为“学非所用”。三是大学生就业方式由计划经济时代的政府包分配变为现在自谋职业、双向选择，学生为提高走向社会的竞争力，只重视对专业课的学习和自身各种技能的培养，而轻视政治理论课的学习。四是互联网的迅速发展，在为大学生提供获取知识和信息的途径及新的学习方法的同时，网络信息的不可控性，又使大学生在各种良莠不齐信息的直接辐射下，使自身的思想政治观念受到了一些负面影响。

(二)中观生态环境的影响

首先,从学校教育纵向承续生态关系看。一是政治理论课整体教学内容体系不够严谨,中学和大学思想政治教育的内容结构雷同,衔接性差,以至于大学生感到我们的理论教学经常在“炒冷饭”而产生厌倦心理。二是在应试教育影响下,中学政治课的教学为了应付考试,教师紧扣教材,反复讲知识点,不正视社会现实和学生思想实际。这种教学把学生想通过政治课的窗口了解社会、解除心中疑难问题的需求淡忘了,使学生认为政治课教师只会讲大道理,而且讲的大道理在广播、电视、报刊上随时可见,听不听讲无所谓,养成了上课不听讲、考前背条条的习惯。中学政治课教学的枯燥、刻板、灌输和死记硬背已成为大学生不堪回首的往事,使学生进大学校门还未接触大学思想政治理论课,就对政治理论课有一种逆反心理。

其次,从横向的生态关系看。一是各种不同的社会影响、家庭影响与学校影响之间相互不一致、不同步,甚至相互抵触,学生在教育影响不一致的情况下产生选择困惑和接受障碍,使得学校政治理论课教育的正面影响力大大削减。二是大学教育中,一些高校存在着重专业课、轻思想政治理论课的现象。对热门专业、应用性强和市场需求量大的课程格外青睐,政治理论课则是形式重视有余而实际重视不够,具体表现有对该课的资金投入普遍偏少、课堂规模过大、排课时间较差、上课时间经常受到其他活动的冲击等,无形中对学生认识政治理论课产生了误导。三是一些学校把思想政治理论课视为一门按教学大纲完成教学任务的纯理论课,思想政治理论课与学生思想工作、学生管理工作、学生第二课堂、校园文化建设、学生业余生活、学生暑期社会实践相脱节。四是思想政治理论课教学一般是合班上大课,课堂规模过大,上课就像开大会,教学秩序成问题,难于因材施教,难于与学生沟通。这种课堂也给学生上课不听讲、看课外书、做其他课程的作业、玩手机、开小会、听音乐、睡大觉,甚至旷课提供了可乘之机。

(三)微观生态环境的影响

首先,从受教育者看。当代大学生面对人生、理想、专业学习和求职就业等压力与竞争压力,使相当一部分学生的价值观趋向功利化。认为大学进入了专业学习阶段,他们看不到政治理论教育在人生发展中的重要作用,认为政治理论课的学习与将来的就业发展关系不大,而专业学习好坏和今后的求职就业及事业成败息息相关。这使得他们重专业课、外语和各种技能的学习,轻视政治理论课的学习,所以对所学课程的投入有明显选择,把时间和精力主要集中在专业课、外语等学习和考取各种证书上,对政治理论课学习的内在动力不足。

其次,从教育者看。由于社会大环境的影响,思想政治理论课教师的社会评价比较低,个人的劳动和价值得不到应有的承认,受尊重程度不如专业课教师。同时,政治理论课受到冷遇,处在被边缘化的教学环境下,使一些教师不安心思想政治理论课教学工作,总想寻找机会离开,这样或多或少地影响了教师对教学工作的投入和对学生的爱心和耐心。再加上教学任务重,教学要求高,教学内容又经常处于变动中,增加了教学的难度。

再次,从教学内容看,大部分高校的政治理论课教学是按教育部"98方案"开设,按教育部颁发的各科教学基本要求,采用教育部推荐的教材进行教学。尽管教材不断翻版,但教学内容陈旧,仍然是僵化思维的产物,远离社会实际和学生实际,通篇贯穿着一种高高在上式的说教。在教学中,不少教师在教学的定位上发生了偏差,重理论性而轻思想性、政治性,重智能技巧而轻道德人品,重理论而轻养成,重知而轻行,忽视了学生的个性特征与内在需求。教师的职责就是按照教学大纲的要求和教学计划,按照事先准备好的教案向学生系统地讲解马克思主义,学生的任务就是接受马克思主义理论知识。致使相当一部分学生认为,政治理论课教学内容离现实很远,离自己很远,内容空泛,除了考研外,似乎与自己的学习、成才、就业及前途没有多大关系。

最后,从教学模式、教学方法看,受教师自身综合素质、教师运用现代技术能力和教学条件的限制,部分教师仍处在传统的教学模式当中,运用的仍然是"填鸭"式的教学方法。教师演讲,学生听讲。这种模式、方式单一,手段落后,严重制约了思想政治理论课的吸引力和实效性的提高。

二、坚持科学发展观,创造思想政治理论课教学的良好生态环境

帮助学生克服厌学情绪,需要按照科学发展观的要求,坚持以人为本,坚持全面发展、协调发展、可持续发展的思想,给思想政治理论课教育教学,创造一个良好的生态环境。

(一)社会、学校、家庭齐抓共管,形成合力,为思想政治理论课教学创造一个良好的社会环境

首先,社会要为大学生营造良好的舆论环境、网络环境、文化环境、家庭环境和校园周边环境。大学生的思想道德教育和人文社会综合素质的培养是个系统工程,光靠学校政治理论课教师的强势教育是远远不够的,教师的正面引导抵挡不住来自社会、家庭和一些报刊、影视、网络等负面东西的消极影响。必须全社会行动起来,把对大学生的思想政治教育,放在我们党实现基业长青的根本保障和实现中华民族伟大复兴坚实基础上这个高度加以重视,形成全社会

都来关注大学生健康成长的局面，方能抓出实效。在社会主义现代化建设中，要坚持物质文明与精神文明两手都要抓，两手都要硬，在提高人民生活水平的同时，提高人民的思想道德水平，加快建立与社会主义市场经济体制相配套的社会主义道德体系，创造一个安定的社会环境。对一些报刊、影视、网络上的负面东西要采取措施，尽量缩小其消极影响。加大对校园周边环境的治理力度，为学校教育创造一个良好的周边环境。家庭也担负着塑造大学生优良品质的重要任务，家长要树立正确的家庭教育观，自觉遵纪守法，为孩子做出榜样。促进社会教育、学校教育与家庭教育的有机统一和协调，努力营造有利于大学生健康成长的舆论环境、网络环境、文化环境、家庭环境和校园周边环境。

其次，学校教育要统筹课内课外思想政治教育，统筹教书育人、管理育人、服务育人，建立起既能立足当前，又能着眼长远，保证工作不断推进的工作机制，为政治理论教学创造良好的校园环境。一是建设校园文化，优化校园环境。校园文化建设要突出主旋律，体现时代性，富有创造性，围绕立志、爱国、成才开展理想、信念、“五爱”“四有”“三德”等教育，以博学、慎思、笃行为主线，以实施科学文化教育为基础，以建设优良校风、教风、学风为核心，以优化育人环境为重点，以树立正确的世界观、人生观、价值观为导向，弘扬主旋律，突出高品质，体现社会主义的特点，实现时代特征和学校特色，将人文和自然环境的和谐与学生成长、成才的和谐统一结合起来。二是政治理论课教学必须同科学、规范、严格的管理工作密切结合，才能有效实现其目标。大学生正处在世界观、人生观、价值观的形成期，可塑性强。同时，他们的社会阅历浅，成长受挫折少，自我约束能力较差，容易受不良思想、行为的侵蚀。因此，对于政治理论教育所倡导和坚持的思想原则、行为规范、道德标准等，除加强教育外，还需要从法规和制度上予以支持和保证。通过加强班集体建设、第二课堂、公寓管理、社团管理等，使学生自律与他律、内在约束与外在约束有机结合起来，在接受理论教育、思想教育和管理的同时，完成其思想、品德和行为的形成过程。总之，学校各部门应在学校总体任务的指导下，分工负责，各司其职，协调配合，形成以教育为先导、以服务为基础、以管理为依托的宏观教育格局。充分发挥思想育人、教书育人、管理育人、环境育人的功能和优势，真正实现全员育人、全方位育人和全过程育人的良好生态环境。

（二）坚持以人为本的思想，创建一种和谐、宽松、民主的思想政治理论课教育教学环境

大学思想政治理论课教育教学坚持以人为本，就是要从大学生的实际出发，尊重他们的主体地位，维护他们的根本利益，以大学生的发展需要为基本的立足点和最终归属，为大学生的自由、全面发展奠定坚实的思想理论基础，把其培养成为中国特色社会主义事业的合格建设者和可靠接班人。

首先，思想政治理论课教学要建立以学生为本的理念。“真正的大学应该是探索真理和自由成长的最佳处所，在这里充满着对人的价值与意义的理解和尊崇，能够使置身于其间的每个人感受到充满内心的庄严感和被净化了的自我超越感。”[①]作为大学生思想政治教育主渠道的思想政治理论课，更应充分表现对人的尊严、价值、命运的关切。在教学中，把国家意志和学生意志结合起来。既要按照思想政治理论课的教学要求，唱好主旋律，突出其政治性，体现国家意志，又要关注学生所追求的理想、事业、人生等个人价值，实现学生意志。“学校德育必须以学生个性发展作为自己的价值导向……通过德育活动实现学生个性的发展。”[②]政治理论课教学，应更多地倾向于把培养大学生的积极健康的个性、促进大学生的个性充分自由发展作为一项重要任务。针对大学生的个性特点，遵循大学生独特的身心发展规律，尊重大学生的人格和价值观，加强大学生个人个体意识的培养、启迪和发展，并以此提高个人的社会责任感，才能使思想政治理论课教育教学不仅促使社会进步和发展，而且更多地使大学生的个性得到充分发展和完善，个体意识得到培养和发挥，个体得到自我实现和满足。

其次，满足学生的需要。一是满足学生追求事业成功的需要。一方面，为学生考研备考服务，考研是大学生毕业时的一个重要的选择方向，政治理论课又是研究生入学考试的必考科目，思想政治理论课在教学过程中要在不打乱教学内容、教学体系的同时，为学生考研备考服务；另一方面，着重培养学生适应市场经济所具有的良好的思想道德素质。高校所培养的是社会主义事业的建设者，无论是全面建设小康社会、社会主义和谐社会，还是最终实现现代化目标，都要依赖于成熟市场体制的成功运作。走向社会的大学生，不仅要有驾驭市场经济的高超技能，还要具有遵守市场经济规则和秩序的人格。思想政治理论课教学必须要重视培养学生适应市场经济所具有的全球眼光、世界意识、自主意识、公平意识、竞争意识、法制意识、效率意识和风险意识等，以满足学生为市场化所需要的思想道德素质。二是满足大学生探索社会问题的需要。大学生是一个比较关注社会的群体，他们迫切要求探索社会热点、难点问题。思想政治理论课教学必须密切联系社会现实，对于热点、难点问题不回避、不躲闪，不绕圈子，作出科学、全面、精辟、透彻的分析和回答。对于难以下结论、掌握不准的问题，可以与学生通过平等的讨论解决，解决不了的可以求同存异，允许有不同的观点和分歧，允许有不同的声音。这既让学生掌握了理论知识，又让学

① 刘智运：《高等教育中以人为本的内涵》，载《中国地质大学学报》2003 年第 4 期。

② 李有库：《高校德育应注重强化大学生主体意识的培养》，载《思想理论教育导刊》2004 年第 1 期。

生掌握了分析问题、解决问题的方法，同时也培养了学生学习理论课的兴趣。

再次，精心选择教学内容。一是要处理好与中学政治课的关系。遵循青年学生思想品德形成的规律，使德育“在不同阶段和不同方面应当有不同的内容和重点，相互配合，全面推进”①。也就是对大学生德育教育纵向衔接，分层递进，避免重复，在内容的深度、理论的应用、启迪学生思维、提高学生分析问题解决问题的能力方面下工夫。二是处理好理论教学与实际的关系。思想政治理论课教学存在教学大纲和教材相对稳定与理论实践不断发展的矛盾，教学内容的选择上，处理好教学与实践的关系是思想政治理论课走出困境的关键。一方面要深入学生，主动了解学生的思想状况，倾听他们的学习要求、对国际国内重大问题的认识、对关系到自己切身利益的实际问题的认识，缩短师生间的距离。因为了解学生，理解学生，研究学生的内心需要，贴近学生，在感情上赢得学生的亲近，在心理上与学生沟通是思想政治理论课教学坚持以学生为本的前提。另一方面要注重收集资料、信息，关注变化的形势、变动的环境、变更的视点和身边的现实问题，正视现实生活中出现的各种问题，使讲授内容贴近社会实际。使学生感到思想政治理论课中所涉及的一些理论、原则、方法对其学习、生活有指导意义，使学生真正感到思想政治理论课是管用的，从而提高学习的积极性。

最后，优化教学方式方法。改变过去师生之间“我说你听”“我说你服”“我打你通”的居高临下的单项式“灌输”和接受关系，构建一种以尊重学生思想自由、独立思考为前提的启发、交流、对话、研究、探讨的双向、平等、互助的教学模式。思想政治理论课教学实际上是师生共同参与的一种有目的的认识和实践活动，在这一教学活动中，教师是组织者，是引导与辅助人，学生则是以主体身份出现的主动参与者和建构者。教师可以把信息传递给学生，却不能把思想传授给学生，思想只能由学生自己构建。从本质上讲，学习是学生个人的活动，其效果取决于学生的学习动机、态度与方法，由于思想政治理论课教学鲜明的思想性、政治性和意识形态性，决定了思想政治理论课教师必须牢固确立为学生成长成才服务的观念，努力探索贴近学生需要和特点的教学方式和方法，努力把教师权威转化为教师人格的威信、教师品质的魅力，从而使“话语霸权”形成的外在“强制力”转化为“情理交融”形成的内在说服力、感染力、震撼力。

（原载《青海师专学报》2008 年第 6 期）

① 《中共中央国务院关于深化教育改革全面推进素质教育的决定》，载 1999 年 6 月 17 日《人民日报》。

思想政治理论课教学改革若干问题的思考*

吴文新

自2002年始，我部对思想政治理论教学进行改革，至今已经七年多了，中间经历了很多艰辛，遭遇过挫折，也收获过成功。特别是2006年以来，新课程方案的实施及对实践教学的高度关注，把我部的教学改革提到了一个新的高度。三年多来，改革的成效得到了学校教务处和校领导的认同和支持，教学效果进一步提升，课程建设、教学研究等都取得了长足的进展。2008年年初，学校又以党政文件的形式对我们的改革措施予以肯定，并指明了进一步改革的方向。但沉下心来，仍然觉得有很多问题还不是很清楚，无论在理论上还是在实践操作方法上，都需要我们冷静地进行总结和反思。

一、思想政治理论教学改革过程的基本回顾

(一)课堂教学的改革

第一，实现了从"四个一"到全部利用多媒体进行教学的转变。"四个一"就是一本书(教材)、一本教案、一支粉笔、一张嘴。现在已经全部使用多媒体教学，多数课程已经成为校级或省级优质和精品课程，基本实现教学资源的共享。

第二，实现了教学计划、教学进度等教师各自随意安排到部里统一安排的转变。目前，各课程教研室发挥了一定的作用，每学期开始能够进行集体教研活动，对教学计划和进度进行统一协调和安排，统一确定教学重点和难点及基本的教学方式。

第三，实现了教师"满堂灌"到学生参与教学过程的转变。以前我们的课程

* 本文是山东大学(威海)重点教研课题"马克思主义理论课实践教学的探索与改革(2008)"阶段性成果。

教学主要是老师单方面地向学生讲授，学生单方面地接受老师讲解，满堂灌造成学生学习积极性大打折扣。现在，我们基本实现每位老师每次上课都留出一节课时间让学生登台演讲或讨论、辩论等，引导学生采用输出型学习方式，大大提高了学生的学习积极性和主动性、创造性。学生参与教学过程仍然是以后教学改革的着力点。

（二）实践教学（课堂实践、社会实践）的逐步加强

第一，课堂实践实现了从以教师为主到学生参与教学过程逐渐形成制度的转变。我们的实践教学分为课堂实践教学和课外实践教学两个环节。课堂实践教学主要是学生参与教学过程的登台实践环节，课外实践环节又称“社会实践”，主要是参观实践基地、撰写实践报告。课堂实践以前只是个别老师零星探索，发现学生们对此形式兴趣甚浓、反映甚好，但是并没有形成制度性的规范和评价体系。目前我们的课堂实践教学环节已经形成了一套系统的规范和评价体系，学生人人知晓登台实践的基本要求和评分细则，学生干部或代表组成评委会，在老师指导下对学生登台实践过程和效果进行评价，对学生的学习实践活动起到了导向、矫正、规范和约束、激励、褒扬等作用。

第二，社会实践不但实现了零的突破，而且实现了从教师各自为政零星组织，到马列部建立实践教学基地，形成制度、统一规划的转变。以前我们的社会实践环节也主要是个别老师利用自己的一些社会资源带领学生到企业、农村或社区参观学习，收到了很好的效果。近两年，经过努力，我们先后挂牌建立了13个实践基地，学期期间，统一安排，基本实现所有上课学生每门课能够到一个实践基地参观访问。但由于学生数量巨大，实践基地数量有限，造成个别实践基地很大的接待压力，实践效果尚待提高。

（三）考试制度逐步加强平时学习过程的考查

第一，期末考试实现了从教师各自为政（命题、判卷）到统一命题、集体判卷的转变。从2002年以来，基本实现了课程教研室统一命题、集体阅卷，消除了各自为政、标准混乱的弊端。

第二，实现了从期末一次性考试，到不但注重期末考试，而且注重学生学习过程考核的转变。改革伊始，我们就逐渐淡化期末考试，增加平时学习过程的考核比重，从期末一次考试转变到平时成绩占20%，再在此基础上逐渐提高。目前平时成绩已经占到该课程总成绩的40%，而且考核内容丰富（既包括传统的纪律考核，又以实践教学环节为主要考核内容），考核要求严格。我们将根据平时考核内容的进一步系统化、规范化，拟将平时成绩比重提高到50%。这种考核方式的改革对学生的学习起到了有效的导向作用，也提示了学习的方式和方法，对培养学生良好的学习习惯有积极作用。

二、几个前提性理论问题的思考

(一)教学改革的指导思想和价值取向

高校思想政治理论课，担负着培养中国特色社会主义建设者和接班人的使命，这一性质决定了我们的教学改革，应该是围绕培养并提升大学生思想政治理论素质、不断改善思想政治理论教育效果而进行的，知识的传授、技能的培养、参观考察等等都应以此为中心。不能用工具性淡化其价值性，不能用程序性、形式化的教学和考评过程遮蔽其意识形态的灌输和教化功能。那种认为思想政治理论课是浪费学生时间的观点是极不负责任的，青年学生是国家的未来，了解国情国史、社情民意，使他们将自己的职业选择和人生前途跟国家、民族的前途命运联系起来，这对一个国家来说是非常重要的。那种认为思想政治理论课跟其他专业课一样主要是传授知识、培训技能的观点也是错误的，这种观点忽视了思想政治理论课的特殊性，即它在科学性知识基础上的价值性和意识形态性的特质，它体现一个国家的最高利益，体现国家的意志即全民族的根本和长远利益。因此它在知识性的层面上固然有着一般专业课程的知识性和技能性，对学生将来的就业有一定的工具作用，但它更重要的还是在思想价值和意识形态领域，培养有理想、有道德、有纪律的社会主义新人，培养符合中华人民共和国及中华民族根本和长远利益的建设者，是思想政治理论课的天职。

(二)理论教学和实践教学的关系

思想政治理论课的三个关键词是:思想、政治、理论。这决定了这套课程理论教学的主导地位和决定性作用。只有在有效的理论教学中才能凸显课程的思想性，引导学生培养良好的思想品行;才能彰显课程的政治性、意识形态性，引导学生正确地理解我们的国家性质、基本国情和社会发展道路及前途等;才能帮助学生正确理解党的创新理论，提高学生的理论思维能力和基本理论素养。因此，实践教学并不具有独立的意义，而是围绕着这三个关键词展开的，通过让学生亲自动手、动眼、动脑、动口，开阔学生视野，了解国情、民情、社情等，深化理论理解，矫正并提高思想认识，增强责任感，端正人生态度，从而引导学生主动地提高自己的思想品位、政治觉悟和理论素养。

(三)关于思想政治理论课教学过程和效果评价

思想政治理论课的教学过程应该是马克思主义和中国化马克思主义理论的大众化的过程，是大学生接受、认同，并将马克思主义树立为其人生和社会信仰的过程，这也是一个初步的知行合一的践行信仰的过程，是从中获得情感体验、深化理性思考、进行价值抉择、增强实践自觉的过程。因此,思想政治教育的效果评价也应该从受教育者言行方式的转变上来评价。从本质上说,思想政治教育本身就是一个润物细无声的过程,它不能要求经过一堂课、一门课或三四门课的学习就形成什么样的思想政治理论品质,但是至少我们可以解决一些理论和思想认识方面的问题。通过实践教学可以帮助学生初步地了解一些社会现实并予以正确的引导。而作为普通的教学过程,能够有初步的理性认同和情感体验,通过实践教学环节而获得初步的感性认知以及相应的思想理论和方法的正确运用就足够了,更多、更广泛、更深入的信仰实践有赖于学生进入社会后的深度锻炼和考验。我们不仅要有近期可操作的教学及其评价体系,而且还要有更为长远的综合性的考虑。

三、实践教学环节和平时成绩的核定问题

(一)平时成绩评定的具体做法、存在问题及改进措施

根据我部制定的平时成绩登记表关于学生平时成绩的构成,此前我们对学生平时成绩的评定采取了这样的方式:平时成绩=考察得分(35%)+实践环节(65%);实践环节成绩=登台环节(60%)+考察报告(40%)。考察得分的绩点分为28分(相当于35分的80%,比学校规定的学生绩点分高10%),课堂表现差的在28分以下,好的在29~35分之间。登台环节由5~7位班干部组成的评价委员会来进行综合评价;每次上课由两位值周干部(一般是每个自然班的班长和学习委员),一位做演讲主持人,一位负责记录《教学周志》,详细记录每个演讲同学及课堂即兴发言同学的具体表现,以便在计算实践环节成绩时适当地进行个体区分。考察报告以登台演讲小组为单位撰写,每位组员得其均分,鼓励个人撰写报告,并给个人分,以便区分;由老师进行审阅评价。所有的计算和最终评价工作在期考前,在老师指导下由学生干部进行。

2011年7月,我们举行了教学改革研讨会,老师们提出了许多宝贵意见和建议,我们在此基础上进一步完善了平时成绩考核办法,使之更为细致、规范。平时成绩=学习笔记(30%)+登台环节(40%)+课外实践(20%)+课堂发言(5%)+媒体宣传(5%)+纪律扣分。[①] 增加“学习笔记”的考查,主要是引导学生平时认真听课并读书思考;鼓励“课堂发言”,引导学生听课时进行独立思考

① 这个比例目前已经调整为:平时成绩=学习笔记(20%)+登台环节(40%)+课外实践(25%)+课堂发言(10%)+课外互动(5%)+纪律扣分,以鼓励学生课堂发言和课外与老师进行交流。

和判断并积极发表自己的观点;"媒体宣传"主要是鼓励学生撰写并在网络、报刊等发表研究性论文或通讯报道进行思想政治理论和实践基地宣传,以及学习实践的心得体会和参观访问调查报告等。这一措施使学生的平时成绩考核内容更加丰富充实,也更扎实有效。

对登台环节的评价,在本学期采用统一的"实践环节考察表"以前,笔者曾经采用过这样的方法,也可供参考:5～7 位干部评委,人手一份打分表,分别对每个小组的演讲情况进行打分,最后由值周干部去掉最低分和最高分进行加权平均,打分表主要有六项内容,按百分制计。(1)小组成员合作程度(15 分)。主要看小组是否全员参与,成员的分工是否合理,合作是否协调,整体效果好坏。(2)登台实践活动形式(15 分)。主要看在讲台上小组的活动形式是否具有创新性(比如有的小组表演短小的情景剧,融理性思考于趣味活动之中),PPT 的制作是否清新美观,内容是否充实,信息量是否适当,而且字体字号和背景色的搭配是否对比鲜明、视觉效果良好。(3)登台实践活动内容(40 分)。主要看小组活动的内容是否符合该课程的内容和思想教育倾向的要求。比如,选题是否符合该课程的基本内容和价值倾向,理论论证是否严密,材料运用是否恰当,基本的出发点和活动立意是否正确、健康、积极、文明,基本观点或结论是否正确,等等。(4)对活动内容和形式的熟练程度(10 分)。主要看学生事先的准备是否充分。比如,能否脱稿演讲,对该课程理论的运用是否恰当,活动各环节是否衔接紧密,整个过程是否完整。其中能否脱稿是一个重要指标,因为能够脱稿演讲,表明小组成员的准备非常认真。(5)所用时间(10 分)。一般而言,每个小组 10 分钟时间足够完成活动任务,但是根据班级大小、人数多少,可以作适当调整。如果班级人数较少,小组不多,每个同学都有较为充分的活动时间,那么可以适当延长活动时间,比如 13～15 分钟。为了督促同学们能够抓住演讲的精华,在尽可能短的时间内把自己理解的精华和重点内容展示给大家,一般是在规定的时间内完成给满分,但如果超出 1 分钟,便减 1 分。(6)登台活动期间的课堂氛围和效果(10 分)。主要看台上台下同学的相互支持和配合的情况,讲台上的同学活动是否具有足够的吸引力和感染力;演讲者和观众之间的互动情况,比如是否有提问,台下同学是否踊跃回答;讲完后一般有一个点评环节,同学点评是否踊跃、其他同学回应是否热烈等。

这是笔者自己摸索的旧方法。从 2009 年春季学期以来,我们采用新的"实践环节考察表",这个考察表把课堂登台实践环节的评价项目分解为"选题价值""理论内容""演讲评价""PPT 效果""协作状况""同学反映"这六个方面,每个方面都按照优秀、良好、中等、较差四个等级进行评价,并要求评委写出一定的评语,指出该小组登台环节的主要问题并提出改进建议。这个表还有社会实践的评价，到实践基地实践后根据撰写报告的情况由老师进行评价。今后我们将继续采用这个办法，要求更加严格地把握评价的标准。也鼓励老师们把这两种方法经过修改以后结合起来，使对登台环节的考评更加公平有效。

(二)学生登台演讲环节的组织和评价中教师和班干部的作用

根据笔者自己的经验，采取如上的组织和评价方法，很好地发挥了学生干部的作用，实行学生干部轮流值周主持和记录、干部集体评价的方法，最大限度地体现了公平公正和民主原则，主持人的锻炼是必然的，记录者也获得了教育，评委们认真听讲、品味、鉴别，也一定学到了很多东西。老师或助教的点评是在每节课全部演讲结束以后，对每个小组的演讲从选题、PPT 制作、集体协作、演讲技巧，更重要的是对其思想观点及其倾向性进行分析引导。正确的予以表扬鼓励和引申、提升，错误的给予分析引导并引起思考、惊讶、震撼等。我认为这个环节是最重要的，不可或缺，时间够就多讲，不够就少讲，但不能不讲(甚至拖堂三五分钟，如果感到问题严重，老师会专门腾出适当的课堂时间结合课本知识详细分析，效果良好)。这样才能体现思想政治理论课的特点和功能，否则放羊式地为演讲而演讲，可能会对我们的理论教学环节造成冲击。

(三)外出参观考察环节的组织、管理和评定，及平时成绩考核的比例问题

外出参观考察，笔者要求以已经组成的小组为单位，负责各自的出勤率、出行纪律和实践报告的撰写。但由于每次外出都比较匆忙，这个工作做得不够扎实。最好的是每个小组的实践报告，不少小组写得非常认真，这学期 3 个教学班，没有发现有网上下载或抄袭的现象。我们知道，学生考察实践教学基地多是利用课堂时间出去的，因此考察环节的成绩在平时成绩中应该占到相当的比重。但目前这个比重不是很大，还没有很好地体现实践环节的重要性。适当的时候，根据实践环节考察评价的严密程度的提高，我们将进一步加大实践成绩在平时乃至总成绩中的比重。如果实践环节的分值过低，则不能体现我们以加强实践教学为核心的教学改革的根本意图。

学校领导曾经提到马列部要建设针对性较强的“专业性实践教学基地”问题。笔者认为，各专业院系从学生专业发展角度建立专业性实践教学基地，是顺理成章的，而思想政治理论课教学的内容特质决定了我们只能建立思想政治理论教育性质较为明显的实践教学基地。当然，社会上的任何实体单位都有两个层面:实体性的专业技术层面和非实体性的文化价值层面，因此任何实践基地其实都可以为我所用，主要取决于我们的关注点在哪儿。因此，我们建议，在学校相关部门的协调下，各专业院系的专业实践基地也应该为我们的思想政治理论课的教学提供社会实践资源，实现全校的教育教学资源共享。实际上，威海市不大，可供利用的资源其实很有限，因此，除了对现有的实践基地要倍加珍惜、善加利用之外，更希望各个院系能够将他们已经建立的专业性实践教学基地，在合作共建的基础上，为我们的思想政治理论课的实践教学所充分利用。

四、思想政治理论课教学中的理论授课问题

(一)在理论授课时数压缩的情况下如何增强理论教学效果

由于我校实行三学期制，我们在大学期间开设的课程总课时数明显减少，加上这些课程，除了“中国近现代史纲要”和“马克思主义基本原理概论”总课时数基本符合教育部要求外，中马课则比要求的课时数少一半多。除去每周1个课时的登台环节和大致3个课时的外出考察实践，理论授课时数大大减少，这对本来就十分抽象枯燥的理论课教学来说，无疑增加了难度。要在大大压缩了的课时内，把学生不太感兴趣(甚至个别有抵触情绪)的思想政治理论课的基本原理、基本观点和思想方法讲清楚、讲透彻，讲得让这些基础薄弱而又不感兴趣的人们能够听进去、听懂并初步学会运用来分析解决问题，笔者认为有相当的难度，不是随便讲授就能达到目的的，这对我们教师的教学能力提出了更为严峻的挑战。一般的老师，可能跳着讲、找自己感兴趣或懂得多的讲，其余让学生自学等，笔者及个别老师也曾经鼓励学生选择一些较为浅显的章节作为登台演讲的选题，但是几乎没有人选择这样的内容，虽然个别小组尝试这样做了，但学生反映和评价不高。笔者认为这里的问题不只在于学生是否愿意并能否讲得了这些内容(这当然是原因之一)，而更多地取决于老师是否吃透了课本、领会了这门课程的理论体系和基本的知识架构，以及老师如何详略得当地把这些信息传达给学生。我认为，近年来，由于新课程方案的实施跟我们的教学改革几乎同步进行，我们在把注意力放到实践环节的时候，相对忽略了课堂理论教学环节的授课技巧、内容、对象及目的和手段的探讨。我们对新课程的内容研究不够、理解不深、把握不准确，对它与旧课程方案的区别和联系，特别是其独特性缺乏系统的思考和研究。这样导致我们在授课中，不同的老师由于自己特殊的经验和知识背景而存在着较大的随意性，有的甚至背离新课程方案的初衷。对这个问题，我认为以后在进一步规范实践环节的同时，也应该充分重视起来。

(二)理论授课中，如何处理课程重点与其他知识点的关系

理论授课，既是科学——要符合课程本身的内容特点，及授课对象思想政治理论素质的成长特点，又是一门艺术——要有逻辑力量、情感力量、机智的力量，还要有老师的性格、心理素质和人格的力量。一个老师需要长年积累才可以形成比较稳定、成熟而又灵活机智的授课风格。这种综合性的授课能力可以

使老师更容易把握和处理好课程重点和其他知识点的关系。课程重点就如同这门课的骨头架子，既然是理论课，就不能忽视在学生头脑里把这门课的骨头架子搭建起来。只有这样才能让学生掌握基本的原理、基本的观点和思想方法，否则学生得到的就是零碎的、点滴的知识教条而已，既不能形成相应的知识架构及观察问题的角度和参照系，也不能形成相应的思维方式及分析解决问题的明晰思路。所以，笔者认为，在理论授课时数大大减少的情况下，准确把握课程重点、灵活处理重点与其他知识点之间的关系，是非常重要的。否则学生学了这门课，仍然不能对它有一个整体的了解，对其基本的知识点和最重要的原理、观点和方法都不能说出个子丑寅卯来，这应该算是教学的失败了。

(三)授课艺术与趣味性问题

我们知道，理论课是最难教的，要教好思想政治理论课更是有极大的难度，不仅要求老师在思想理论上清清楚楚，逻辑道理上明明白白，而且要求其政治立场非常鲜明，来不得半点模糊或左右摇摆；不仅要求老师能够切实讲清楚课本上所要求讲述的道理，而且还要求其能够随时应对学生根据自己的所见所闻所感提出的各种稀奇古怪的问题；不仅要求课堂上能够正面讲清一切相关道理并应对随机性的各种问题，而且要求老师在私下里与学生的接触中仍然能够坚守道德和政治底线，不违背课堂上所讲授的道理；等等。不仅如此，鉴于思想政治理论课的思想性、政治性和理论性，很多道理确实是非常枯燥的，这就对老师讲授道理的艺术性提出了很高的要求，是否能够深入浅出地将深奥的道理讲得通俗明白，是否能够把枯燥乏味的理论讲得生动有趣，是否能够把表面上似乎远离现实生活和社会实际的政治性理论讲得贴近学生生活实际和社会现实，并能够帮助学生理解各种复杂的人生和社会现象及困难和问题。这些都是对思想政治理论课教师的严峻挑战。

我们相信，每位老师都有自己的讲课风格，也有自己处理各种问题的方式方法。但是面对这群通过读图长大的一代，它们对趣味性、活泼性的追求超出了此前的任何一代大学生。这一方面要求我们不断告诉学生理论就是理论，不是故事情节，需要下决心静下心来才能逐渐理解和接受，并培养相应的理论思维能力。同时，我们也要努力适应学生对趣味性、艺术性的需要，不断提高自己讲课的感染力和吸引力。比如，授课语言的高低强弱、快慢松紧；既有高山瀑布一泻千里的情感气势，又有柔声细语、润物无声的丝丝引导；既有抑扬顿挫的节奏感，又有环环相扣的逻辑链；等等。课堂授课还要有相当的教学机智，那就是要能够随时应对各种“突发”事件，触景生情，由情入境，随境发理，从而让学生感到马克思主义理论的生活性、日常性和实用性。最近网上流行“流氓教师”陈丽天，也有学生跟笔者交流这位老师。笔者认为，所谓“流氓教师”之“流氓”主要在于教师讲课的生动性和趣味性的问题，一方面彰显了当代大学生对授课趣味性的刻意追求，同时也看出老师如果一味地迎合学生这样的需要，用非常低俗乃至黄色的语言和方式来讲授理论知识，使得课程的性质和内容都被扭曲，从而完全失去教育和培养人的意义，反倒使本该严肃的教育课堂变成了小品或相声观赏的娱乐舞台。表面上看，老师表演得生动活泼、古怪刁钻、句句爆笑、动作“非主流”、姿势“新新人类”，学生观赏得笑声掌声不断，课堂气氛极度活跃。但冷静想想，学生在哈哈大笑和频繁鼓掌之余，可能什么严肃像样的知识都没有获得，什么理论思维能力也没有培养起来。显然这是不可取的。授课的艺术性和趣味性是一个老师综合素质的体现，是需要长期摸索和积累才能够形成的教学机智和教学艺术。建议学生们能够正确地看待这个问题。

（四）理论授课的方式方法问题

理论授课具体采取什么方式方法，还取决于讲授的内容及其目标要求。我们一般采用了单纯讲授讲解的方式，偶尔夹杂提问和讨论。我们有老师曾经尝试专题讲座、专题研究（鼓励学生进行“研究性学习”）、案例教学、师生对话等，如果师生双方准备都相当充分，效果还是非常不错的。但困难在于，作为思想政治理论公共课，如何使大多数学生积极投入进来。另外，还有授课的针对性问题，我们在教学中都感觉到，文理科学生有着明显的差异：文科生相对比较容易上路，参加实践活动也比较积极，活动形式也灵活多样，效果也非常好；但是理工科学生（就大部分而言）则表现迟钝而且不够积极，存在着显著的畏难情绪，效果大打折扣。这一方面要求我们教师授课的专业针对性，从而对教师的知识结构和能力素质提出了非常高的要求；另一方面也对我们的实践教学方式的针对性和实效性提出了挑战。笔者认为，越是不愿意不积极参加活动的学生，越要激励或想方设法使他们走上讲台，面对众多的人锻炼自己的心理素质、冷静思维和口头表达能力。在这方面，我们还需要进行更深入的探索和实践。

五、期末考试问题

（一）考试方式问题

在教学改革中不断有师生提出期末采取开卷考试的方式，以提高学生的分析和解决问题的能力。这种期望并不错，问题在于，我们的平时成绩已经占到课程总成绩的 40%，以后随着平时考核的更加严格的规范化，还将提升到 50%，这部分应该说就是开卷考试了。如果期末再采取开卷方式，学生的学习就会没有任何的压力，那这门课程将被混过几个学分，我们认为这可能会受到学生的欢迎，但从长远看无异于误人子弟。为了严肃考试的评价检验教学和学习效果的基本功能，我们还是坚持，在适当增加平时成绩权重的基础上，保留闭卷考试至少一半的比重，这是非常必要的。从目前的情况看，我们已经做到了开闭卷的恰当结合，以后需要做的主要是如何进一步提高这种综合性考试的质量。的确，闭卷考试可能会导致不少学生在考试前去“死记硬背”，笔者认为这没有什么不好，试想，一个学期几十个课时学下来，如果学生一点也没有记住这门课程的一些重要的东西，难道是教学的成功吗？思想政治理论课的很多道理、知识，并不是阅历浅显、领悟力有限的青年学生能够在课堂上听讲、读书乃至记住并应付了考试就能真正理解和把握的，这需要以后逐渐展开的社会生活阅历来慢慢消化。但如果他没有记住任何一点相关东西，那他消化什么？当然，这并不排除我们在期末考试命题方面更加凸显思想政治理论课的特殊的价值性、人文性、思考性乃至“意会性”等特点。

(二)期末命题和考试如何更好地收到引导学生的效果

笔者一向认为，命题和讲课一样都是老师的基本功夫，一份好的考试题能够体现命题老师对这门课的理解和把握状况，也能体现这位老师平时讲课对课程知识体系及其重点和非重点知识辩证关系的处理情况。命题与授课是相互促进、相辅相成的关系。我们大多数老师并没有意识到这个问题，个别参加命题的老师也没有这个意识，因而就偶然出现照搬参考书或题库，乃至从网上搜索复制粘贴的现象。

我们认为，由于我们是教研室—课程组，多个老师上一门课，因此完全可以由一个老师负责 1～3 章的命题任务，随学期推移而轮流循环，教研室主任或者安排某一位教师将这些试题进行组合，形成每学期的考试题。命题时要求老师严格按照教材体系，点面结合，突出重点，兼顾全面，命题材料可以来自时事热点、学生关注的社会现象(比如学生登台演讲的题材)，甚至来自学生实践考察的材料等，理论与实践结合，但所考查知识均来自课本。从题型结构看，客观题主要照顾知识面，考查学生对基本知识点的识别、理解和灵活把握的能力；主观题主要考查重点知识或非常重要的、最为基本的原理、观点和方法，通过对学生的辨别、判断、阅读、思考、分析和写作表达等能力的考查，来评价学生运用相关的理论原理和观点方法分析和解决实际问题的能力及相关的逻辑思维能力。这里没有什么只要死记硬背就能从容应对的问题，若没有相应的理论思维能力，这些问题并不是那么好回答。试题形成后，教研室可以组织老师们进行研究讨论、校对修正等，这样，可以提升老师对课程内容的理解和把握，也是一个很好的教学研究活动，同时也最大限度地避免了试题可能出现的不当或错误。把期末考试命题作为一项教学研究活动，以提高老师们对课程教材的理解和把握程度，也不失为一种很好的选择。

（三）期末考试阅卷如何进一步体现标准的统一性、客观性和公平性

现在我们的客观题阅卷使用机器，比较快捷了。但是批阅主观题是个人负责，一通到底，这样可能比较有效率，但也存在明显的个体差异（教师、专业、班级），造成标准的混乱，公平度大大降低。这个公平不是一个班内部的，而是不同老师所带不同班级、不同专业之间的公平，由于对同一个题目，不同的老师掌握的标准不同，造成了明显的差别。这里有些差别是正常的，而有些或者说大部分差别是不正常的，是纯粹由阅卷者个人的主观偏好所导致的。比如有的老师严些，有的老师松些，有的老师起点分就高，有的老师起点分就低，等等。因此，我们将变革阅卷办法，采取一个教研室集体流水作业的方式，以期有利于解决这个问题。即，一个老师只评阅某一个题目，他掌握同一个标准，一通到底；任课教师对自己教学班的卷子最后负责审核统分，并负最终责任。

六、建立“大教学观”，发动学生多渠道参与教学改革问题

这里的“大教学观”，不是指包括第一课堂和第二课堂在内的传统课堂教学观念，而是指在此之外的指导学生的各种实践活动，如与学生通过网络（E-mail、BBS、Blog 等）、手机等交流及私下面对面的沟通。通过这些指导和交流活动，不仅可以“零距离”地接触当代大学生，了解他们的言行方式和思维方式、生活习惯等，还可以从中挖掘到很多课堂授课的生动素材。更重要的是可以弥补课堂教学的种种缺陷，及时发现学生思想道德、理想志向、兴趣爱好、知识能力、行为方式等方面的问题，并予以及时的针对性的引导。笔者相信，这种近距离的师生接触，是一种真正意义的教育，是教育者直接用自己的日常言行和人格魅力对学生进行耳濡目染、潜移默化的教育，而不只是简单的教学。但是作为一个系统的教学过程，这种方式也属于教学的一个必要环节。对思想政治理论课而言，这一点显得更加重要。

（一）激励教师积极参与学生各种实践活动的指导

这是一个更为宽泛的问题，但也更具有现代的思想政治教育意义。建议学校通过适当的方式对那些积极参加指导学生实践活动的教师给予酬劳乃至激励和表彰，或者在职称评聘和岗位业绩考核中加以突出和彰显，以引导更多的教师更多地参加到指导行列中来。目前的情况是，参与指导学生活动的教师就那么几个，一个教师指导十多个团队，而大多数老师则没有参与，从而使指导老师忙乱不堪、疲于应付，同时也显著地影响到指导质量。大多数学生之所以找

到某些老师来指导，只是因为这些老师给学生的印象比较热情、平易近人，且有相当的责任感。我们要想方设法使大多数老师给学生这样的印象，应该把这一点也纳入教师系列职称评定和岗位考核的体系之中，以进一步激励大多数老师们积极参与学生实践活动的指导。

（二）发挥相关学生社团在教育教学中的作用

笔者认为，大教学观要求我们必须充分发挥学生社团的作用，对思想政治理论课而言，特别是一些思想性、政治性和理论性社团（或称为“红色社团”），指导和参加学生社团活动，也是创新教学方法、拓宽教育渠道的重要方式。学生社团是非常重要的思想政治教育阵地，老师在其中能起到在课堂上起不到的教育引导作用。这也是近距离接触学生的重要途径。据笔者了解，目前的社团活动，学生的自发性很强，活动的盲目性、被动性、娱乐性、消遣性也很强，因而实际上浪费了不少的教育资源，非常可惜。同时，名义上各社团都有固定的指导教师，但实际上由于指导教师都是纯粹志愿和义务性的，学校也没有相关的激励措施，从而很少参与指导，而绝大多数老师对此并不感兴趣，从而在学生大量的时间和空间中留下了教育教学的空白，这也是非常可惜的。为此，笔者建议学校对经常参加学生社团活动的老师予以支持、鼓励或表彰，在教师中形成积极的导向，教师有责任、有义务参与到学生的学习和生活之中去，在学生生活在学校的时空中，全方位地看到我们教师的影子。作为以本科教学为生命线的综合性大学，这一点尤其重要。

（三）加强信息化手段在现代教学教育中的作用

我们可以运用一些网络（E-mail、BBS、博客、微博、微信等）和智能手机等现代媒体参与到学生的思想、情感和生活之中，了解他们的思想动向，发表我们的见解，参与他们的讨论，渗透性地进行疏导、引导。笔者在这方面作过几年的探索，也取得了一定的成效，但是由于平时工作太忙、科研任务重，这方面还做得不是很深入。无论如何，我已经感受到这种教育方式的无尽魅力。笔者以为，当代大学生基本已经形成了对网络的精神依赖，我们的教学如果能够很好地利用好这个手段，也就掌握了引导教育大学生的一条重要途径。而随着网络的日益普及，信息化的网络手段在知识传播、人格教育、技能培养、习惯养成等方面都会发挥越来越重要的作用。关键的问题是，我们作为教育者，对待网络的态度以及对待学生与网络关系的态度。掩耳盗铃绝不是智慧，留下的后患将贻害无穷。

（四）组织学生参加到教师的科研项目之中

指导学生在科研立项、挑战杯或暑期实践团队中针对思想政治理论课教学问题展开调查研究和实践活动，师生都可以从中受到更好的教育和提升。教师的一些教研课题、学术性和应用性的调查研究等都可以招募学生来参加，他们从中受到教育，同时也加强了师生联系，改善课堂教学效果。当然，在这些活动中表现好的老师和学生，我们同样要采取适当的方式予以鼓励甚至表彰。

这些活动都非常有助于我们建立“友好型师生关系”，扩大我们的老师和课程在大学生中的影响力，从而为我们的课程教学营造良好的学生文化氛围，从而提高我们的思想政治理论教育教学效果。

论高校马克思主义大众化路径的转化*

吴文新

在我国高校，推进马克思主义大众化的主渠道是思想政治理论课的教育教学，其次是团委、学生处等相关部门开展的各种思想政治教育活动，第三条路径就是相关思想理论性社团（或称为“红色社团”）开展的相关活动。① 当然，相关的人文及社会科学课程教学中的渗透性教育也可称为“第四条路径”。这些路径由于其具体形式、直接目的及其思想性、政治性、理论性的含量或程度不同，效果也大有区别。实际上，无论哪条路径，马克思主义大众化及其对象和目标任务，都决定了它的严肃性和庄重性，“寓教于乐”的原则虽然很好，但也会因“有教无乐”或“有乐无教”的极端情况而难以落实。回顾历史，马克思主义理论教育无疑属于严肃的意识形态教育，但面对现实，又必须承认这种教育确实遇到了一些困难。最主要的一个冲击是来自于社会现实生活积累起来的巨大反差，使得外在灌输式的教育很难入脑入心。不正视这种冲击，我们就会失去青年、失去未来。尝试改变的办法也许多种多样，我们认为，最主要的就是，从实际出发，通过对话交流，增强青年学生的自主鉴别、自觉选择和对社会思想多样化状态的适应能力。也就是说，马克思主义理论教育如果具有了相当程度的弹性，就可以在宽容中调节气氛，增强活力，锻炼思维，从而改变说教模式，提高教育实效。

---

* 本文为学校重点教研项目“人文价值教育类课程学生评价体系研究”阶段性成果之一；写作中，国防大学马克思主义教研部朱康有教授给予了重要思想观点的支持。

① 参见孙武安、吴文新：《“四个结合”：高校思想政治理论课教学改革新探索》，载《思想理论教育导刊》2012 年第 2 期。

一、改革模式化、框架化、条文化的表达方式，进一步增强马克思主义理论的影响力

马克思主义理论以其广博的哲学视野和深邃的真理智慧享誉学术界，而哲学作为自古至今人类“智慧”的化身，对于启发思维，增强思想的深度、高度和宽度具有十分重要的意义。恩格斯说：“一个民族要想站在科学的最高峰，就一刻也不能没有理论思维。”[①]但理论思维“这种才能需要发展和培养，而为了进行这种培养，除了学习以往的哲学，直到现在还没有别的办法”[②]。显然，恩格斯把学习哲学及相关理论看作是培养理论思维能力的重要途径。马克思主义作为唯物的、辩证的和历史的真理性知识体系，历来发挥着潜在的智慧启发功能，似春风化雨，润物无声。

在以往的理论教育中，少数教师为了完成教学任务，学生为了完成学业，容易把思想理论教育变成单纯的知识传授和记忆。这就把理论教育的功能庸俗化了，把它等同于一门实用性知识，认为拿来即可用。在说明实际社会生活时，理论成了“灵丹妙药”，熟悉考试方式的学生，甚至能运用市场上总结出来的图解公式，“套用”原理，以不变应万变解释现象。就马克思主义理论而言，它原有的启迪智慧功能走向了反面。实质上，马克思主义的理论对具体科学和思维方法的“指导”，不应当被庸俗化为实用主义的“变戏法”。为此，还原马克思主义理论表达上的生动性、大众化非常必要。马克思主义的真理性不同于“1+1=2”的确实性知识，否则只会凝滞人们的思维，制约民族的创新力。马克思主义经典作家理论语言的丰富性和生动性，加之其理论深度和智慧广度，可与其他观念相互影响、相互激荡，通过延伸、类比、充实以及诱导、暗示、规范等方式获得不同的衍生意义，并与不同时代的具体现实相映照，具有促进和牵引新思想发生发展的功能，可与不同的思想体系展开富有创新性的对话或交锋。教师在教学过程中如果仅注重干巴巴的“原理和原则”，失去启迪智慧和批判思维的论证，则意味着在某种意义上窒息了马克思主义辩证法的创新活力。我们以为，国家的自主创新，理应从马克思主义大众化的创新发始——先要让马克思主义回到它赖以产生和发挥作用的大众生活之中，进而让马克思主义理论充满生活的气息、智慧的启迪、创新的活力及用必生效的“公信力”。

---

① 《马克思恩格斯文集》第9卷，人民出版社2009年版，第437页。

② 《马克思恩格斯文集》第9卷，人民出版社2009年版，第436页。

二、改变意识形态千篇一律的教育方式，实施分层次、多样化的教育方式

意识形态作为国家主流的话语方式，在维护社会存在及现有体制和秩序方面发挥着重要作用。马克思主义理论教育承担着国家意识形态教育、传承和弘扬的使命，维护和论证是必要的，然而，用什么样的形式去把它体现出来(不是直白地宣扬)则是另外一回事。正统自居、强力灌输，形式化推广、套路化运作、功利化宣传、文件式传达、会议式贯彻、口号式行进，往往引起年轻一代的嘲讽和反感。消耗了大量的社会资源，效果反而并不佳。其实，在当前社会中，随着市场经济的发展，社会物质和精神财富的日益丰富，人们选择的机会也愈益增多;社会利益主体产生分化，价值多元化、思想多样化也是不争的事实。人民群众的需求与愿望跟现实的距离，以及个别干部和基层政府言与行、说与做某种程度的分离或冲突，确实造成了部分人群信仰的危机、信念的丧失。显然，直面此种现实，我们的意识形态教育和宣传应该更富弹性和活力。尤其是对领导阶层、精英阶层和基层群众及不同文化程度的学生群体等，可用具有针对性的不同的内容和方式进行教育，即因材施教、分层设教，这样才会收到“因人制宜”“各有所获”的效果。

对于高校内党的中高层领导干部，还是应该倡导研读马克思主义经典作家的代表性原著，从中学习经典作家观察现实、发现问题、思考研究和分析解决问题的方法，并结合工作实际，训练他们运用马克思主义基本立场、观点和方法分析和解决教育工作中重大问题的素质和能力。为此，必须把经典作家当成是自己的同时代人，像他们那样面对现实、思考问题，从而寻求解决教育改革和发展中重大问题的思路和方法。马克思主义思想资源对他们而言正像一日三餐，是必备的智慧营养，因此必须提出相应的学习训练要求，从他们工作的实效和师生反映来评判其学习效果。

高校的知识“精英”，有知识、有阅历，对人生和社会、对国家和民族的前途命运有自己的观察和思考，他们接受马克思主义的途径更应当灵活多样。应对他们提出学习和运用马克思主义开展教学和科研的要求，通过学习，使他们正确定位自己的社会角色和独特功能，以及和广大基层群众的关系，从而更加自觉到自己的历史使命和社会责任。在高校，理应充分发挥人文哲学社会科学领域教师的专业知识优势，鼓励和引导他们理直气壮地运用马克思主义的立场、观点和方法，科学地研究中国国情，关注并深入社会基层，了解普通群众的生活状况和利益愿望，探索改善现状，推动国家富强、民族振兴和人民幸福的切实途

径。相信真正关心民族前途、国家命运和人民福祉的高校教师，通过理性的观察和研究，能够更深刻地理解和接受马克思主义，以至融会贯通自己对中国和世界问题的研究中，并把研究成果有效地体现在教材中、课堂上，进一步助推马克思主义对大学生入脑入心。

不可忽视的是，针对最广大青年学生的马克思主义大众化，必须设法切入他们每个个体的日常生活，除了世界观、人生观和价值观的一般原理结合其生活实际的生动阐发，还应该从个体的精神生活和做人做事讲起，最后再归结到马克思主义的一般性内容之中，这样更能切合青年人的可接受性。大学生是一个个有激情有梦想的生动个体，在某种意义上也是社会大众的缩影，他们的思想状况和价值取向虽有大学生群体的特殊性，但也在一定程度上反映了多样化的社会思想和价值状况。因此，通过课堂的理论讲解与对话交流，课外实践的观察、思考、研究和写作、志愿服务，以及课下师生之间的亲密交流和互动身教等，引导他们学会马克思主义的实事求是及辩证思维方法、社会本质和规律的认识方法、历史分析方法、群众观点和群众路线等等，从而奠定他们马克思主义价值取向和思维方式素养的基础。

三、借助中国优秀传统文化资源，提高马克思主义“三观”教育的实效

从人类文明史看，人类思想宝库中有传承价值的理论，都无不关注怎样正确处理我们和自己、和自然、和他人、和社会的关系这些基本问题。我们认为，马克思主义理论教育在大众化的紧迫要求下，有必要充实和创新这方面的内容。党的十八大发出了“建设优秀传统文化传承体系，弘扬中华优秀传统文化”[①]的号召，这启示我们，如果高校能够在弘扬中华优秀传统文化方面有所作为，或许能为马克思主义进一步的中国化特别是大众化，实现青年学生个体人生观的改善，增添一些属于自己民族传统的文化土壤和思想资源，从而更有效地发挥马克思主义的育人功能。

中华传统文化无疑有自己时代和阶级的局限性，但作为我们民族自己的血脉传承，也肯定有其超越时代的真理性和现实价值。马克思主义理论的思想视野、文化胸怀、理论智慧和人文情怀，对中华文化的包容性和吸纳力、革新性和改造力，都会使中华优秀传统文化的思想精髓得以发挥其新的历史作用。自中

① 《中国共产党第十八次全国代表大会文件汇编》，人民出版社2012年版，第30页。

国共产党成立以来，毛泽东、邓小平、江泽民、胡锦涛等为代表的中国马克思主义者在这方面做出了巨大的贡献，创造了极为深刻而珍贵的思想财富，我们理应在新的历史条件下，接过这个文化和思想创新的接力棒，继续推进马克思主义的中国化、时代化、大众化。高校要凭借得天独厚的人才和思想资源优势，在人文价值教育的总的课程体系里，处理好马克思主义理论教育与中华优秀传统教育的关系，使二者在不同层面和角度相互补充、相互支持，形成意识形态、核心价值体系及“三观”教育的合力，避免相互隔膜、相互疏离甚至相互拆台，从而显著地改善教育效果。[①] 正如习近平同志指出的：“中国传统文化博大精深，学习和掌握其中的各种思想精华，对树立正确的世界观、人生观、价值观很有益处。”[②]为此，就需要我们创造性地厘清马克思主义和中华优秀传统文化的深层关系，并期望有“真学真懂真信真用”[③]的明白人，来承担起这样的历史和文化责任。

四、扬弃内容上部分不适合现时代的具体结论，增加现时代内容的特色和比重

坚持和弘扬马克思主义的基本立场、观点和方法，与时俱进地推进马克思主义对人类社会一般规律和中国社会特殊规律的认识，这是我们从事马克思主义理论教育的根本前提。马克思主义经典作家们在不同的历史时期，针对不同的历史任务，提出过不同的观点，得出过不同的结论。但无论如何，马克思主义的基本立场、观点和方法则具有超越具体时代和具体任务的普遍性。因此，马克思主义大众化的任务，并非“照本宣科”，罔顾马克思主义与时俱进的理论品质，以及以理服人、以情动人、以行导人的思想政治教育规律，将经典作家们彼时彼地的具体结论作为教条强加于现时代的人。而是要将马克思主义基本原理与当今我们所从事的社会主义建设和改革事业结合起来，使马克思主义鲜活起来、更富改善现状的批判和革新魅力。在这个伟大的社会主义现代化建设时期，中国人民创造历史的社会实践丰富而生动，许多具有正能量的事例和人物，本身就具有极强的以情动人、以行导人的功能。我们应该深入到最基层的社会

---

① 参见朱康有：《马克思主义哲学前沿理论研究》，光明日报出版社 2010 年版，第 27～41 页。

② 习近平：《在中央党校建校 80 周年庆祝大会暨 2013 年春季学期开学典礼上的讲话》，载 2013 年 3 月 1 日《人民日报》。

③ 习近平：《在中央党校建校 80 周年庆祝大会暨 2013 年春季学期开学典礼上的讲话》，载 2013 年 3 月 1 日《人民日报》。

实践之中，用自己的心灵、情感和眼睛去发现和挖掘具有极大感染力的正能量人物及其事迹，并把它们揉进教材、融入课堂，化为滋润青年学生心灵的甘霖。

高校的马克思主义理论工作者不仅是知识的传授者，亦是理论研究者、信仰践行者。能否看准潮流、把握大局，能否见人之未见、发人之未发，很大程度上取决于我们的理论素养、学术功底。自己理解不清，研究不透，必然肤浅；浮在面上，讲理没深度，就说服不了广大学生。心气浮躁，东抄西拼，复制网文，剪贴报纸，现炒现卖，充斥假、大、空，当然引不起学生兴趣。理论研究、宣传和教育就像做饭、做菜给我们的学生吃，既要有好“营养”，又要有好的“味道”(好的内容和形式)，不下工夫是不行的。亲身在课堂上和学生进行交流，最能深切体会教育是否达到了效果。要想说服别人，得先说服自己。只是“满堂灌”地施教，就很难进入学生的精神世界。因为熏陶和感染，除了语言的力量，还有内在信仰的支撑。

五、改革工具化、定量化的教育效果评价方法，增强其人文性、价值性和针对性

我们不能否认，马克思主义理论对于广大青年学生来说，首先是一门学科性知识，它的辩证思维方法确有显著的工具性特征，因而在某种程度上，可以采用一般学科工具化、定量化的评价方法，来判断马克思主义理论教育效果。但是，我们又必须明白，马克思主义的理论知识，同时承载着鲜明的政治立场、价值取向、意识形态等内容。或者说，国家设置思想政治理论课程，主要目的不是向学生灌输一些马克思主义理论知识，而在于要让学生理解马克思主义者或共产党人的人民性政治立场、社会主义和共产主义的历史和人生价值取向，乃至与社会主义国家性质相匹配的意识形态等，从而使之成为共产党的拥护者、社会主义事业的建设者，以及顺应历史潮流、推动历史进步的主力军。这样，对马克思主义理论教育效果的评价就有其独特之处，那就是要凸显其价值性、政治性和意识形态的一面，且不止于单纯口头上或试卷上的认同，要看是否达到了受教育者自身心口如一、言行一致即知行合一的理想效果。也就是要引导学生将马克思主义理论所承载的人文性、价值性和政治性的内容落实到日常生活、学习和工作之中。[①] 显然，评价之于实践，就如同交警手上的指挥棒，其作用不可小觑。在具体评价的操作层面，则要有针对性地设置评价指标，既有对教师

① 参见李萍、童建军：《当代中国马克思主义教育的返本归真》，载《马克思主义研究》2012年第5期。

教学的规范和引导，即为了实现思想政治理论课教学的价值目标所必须遵循的一般性教学规律的具体化，又有对学生学习目标和效果的设定和预期，以便使相关知识、理念和方法对学生入脑、入心、入行。一个好的教学育人评价体系，至少应该教师和学生两个层面发挥积极作用，并且最好是鼓励师生之间的创造性互动和共同提高、共同发展。落实马克思主义理论教育评价的规范、引导和激励功能，特别要加强对学生个体细致入微的身心关怀、心灵升华、做人做事等方面的检测、引导和督促，增强其个性化价值引导功能，促进人文价值及政治素质的养成教育，推动人的个性自由和全面发展。

因此，在教育教学效果的评价方面，一刀切的单纯工具化、形式化乃至数字化或定量化的做法，是违背马克思主义基本精神的，在理论方法上属于形而上学，缺乏针对性、灵活性，在操作上过于技术化、程式化，缺乏人文性，在效果上起不到激励、规范和引导的作用。因此，在改革马克思主义理论教育的具体内容和方法的同时，必须高度重视其教育实践“指挥棒”即教育教学评价方法的改革。

（原载《思想理论教育导刊》2013 年第 10 期）

孔门师生关系研究

马秋丽*

近十年来，学界对高校师生关系呈现出的淡漠、疏离，甚至冲突、矛盾问题的研究论文大量涌现，研究视阈不断扩大，从教育学扩展到心理学、社会学、法学、美学等领域。研究视角多样化，借鉴西方哲学理论如哲学解释学、现象学、文化生态学、女性主义、后现代思潮、交往理论、建构主义等开展研究，研究结果见仁见智。上述研究成果为我们提供了进一步研究的基础，但也存在注重西方理论而忽视中国传统教育思想、注重国际化而忽视民族性等方面的不足。

中国传统的师生关系一向被视为“专制型的师生关系”。上下、尊卑、高低、贵贱的等级秩序不仅是封建政治的核心理念，也是师生关系的直接体现。① 这种观点并非没有道理，但失之笼统。一则因为，中国传统的师生关系并非自始就如此，孔子与其弟子的关系非但不专制，用和谐民主也不为过；一则因为，丰富的中国传统文化在长期的传承过程中良莠并存，我们不能“抛弃自家无尽藏”，不加分疏一概否定，而应发掘优秀的传统文化，激活其古老智慧，解读其当代价值。因此，本文拟从孔门师生关系的理论与实践中，探寻高校师生和谐的资源与思路。

---

* 马秋丽，山东大学(威海)马克思主义教学部教授，研究方向为儒学与思想政治教育。

本文为山东省2012年高等学校教学研究项目“儒家文化与大学生道德教育”(编号2012161)及2014年山东大学(威海)教研教改项目“高校思想政治理论课引入慕课(MOOCs)的相关问题与对策研究”(2014重点)的系列成果之一。

① 参见刘建华：《师生交往论：交往视野中的现代师生关系研究》，北京师范大学出版社2011年版，第43页。

一、孔门师生关系及其特征

孔子作为中国第一位教师，弟子三千，身通六艺者七十有二。因其“有教无类”，其学生成分极其复杂。其中有穷居陋巷的颜渊，“三年不举火，十年不制衣”的曾参，居“上漏下湿”“不堵之室”的原宪，还有“卞之野人”子路。当然也有不少贵族子弟。孔子与他的弟子或亲厚如父子，或密切如挚友。从弟子留下的言谈来看，弟子们无不对孔子充满尊敬，这种尊敬发乎内心，见乎行动。孔门和谐亲密的师生关系主要表现在以下几个方面：

（一）孔门师生的教育关系——和谐民主，教学相长

作为一位孜孜不倦的教师，孔子在授学中循循善诱、温和平实、温文尔雅。宰我嫌三年之丧太久，似乎一周年就可以了。孔子决不直斥其非，和婉地问他：“食夫稻，衣夫锦，于女安乎？”他回答：“安。”孔子便说：“女安则为之！夫君子之居丧，食旨不甘，闻乐不乐，居处不安，故不为也。今女安则为之！”①孔子只从情理上说明，仍听其反省自觉。宰予还就“井有仁者”等问题与孔子辩论，孔子并没有以势压人，只是就理之当然说话，这种风度自然令学生欣赏服膺。又如子贡欲去告朔之气羊，孔子也只婉叹说：“赐也，尔爱其羊，我爱其礼！”②指出彼此观点之不同，而不作断案。现在看来，这是一种很民主的教学方式。学生大胆提出自己的疑问，并与老师理论，老师并没有以教师身份压人，迫人听从，而是耐心听取学生的理由，阐明自己的观点和态度，为学生释疑、解惑。宗教上往往有许多礼仪，儒家同样重礼，但在孔子这里，竟可以随意拿来讨论改作。这就是师生间的民主，一反宗教的迷信与独断。

孔子注重教学相长。《论语·八佾》载：

> 子夏问曰：“‘巧笑倩兮，美目盼兮，素以为绚兮。’何谓也？”子曰：“绘事后素。”曰：“礼后乎？”子曰：“起予者商也！始可与言《诗》已矣。”③

这里，孔子在回答子夏的问话时，既没有讲解诗的内容，也没有告知结论，只是用比喻启发子夏，而子夏在孔子的启发下善于思考，不仅悟出了问题的答案，并进一步体会了“仁”与“礼”的关系。孔子认为子夏思考的结果又启发了自己。因此孔子不吝赞美地说：“起予者商也！”此外，《论语·述而》载：“子与人歌而

① ［宋］朱熹：《四书集注》，岳麓书社 1993 年版，第 263 页。

② ［宋］朱熹：《四书集注》，岳麓书社 1993 年版，第 92 页。

③ ［宋］朱熹：《四书集注》，岳麓书社 1993 年版，第 88 页。

善，必使反之，而后和之。”[①]也是如此。为师者的谦虚、大度、不争功，师生的教学相长，于此可现。

(二)孔门师生情感关系——亦师亦友，感情深厚

孔子学生众多，年龄差异极大，有的与孔子年龄相若，有的与孔子年龄悬殊。孔子与学生互相关心，互相尊重，感情深厚，我们可以从以下几则故事中管窥一二。《论语·雍也》载：

> 伯牛有疾，子问之，自牖执其手，曰：“亡之，命矣夫！斯人也而有斯疾也！斯人也而有斯疾也！”[②]

伯牛得了重病，孔子亲往探视，很伤感地说：命运太残酷了，这么好的人，竟生这样的疾病。孔子为其惋惜，为其悲伤。《论语·先进》载：

> 颜渊死，子曰：“噫！天丧予！天丧予！”颜渊死，子哭之恸。从者曰：“子恸矣！”曰：“有恸乎？非夫人之为恸而谁为！”[③]

颜渊德行出众，大智若愚，沉静好学而富有深思，是孔子最喜爱、最信赖的弟子。惜其英年早逝，孔子十分悲痛。孔子重病在身，子贡来看他时，孔子叹曰：“赐，汝来何其晚也？”[④]此后七日而孔子卒，子贡庐墓六年乃去。可见师徒情深。孔子卒后，众弟子从四面八方聚来，皆服三年心丧，可见孔子与学生的感情深厚。

二、孔门和谐师生关系中的“师”与“生”

孔门师生的互相尊重、感情深厚的和谐关系也是当今大学教师希望或应该达到的状态，这种理想状态是在老师引导下师生共同铸造的。

(一)孔子的“为学”“为人”对师生关系的影响

建立和谐的师生关系，老师的学识素养与人格魅力尤为重要。孔子的“为学”与“为人”对他的学生有极大的吸引与感召。这就是我们现在所说的职业素养和职业道德。

就为学而言，孔子非常勤学好问。他倡导“三人行，必有我师焉，择其善者而从之，其不善者而改之”[⑤]。孔子学无常师，善于向各种人学习。“敏而好学，

---

① [宋]朱熹：《四书集注》，岳麓书社 1993 年版，第 144 页。

② [宋]朱熹：《四书集注》，岳麓书社 1993 年版，第 123～124 页。

③ [宋]朱熹：《四书集注》，岳麓书社 1993 年版，第 181 页。

④ 《史记·孔子世家》，中华书局 1959 年版，第 1944 页。

⑤ [宋]朱熹：《四书集注》，岳麓书社 1993 年版，第 140 页。

不耻下问”，使得他拥有非常丰厚的古代经典知识，因而对学生有内容可教。孔子的教学内容不仅有实际的应用之学，礼、乐、射、御、书、数六艺，用以培养学生多方面的技能，还用古代典籍《诗》《书》《礼》《乐》《易》对学生进行人格教育和人文精神培养。而孔子则以“默而识之，学而不厌”[①]“发愤忘食，乐以忘忧，不知老之将至”[②]的勤勉态度在为学方面不断提高自己。直至晚年“读《易》，韦编三绝”[③]。孔子之所以有众多学生，不仅因为儒家本身的哲学价值，还在于儒家的学术价值。

孔子在文化传承方面的使命感吸引和激励着学生。道家试图超越文字，法家试图将文献限定为法律典册，墨者试图把文献当作意识形态武器，阴阳家则试图将其神秘化。孔子与他们都不同，而是利用全部文献，凭借阐释的艺术将生命力注入其中，并将之作为神圣使命，担负在自己肩上。孔子删《诗》《书》，定《礼》《乐》，“晚而喜《易》，序《彖》《系》《象》《说卦》《文言》”[④]，成《春秋》而乱臣贼子惧。孔子在其一生的颠沛流离中，对自己的文化使命有清醒的认知。在司马桓魋拔掉孔子讲学习礼的大树、匡人围困时，孔子总是说，“天生德于予。桓魋其如予何？”[⑤]“天之未丧斯文也，匡人其如予何？”[⑥]甚至在临死前慨叹：“太山坏乎！梁柱摧乎！哲人萎乎！”[⑦]

孔子在人格方面对学生有极强的感召力。他的人格力量来自于自己的内心。他的温婉谦和、不厌不倦，他在传承文化和授徒讲学中的认真负责和使命感都让学生敬服，我们品味《论语》中的几则可知一二。如：“德之不修，学之不讲，闻义不能徙，不善不能改，是吾忧也。”[⑧]这是作为教师的责任感和谨慎态度。又如，孔子多次说自己“学而不厌，诲人不倦”。就像自己所说的那样，孔子是一位孜孜不倦的学者和教师，他的人格也毫不神秘。然而，对其弟子和后来追随其学说的人来说，孔子平淡朴素的生活风格是令人敬畏的。对他们而言，孔子是可做楷模的教师，他的伟大力量正在于朴素平淡。孔子有意识地选择不求助于非凡的、强有力的、超人的或超俗的事物来加深人们的印象，这一点被视作内在力量的表征，受到极大的尊崇。如《论语·述而》载：

---

① [宋]朱熹：《四书集注》，岳麓书社 1993 年版，第 133 页。
② [宋]朱熹：《四书集注》，岳麓书社 1993 年版，第 139 页。
③ 《史记·孔子世家》，中华书局 1959 年版，第 1937 页。
④ 《史记·孔子世家》，中华书局 1959 年版，第 1937 页。
⑤ [宋]朱熹：《四书集注》，岳麓书社 1993 年版，第 141 页。
⑥ [宋]朱熹：《四书集注》，岳麓书社 1993 年版，第 158 页。
⑦ 《史记·孔子世家》，中华书局 1959 年版，第 1944 页。
⑧ [宋]朱熹：《四书集注》，岳麓书社 1993 年版，第 134 页。

子曰:"若圣与仁,则吾岂敢?抑为之不厌,诲人不倦,则可谓云尔已矣。"公西华曰:"正唯弟子不能学也。"[①]

"圣与仁"是孔子心中的最高境界,他矢志追求,也不知疲倦地教导学生追求,这种"有恒"和执着让人敬服。孔子的思想非常平实中肯,没有任何唬人的东西,这使许多现代人误以为孔子是个平庸的老头,殊不知这才是真正的伟大,这也是儒家所讲的"极高明而道中庸"在孔子身上的体现。

(二)弟子的会学、好学、乐学、自我反省对师生关系的影响

和谐的师生关系中,学生的因素不容忽视。孔子对学习上沾沾自喜者、学习懈怠者、画地自限者时有言语敲打。学生在老师的言语提醒之下,自我反省,扬己所长,成就了大批杰出人才。

孔子的学生中,子路很为善学。"子路有闻,未之能行,唯恐有闻。"[②]很形象地记载了子路有闻必行、行为果敢之性格特征。在学问上,孔子对子路的评价是:"由也升堂矣,未入于室也。"孔子还说:"由之瑟,奚为于丘之门?"[③]此则说子路已入道,只是在礼乐德性方面尚有欠缺,入道不深而已,这对子路既是鞭策,又是勉励。后来,"冉有以告子路,子路惧而自悔,静思不食,以至骨立"[④]。这表现了子路的非凡勇气与决心。孔子之善教,子路之善学,于此可见。

子贡是善问的典范。子贡的善问,使得孔子许多闪耀智慧光芒的名言得以流传千古。以下两则最为典型。一则是子贡问政。《论语·颜渊》载:

子曰:"足食,足兵,民信之矣。"子贡曰:"必不得已而去之,于斯三者何先?"曰:"去兵。"子贡曰:"必不得已而去之,于斯二者何先?"曰:"去食。自古皆有死,民无信不立。"[⑤]

这显示了子贡的善问,将为政问题推到极致。孔子的回答则是在不得已情况下民众应轻食重信。但在常道情况下,为政还是应"庶之、富之、教之"。另一则是子贡问士。《论语·子路》载:

子贡问曰:"何如斯可谓之士矣?"子曰:"行己有耻;使于四方,不辱君命:可谓士矣。"曰:"敢问其次。"曰:"宗族称孝焉,乡党称弟焉。"曰:"敢问其次。"曰:"言必信,行必果,硁硁然小人哉!抑亦可以为次矣。"曰:"今之从政者何如?"子曰:"噫!斗筲之人,何足算也!"[⑥]

---

① [宋]朱熹:《四书集注》,岳麓书社1993年版,第144页。

② [宋]朱熹:《四书集注》,岳麓书社1993年版,第112页。

③ [宋]朱熹:《四书集注》,岳麓书社1993年版,第183页。

④ [魏]王肃等:《孔子家语·辨乐解》,万卷出版公司2008年版,第237页。

⑤ [宋]朱熹:《四书集注》,岳麓书社1993年版,第195页。

⑥ [宋]朱熹:《四书集注》,岳麓书社1993年版,第212~213页。

子贡之善问正如《中庸》中所说："有弗问，问之弗知，弗措也。"[①]

颜渊是孔子多次表扬的好学者，寡言少语，好学深思。孔子曾说："吾与回言终日，不违，如愚。退而省其私，亦足以发，回也不愚。"[②]颜回非常好学，但并不好言。他的好学是内省式的，极少提问和反驳，以至于孔子以为他愚钝。但孔子仔细观察之后认为，颜回不仅不愚，而且总能对孔子思想适当阐发。子贡曾说："赐也，何敢望回？回也闻一以知十，赐也闻一以知二。"[③]在对老师学问的理解上，颜回能闻一知十，而素不谦虚的子贡则只承认自己能闻一知二。

因为这些学生的会学、善学、好学，能理解老师的批评赞扬皆教也，因此学生对老师尊重、敬服、推崇，也使孔子能体会到为师的乐趣。《论语・先进》载："闵子侍侧，訚訚如也；子路，行行如也；冉有、子贡，侃侃如也。子乐。"[④]此即得英才而教育之之乐。

(三)孔子与弟子的坦诚相待、互相欣赏、互相批评

孔门和谐的师生关系也是基于师生的坦诚相待，互相欣赏，当然也包括师生间如朋友般的批评建议。

孔子对学生非常坦诚，他曾说："二三子以我为隐乎？吾无隐乎尔。吾无行而不与二三子者，是丘也。"[⑤]一些学生以为孔子有所隐瞒，所以就有孔子这个辩白，是说我孔子对学生没有任何隐瞒，没有什么事不是与学生在一起，我就是这样一个人。

坦诚相待使得学生也会直接向老师表达自己的不解、疑惑，甚至不悦。以下二则值得品味。一则载于《论语・雍也》：

> 子见南子，子路不说。夫子矢之，曰："予所否者，天厌之！天厌之！"[⑥]

另一则载于《论语・子路》：

> 子路曰："卫君待子而为政，子将奚先？"子曰："必也正名乎！"子路曰："有是哉，子之迂也！奚其正？"子曰："野哉由也！君子于其所不知，盖阙如也。名不正，则言不顺；言不顺，则事不成；事不成，则礼乐不兴；礼乐不兴，则刑罚不中。"[⑦]

师生之间的坦诚与互相批评跃然纸上，很生动地展现出来。

---

① [宋]朱熹：《四书集注》，岳麓书社 1993 年版，第 45 页。

② [宋]朱熹：《四书集注》，岳麓书社 1993 年版，第 79 页。

③ [宋]朱熹：《四书集注》，岳麓书社 1993 年版，第 110 页。

④ [宋]朱熹：《四书集注》，岳麓书社 1993 年版，第 182 页。

⑤ [宋]朱熹：《四书集注》，岳麓书社 1993 年版，第 141 页。

⑥ [宋]朱熹：《四书集注》，岳麓书社 1993 年版，第 130 页。

⑦ [宋]朱熹：《四书集注》，岳麓书社 1993 年版，第 206 页。

孔子善于发现、欣赏学生的优点，不吝赞美。他曾多次表扬颜渊"好学"，欣赏冉雍、公冶长、子贱等人，也对子贡之"达"、子路之勇和"无宿诺"、冉有之"艺"极为欣赏。这些学生也非常能理解和尊重孔子。《论语·子罕》载：

> 颜渊喟然叹曰："仰之弥高，钻之弥坚；瞻之在前，忽焉在後。夫子循循然善诱人，博我以文，约我以礼。欲罢不能，既竭吾才，如有所立卓尔。虽欲从之，末由也已。"①

经常受到褒奖的颜渊由于深深了解孔子，因而总能恰当、诚恳地表达对老师的敬意。

孔子对学生的不当想法和行为也会适时指出，表现为爱之深、责之切的批评、指责。被孔子点名批评的学生就有宰予、冉有、子路、子贡等人。被孔子批评、质疑、指责甚至逐出师门的学生也依然对孔子痴心不改，极力推崇。孔子曾多次以言语斥责、警示子路，促使子路的好学与反省与成长，赢得子路的尊重。他曾责骂宰予"不仁"，说宰予"朽木不可雕也，粪土之墙不可杇也"②，但宰予对孔子的评价依然是"以予观于夫子，贤于尧舜远矣"③。子贡也被孔子指责"志不远矣"，但子贡对孔子的尊敬与对孔子形象的宣扬不遗余力，而且对孔子的尊敬日益增加，足以显示其内心对孔子的尊重。冉有曾自作主张，给公西华的母亲过多援助，受到孔子指责，提醒他"君子周急不继富"④，甚至被孔子逐出师门。但冉有被季康子重用，乘机举荐自己的老师孔子，促使季康子隆重迎孔子回到鲁国，结束颠沛流离的生活，得以专心著述和授徒。

不论是对学生的欣赏还是批评，都能赢得学生真诚的尊重，其关键在于对学生的关爱与坦诚，这是孔子作为教师的成功之处。

三、孔子的教育艺术对师生关系的影响

孔门和谐的师生关系得益于孔子高超的教育艺术。孔子的教育艺术自然天成，发自内心。一是传承文化的使命与担当精神，二是发自内心对学生的仁爱，这两点使得孔子真诚尊崇自己的学问追求，并将之作为自己的教学内容。

（一）孔门师生关系的和谐在于孔子善知人

孔子教导学生观察别人的方法是："视其所以，观其所由，察其所安。人焉

① ［宋］朱熹：《四书集注》，岳麓书社 1993 年版，第 160 页。

② ［宋］朱熹：《四书集注》，岳麓书社 1993 年版，第 110 页。

③ ［宋］朱熹：《四书集注》，岳麓书社 1993 年版，第 336 页。

④ ［宋］朱熹：《四书集注》，岳麓书社 1993 年版，第 121 页。

瘦哉？人焉瘦哉？”[①]孔子从做事的动机、采用的方法和途径、做事情时是勉强而为还是乐此不疲以及做事情后心安理得还是惶惑不安等方面来了解人。这使得孔子能很好地了解自己学生的个性差异、悟性高低、体道深浅，从而随机随人进行教育点拨。

(二)孔门师生关系的和谐在于因材施教

孔子是教育家，他对学生之言多是因人而言，这正是基于孔子对学生优缺点、性格特征的了解。比如孔子的多位学生都向孔子问“仁”，孔子的回答并不一样。对颜渊的回答是“克己复礼为仁”[②]；对樊迟的回答是“仁者先难而后获，可谓仁矣”[③]；对司马牛的回答是“仁者其言也讱”[④]。正因为孔子讲究因人而言，因人而讲，所以孔子讲学，不是不问就讲，像竹筒倒豆子，什么都讲，也不是问一答多，而是有问必答，依据学生的性格、知识背景、理解问题的程度、悟性等解答学生的疑问。这种因材施教，使孔子培养了众多各具特色、各有专长的弟子。

(三)孔门师生关系的和谐在于孔子对话谈心式的教学艺术

古希腊的苏格拉底和中国的孔子不约而同地采用了问答式或谈心式教育。《论语》通篇由孔子的言语、孔子学生言语以及孔子与学生及时人的相互问答所构成。他经常跟学生谈心，问志，在学生的回答中表明自己的态度，提升学生的志向，使学生能够扬长补短，不断进步。比如孔子对子路的提升。《论语·子罕》载：

> 子曰：“衣敝缊袍，与衣狐貉者立，而不耻者，其由也与！‘不忮不求，何用不臧？’”子路终身诵之。子曰：“是道也，何足以臧？”[⑤]

这里孔子说身穿破旧的棉絮袍与穿狐裘的人同立一起，能不感到耻辱的，只有子路。但子路以此沾沾自喜时，孔子又及时提醒他，学无止境，仅仅这样，又怎么能算得好呢？又如，孔子与子贡的对话也很有意义。《论语·学而》载：

> 子贡曰：“贫而无谄，富而无骄，何如？”子曰：“可也。未若贫而乐，富而好礼者也。”子贡曰：“《诗》云：‘如切如磋，如琢如磨。’其斯之谓与？”子曰：“赐也，始可与言《诗》已矣！告诸往而知来者。”[⑥]

这种谈心式教学方法如春风化雨，使学生易于接受老师所讲，并在与老师的对

① [宋]朱熹：《四书集注》，岳麓书社1993年版，第79页。
② [宋]朱熹：《四书集注》，岳麓书社1993年版，第191页。
③ [宋]朱熹：《四书集注》，岳麓书社1993年版，第128页。
④ [宋]朱熹：《四书集注》，岳麓书社1993年版，第193页。
⑤ [宋]朱熹：《四书集注》，岳麓书社1993年版，第166页。
⑥ [宋]朱熹：《四书集注》，岳麓书社1993年版，第72页。

话中使自己的境界得以提升。

(四)孔门师生关系的和谐还在于从游教学

从游教学是春秋战国历史大变革背景下的一种教学形式,多见于私人讲学活动。在当时教无定所的情况下,“弟子们通常以主动求学为动力,跟随在老师左右,与老师朝夕相处中感受教师的气息和个性,从而在老师的耳濡目染、德惠感润下,承接智慧、修身悟道,逐渐完成生命的转化和境界的提升”[①]。孔子30岁左右开始授徒讲学,同时希望寻求明君以得君行道,此后辗转往返、颠沛流离于齐、鲁、卫、楚、陈等国之间,其间都有学生相随,共同面临孔子一生中的各种境遇。正是在从游中,教师不仅从学业上,同时也从生活上、人格上对学生进行培养,学生感悟老师的为学为人,逐渐实现自己生命的转化与境界的提升。道义价值常常会透过教育关系,借师生之间的生活互动,融入学生的心灵意识中,从而融化为学生德性人格的核心部分。这样一种“从游”关系,使教学活动成为一个美妙的生命互动过程。在从游的生命互动中,师生亦可结下或如父子、或如朋友的深厚情谊。

综上所述,孔门师生关系并非专制型,而是我们至今仍然希望达到的理想状态。孔门师生之间的和谐民主、感情深厚、教学相长的关系;教师的为学为人,学生的善学善问;师生的坦诚与相互欣赏、基于关爱成长的互相批评等,都能给当代高校的师生双方以有益的启示。孔子的教育艺术如善知人、因材施教、对话式教学、从游教学等,更需当代高校教师用心琢磨、体会与实践。孔门师生关系蕴含了丰富的理论和实践资源,为当今人们返本开新、走出高校师生关系困境、构建新时代和谐师生关系提供了文化支持和化解思路。

(原载 *Advance in Education Research*, ICASS 2015, Information Engineering Research Institute,本次出版时作较大改动)

---

① 杨雪翠、刘福才:《“从游”教育传统下的古代书院师生关系及启示》,载《高校教育管理》2013年第3期。

引导与培育当代大学生的世界观、人生观与价值观

和春红*

“倡导富强、民主、文明、和谐，倡导自由、平等、公正、法治，倡导爱国、敬业、诚信、友善，积极培育社会主义核心价值观。”这是中共十八大报告中对社会主义核心价值观的概括。大学阶段是青年的世界观、人生观和价值观（以下简称为“三观”）成型的关键时期，因此，对于大学生“三观”的引导与培育，在思想政治教育中占有十分重要的位置。当代大学生基本上都是“90后”，他们所成长的时代、目光所及的社会百态以及所能从网络媒介接触到的纷繁芜杂的信息，使得他们的“三观”承受着巨大的冲击，进而给从事“思想道德修养与法律基础”（以下简称为“道德与法律”）课程教学的高校教师提出了严峻的挑战。为什么正“三观”对于当代大学生来说极为迫切和重要？高校教师又该如何引导和培育当代大学生树立与社会主义核心价值体系相一致的世界观、人生观与价值观？

一、正“三观”对于当代大学生极为迫切和重要

（一）正“三观”是在大学生中贯彻社会主义核心价值体系的必要步骤

习近平总书记在2014年“五四”青年节到北京大学考察时曾经强调，青年的价值取向决定了未来整个社会的价值取向，而青年又处在价值观形成和确立的时期，抓好这一时期的价值观养成十分重要。这就像穿衣服扣扣子一样，如果第一粒扣子扣错了，剩余的扣子都会扣错。人生的扣子从一开始就要扣好。自

* 和春红，山东大学（威海）马克思主义教学部讲师，主攻方向为思想政治教育和东北亚国际关系。

2006年10月党的十六届六中全会明确提出要建设社会主义核心价值体系后，如何在全社会将其加以弘扬、内化，使之成为社会主义中国的精神旗帜，成为爱国主义、共同理想与民族凝聚力的源泉，一直是极为重要的课题。把培育和践行社会主义核心价值观融入国民教育全过程是教育工作的重点之一。少年智则国智，少年富则国富，少年强则国强，以大学生为代表的年轻人是国家富强、民族振兴、人民幸福的中国梦的生力军，他们对于社会主义核心价值体系的理解和内化，关系着社会主义的未来和生命力。在对大学生的思想政治教育中注重正"三观"，对于在大学生中弘扬社会主义核心价值体系，具有见微知著、水滴石穿的重要意义。

(二)"三观"是"思想道德修养与法律基础"课程的重要组成部分

"三观"是道德与法律课，尤其是"思想道德修养"部分十分重要的内容。世界观是人们对生活在其中的世界以及人与世界的关系的总的看法和根本观点，其一旦形成，就对人的活动发生支配作用，发挥决定作用。人生观是世界观在对待人生问题上的具体体现，是世界观的重要组成部分，是人们在实践中形成的对于人生目的和意义的根本看法，它决定着人们实践活动的目标、人生道路的方向，也决定着人们行为选择的价值取向和对待生活的态度。价值观是人们关于什么是价值、怎样评判价值、如何创造价值等问题的根本观点，是人生目的、人生态度的基本依据。[①] 在社会主义社会，我们的世界观应当是辩证唯物主义的，应当尊奉的科学高尚的人生观是以为人民服务为核心内容的，有价值的人生在于为他人和社会做出应有的贡献。

"思想道德修养与法律基础"课程中有着独立且完整的一章，即"领悟人生真谛，创造人生价值"，基本内容便是人生观教育，在课程体系中起着承上启下的作用。世界观、人生观与价值观正确与否，直接影响着大学生们对于"思想道德修养"部分的"爱国与爱社会主义的一致性""为人民服务是社会主义道德建设的核心""集体主义是社会主义道德建设的原则"等核心内容的理解和接受程度。

引导和培育当代大学生树立科学、正确的世界观、人生观与价值观，方能达到立德树人的目的，真正提高学生的思想政治素质和道德境界，为他们科学而正确地解决人生中遇到的理论和实践问题提供方法论的指导。

---

① 参见思想道德修养与法律基础编写组：《思想道德修养与法律基础》，高等教育出版社2015年版，第66、70页。

二、"90 后"大学生的"三观"所面临的冲击和挑战

(一)正确的"三观"对于大学生成长成才意义重大

"帮助学生树立正确的世界观、人生观、价值观,帮助他们懂得如何做人做事,对他们一生的成长成才至关重要、意义重大……思想政治理论课在帮助大学生树立正确的世界观、人生观、价值观方面具有不可替代、不可忽视的重大作用。"[①]大学是学生迈入社会前的一段宝贵时光,尽管现在的大学已经不是纯粹的"象牙塔",甚至可以说是一个小社会,但是大学依然堪称是一个较为纯净的、大学生可以接受到理性的思想启迪和教育的理想之地。在这寥寥数年的时光中,大学生极为必要去思考那些会萦绕、影响他们一生的重大课题。比如应当如何看待人所生存和生活的这个世界,什么样的人生才是成功的、真正有意义的,一个人的真正价值在哪里,如何实现自己的价值,等等。"三观"健康理性、德才兼备的年轻人才是实现中华民族伟大复兴所真正需要的人才。

(二)"90 后"大学生的心理特点

"90 后"大学生成长的环境,是经济全球化下更为错综复杂的世界以及改革开放不断深入所带来的急剧变迁的中国社会。这使得他们身上存在着一些值得关注的心理特点。

第一,理想信念淡薄。比起远大的理想与追求,一些"90 后"大学生更为关注短期、实际的利益。进入大学很少有人是抱持着报效祖国、回馈社会的远大理想,而是为了毕业后继续进修或者找到一个好工作。因此,他们对于思想政治理论课的重要性和必要性认识不足,不少学生是出于考研的需要在听课。理想信念的缺失所带来的另一个后果,是一些学生无所事事,迷失在网络游戏等虚拟世界当中。

第二,价值观念多元化。中国社会的急剧变迁使得多元化的价值观念得以存在和盛行,加之"90 后"的成长环境较为优渥,因此他们对虚荣、奢侈、浪费、及时行乐等没有强大的免疫力,已经有非常多的案例表明,当代大学生的消费观堪忧。

第三,推崇独立和个性。"90 后"大学生推崇独立和个性,这使得他们更为关注"自我"及个人利益,对集体主义的认同感有所降低。

---

① 袁贵仁:《努力把高校思想政治理论课建设成为学生真心喜爱终身受益毕生难忘的优秀课程》,载《思想理论教育导刊》2010 年第 6 期。

第四，善于获取和运用网络资源。“90后”大学生能够自如、快捷地运用电脑从网络媒介中获取信息。这一方面拓宽了他们的信息量和知识面；另一方面又使得他们置身于良莠不齐的网络环境当中，出于猎奇等心态快餐化、跳跃化、碎片化地获取想要的信息。

“90后”大学生的心理特点，使得他们的“三观”存在着与我国当前主流思想和价值观不甚吻合的方面，这就给从事道德与法律等思想政治理论课程的高校教师提出了更高的挑战与要求。

(三)社会现象、网络媒介与错误的社会思潮对于当代大学生“三观”的冲击

第一，社会与网络媒介都存在着一些冲击“三观”的现象。改革开放至今，中国取得了巨大的发展红利，一跃成为世界第二大经济体。然而，在快速发展的背后，道德却付出了沉重的代价：拜金主义、极端个人主义滋生蔓延，人与物的关系被颠倒，人成为金钱的奴隶，社会诚信严重缺损，假冒伪劣行为比比皆是，人们的衣食住行等充斥着不安全①，享乐主义等错误的社会思潮甚嚣尘上，唯利是图、及时行乐、见利忘义、坑蒙拐骗、贪赃枉法、炫富等丑恶行为时有发生。在较为宽松的舆论环境下，这些现象在发达的网络媒介中快速传播，多元化的网络媒介中充斥着一些五花八门、“三观不正”的信息和内容。这些信息与现象即使对于心智健全、阅历丰富的成年人来说，也往往是令人困惑的。心智阅历处在成长期的大学生，在接触到这些信息和现象之后，会更加难以分辨是非真假，甚至无所适从。

第二，大学生接触网络媒介的频度与对网络信息的评判能力不成正比。当代大学生与以往大学生存在的一个显著不同，就是网络和计算机的普及程度已经几乎达到了100%。四通八达的网络在带来便利的同时，也滋生了复杂的网络环境。面对良莠不齐、纷繁芜杂的网络信息，大学生的自我评判能力有限，很有可能全盘接受一些似是而非的言论或者应当批判的现象。大学生的“三观”依然处在形成时期，稳定性差，可塑性强，他们频繁、快捷地从网络媒介获取信息，又不具备完全正确、理性的信息评判能力。因此，毁“三观”的一些信息或者现象很容易乘虚而入，进而对大学生的“三观”产生侵蚀和冲击。

三、引导和培育当代大学生树立正确的“三观”

教材中的“三观”的正式性和严肃性，使得学生从书本上看到的“三观”流于

① 参见吴灿新：《拿什么拯救道德滑坡》，载2011年4月25日《南方日报》。

形式和符号，大学生们姑且听之，难以内化。这恐怕是当代大多数“90后”大学生的通病，也是令道德与法律课教师们挠头不已的现实。全国高校思想政治理论课的教学改革、教学方法改革是加强思想政治理论课建设的切入点和突破口。引导和培育当代大学生树立与社会主义核心价值体系相一致的世界观、人生观与价值观，需要了解学生们的真正想法，与学生们沟通对话，对症下“药”。清华大学思想政治理论课的“因材施教”模式颇受业界好评，其中一种举措便是进行课前调研，了解学生需求，把握学生特点，有的放矢地进行教学内容的设计。① 不仅如此，道德与法律课的教学方法和教学素材亦需要与时俱进，方能真正引起同学们的兴趣，进而获得较为理想的教学效果。

（一）重引导，轻灌输

对于思想政治教育来说，合理的引导，而不是僵硬的灌输，往往可以起到水到渠成、事半功倍的效果。在教学过程中，注意引入一些比较有感召力、代表性的人物和事例，并让同学们进行讨论，在讨论的过程中，可以发现同学们的真实想法和感受，其中有偏颇、有疑惑的地方，教师加以升华和引导，往往可以达到比较好的教学效果。比如，笔者曾经在课堂上让同学们讨论断臂中国达人刘伟、清华村官魏华伟、南通修车老人胡汉生等人的事例，通过讨论，发现大多数的学生对于这些人物的精神和作为都由衷地钦佩，但是论及自身是否会像他们一样去奋斗和奉献，同学们也表达了各种顾虑，这时候再进行针对性的理论授课，同学们都或多或少地受到了启发和教育。历年的道德模范颁奖等均可以为教学提供最新、最有代表性的优秀素材，从事道德与法律课程教学的高校教师应当随时注意搜集和发掘，为教学所用。

（二）言传身教，潜移默化

教师的品行和道德，“润物细无声”，是无形的教学资源，可以对学生们起到潜移默化的影响。大学生对高校教师是比较尊敬和崇拜的，他们期望了解教师对于社会、人生等一些宏大或者现实的问题的看法。因此，道德与法律课的授课教师对于学生们来说，完全可以亦师亦友。在课堂授课的时候，老师应注意自己的言行举止，传递理性和正能量，同时又可以做跟学生沟通、谈心的朋友，帮助他们分析自己所关心、困惑的现实问题。

（三）开拓网络教学平台，实现教学效果与效率的双丰收

“90后”大学生注重自己的思维个性，希望通过争论和碰撞形成观点，而不是被动接受单向的灌输。对于这群可以自如、熟练地运用网络的教学对象，高校教师急需尝试并开拓网络教学。网络教学平台使得思想政治理论课的教学、

---

① 参见《全国高校思政理论课教学方法改革经验（摘编）》，载2013年12月6日《中国教育报》。

考核都更为机动灵活，并且真正可以贴近学生、调动学生。清华大学、南京师范大学等高校的尝试，已经证明其有效提升了教学效果与效率。诸如可以融合网络元素的“慕课”等教学形式，年轻教师都可以深入了解，勇于尝试。

(四)注重在实践中加以引导和检验

实践是检验真理的唯一标准，在实践中才能创造有价值的人生。大学生在课堂上所接受的“三观”教育，需要真正贯彻到他们的人生和生活当中。课堂之外的现实生活，亦是影响同学们“三观”的大课堂，因此依然需要加以引导和培育。师者，传道授业解惑也。对于道德与法律课的授课教师来说，不仅在课堂教学中可以广泛运用现实社会生活中的真实现象作为教学素材，而且应当随时准备对学生们在现实实践中遭遇的状况和问题进行答疑解惑，这样才能真正在引导和培育大学生的世界观、人生观和价值观中发挥应有的作用。

优秀传统文化传承与新时期大学生德育新探

——基于非物质文化遗产研究视角

孙　克*

马克思曾经说过，人类创造自身历史，但并非随心所欲、在自己选定的条件下创造，而是在继承过去的条件下创造。[①] 我国新时期的大学生道德教育也是如此。在经济全球化、思想多元化的历史条件下，如何正视中国几千年来形成的优秀文化积淀、伦理价值、道德规范、社会理想和民族精神，是一项时代课题。中华优秀传统文化的传习对于提高大学生道德修养和人文素质发挥着重要作用，少数人全盘否定甚至抛弃传统文化的做法是不可取的。因此，新时期的高校德育必须凸显"文化育人"，即根植于中华优秀传统文化，从优秀传统文化中汲取营养。[②] 近年来，我国高校德育工作中出现了可喜的变化，在学生培养过程中日益重视优秀传统文化的作用，作为中国传统文化优秀代表的非物质文化遗产教育刚刚起步，其潜在德育价值和育人功能尚未得到有效开发。

一、非物质文化遗产：中华文化的优秀代表及其德育价值

根据联合国教科文组织通过的《保护非物质文化遗产公约》中的定义，非物质文化遗产（亦称为"无形文化遗产"）是指，被各群体、团体、有时为个人所视为

---

* 孙克，山东大学（威海）马克思主义教学部讲师，主攻传统文化与思想政治教育。

本文发表于贵州大学主办的《教育文化论坛》2011 年第 5 期，获得 2012 年度山东省高校学生教育与管理工作优秀科研成果三等奖。为山东大学（威海）教研课题"法学专业思想道德修养课程改革与功能拓展研究及实践"（2009 一般）的阶段性成果之一。

① 参见《马克思恩格斯文集》第 2 卷，人民出版社 2009 年版，第 470 页。

② 参见于媛媛、李延伦：《传统文化继承与高职德育教学的思考》，载《辽宁高职学报》2007 年第 3 期。

其文化遗产的各种实践、表演、表现形式、知识体系和技能及其有关的工具、实物、工艺品和文化场所。通常认为，非物质文化遗产是以口头或动作方式相传、具有民族历史积淀和突出代表性的民间文化遗产，主要包括口头传统、传统表演艺术、民俗活动、传统手工艺技能等。

从世界范围来看，人类对于非物质文化遗产的认知具有其历史发展过程。早在1972年《世界遗产公约》颁布后，人们对历史遗产和自然遗产有了清晰的理论界定和明确认识，随着现代信息社会形成的强势文化对弱势文化的侵蚀，人们发现原本数量巨大的民族文化、本土传统文化、民间文化逐渐消失、消亡甚至灭绝。于是，人们不得不重新审视和关注文化本土化与传统文化的传承问题，以及非物质文化对于社会发展的价值和作用。

2000年，联合国教科文组织设立了《人类口传和非物质文化遗产代表作名录》(以下简称《名录》)，开启了非物质文化遗产保护与传承的新纪元。在《名录》申报规定中明确指出：列入《名录》之作品必须是具有代表性的传统杰出工艺，代表性的非文字形式的艺术、文学，突出代表民族文化认同、又因种种原因濒于失传的文化表现形式。这些文化表现形式丰富，包括各类戏曲和相关的面具、服装制作和工艺；口传文学，如神话、传说、游戏和故事；各种精湛杰出的工艺、手工艺，比如针织、织染、刺绣、雕刻、竹藤、面人制作、玩具制作和剪纸等等。

中国作为具有悠久灿烂历史的文明古国，拥有丰富多彩的非物质文化遗产，作为文化遗产的重要组成部分，其是民族精神文化的重要标识，也是我国历史的见证和中华优秀文化的重要载体，蕴含着中华民族特有的思维方式、文化意识和宏大智慧，承载着国家、民族文化生命的密码。非物质文化遗产是广大民众生命创造力的高度展现，也是国家文化身份和文化主权的基本依据，体现了中华民族的民族精神。①

非物质文化遗产是民族智慧与文明的结晶，是人类的文化命脉。对于非物质文化遗产，冯骥才先生曾经有这样的论述："人类非物质文化遗产与人类物质遗产一样，都是人类文明的结晶和共同的宝贵财富，是人类社会得以延续的文化命脉，而无形的文化，往往比有形的文化更为重要。非物质文化遗产包括了人类无限的情感，包含着深远的意义和价值。"②

截至2010年，国务院已发布了三批共计一千余项国家级非物质文化遗产目录，包括了民间文学、民间音乐、民间舞蹈项、传统戏剧项、曲艺项、杂技与竞

---

① 参见孙燕：《区域性大学在非物质文化遗产保护与文化传承中的作用》，载《玉溪师范学院学报》2007年第10期。

② 冯骥才：《守望民间》，西苑出版社2002年版，第152页。

技项、民间美术项、传统手工技艺、传统医药、民俗共十大类。2006年起，国家还确立了每年6月10日是我国的“文化遗产日”，建立了国家、省、市、县四级名录保护体系，并进行定期评估。这些积极而有效的措施使全民族文化认同感、凝聚力得到加强。如今，在少数民族地区，非文字的、活态的民间文化尤其受到广泛关注，更多的官方、研究学者、社会团体和新闻媒体站在了民族传统文化的大格局中，去认知我们民族的整体文化资源，并积极发掘其存在和延续的价值内核，以及这种价值在现代中国文化可持续发展中的地位与作用。

毋庸置疑，非物质文化遗产在新的历史条件下具有独特的历史和现实价值，对于我国区域乃至整个国家经济社会发展具有不可忽视的文化影响力。另外，非物质文化遗产是不可缺少的德育教育资源。政治意识形态的正确性和说服力，必须建立在丰富的文化认知基础上。大学生德育教育要在正确方向的指引下，密切联系现实生活和历史文化，才能令学生们在世界观、人生观、价值观、民族认同等方面受到启发和教育。仅是抽象、教条地灌输理论而脱离实际，很难有感染力和说服力。同时，完全离开社会政治的价值尺度，讲所谓纯粹的非物质文化遗产教育，也是不现实的。只有将二者有机结合，才能够优势互补，相得益彰。① 充分挖掘非物质文化遗产的良好育人因素，对培养学生正确的人生观、树立远大理想具有十分重要的作用。让学生学习非物质文化遗产发展史，参加到优秀非物质文化遗产的保护和传承中来，可以增强他们的民族自豪感和自信心，激发爱国主义情怀，树立报效国家的宏伟志向，为形成正确的人生观提供了良好的保证。②

二、非物质文化遗产融入大学生德育：必要性与紧迫性

2004年颁布的《中共中央国务院关于进一步加强和改进大学生思想政治教育的意见》中规定，高等学校各门课程都具有育人功能，要深入挖掘各类课程的思想政治教育资源，在传授专业知识过程中加强思想政治教育，使学生在学习科学文化知识过程中，自觉加强思想道德修养，提高政治觉悟。从目前我国高校德育实施的途径上来看，“两课”即思想政治理论课和思想品德课的课堂教育是对大学生系统进行思想政治教育的主渠道和基本环节，是每名在校大学生的必修

① 参见徐金龙：《大学生非物质文化遗产教育现状及对策》，载《赣南师范学院学报》2009年第1期。

② 参见刘伟辉：《非物质文化遗产的素质教育功能初探》，载《教学与管理》2008年第2期。

课程。[①]

中华优秀传统文化作为大学生德育教育的重要文化资源，是民族自我认同和民族自信心的基础，理应融入高校德育，缺少这一重要环节的德育教育是不完整的。非物质文化遗产作为中华优秀传统文化的重要代表，鲜活地存在于我们的日常生活之中，为我们所耳闻目睹、身受心感。投入到非物质文化遗产学习和传承中去，可以有效地提高大学生的道德修养和人文素质，使大学生亲身体验到中华传统文化的精髓和特色，培养起对民族文化的深厚情感。

(一)非物质文化遗产是中华民族精神重要载体

"非物质文化遗产是与人民生活密切相关的各种优秀传统文化表现形式和文化空间，是中华民族在长期的生产实践、社会实践和审美中逐渐形成和发展起来的，是一个民族的人文精神、价值观念、民风民俗、语言体系、文化心理等的融合与构建。并且在悠久灿烂的历史长河中不断孕育传承。民族精神的形成，离不开本民族的非物质文化遗产这一文化沃土的孕育。"[②]中华各民族文化的相互冲击和融合，随着新的内容不断输入，其中的精华部分，被提升为中华民族的民族精神，这就是"团结统一，独立自主，爱好和平，自强不息"的中华民族精神。[③] 因此，从民族精神的表现形式、传承方式和产生渊源的层面去看，非物质文化遗产既是中华民族精神的载体，是民族精神和传统文化的象征，同时也是民族精神赖以继承和发展的天地。[④] 山东大学作为国家首批批准建设的十所中华传统文化研究与体验基地之一，就明确提出传承民族优秀传统文化是大学承担历史责任的重要表现，山东大学的目标就是建设成为中国传统文化最有代表性的大学。[⑤]

(二)非物质文化遗产唤醒大学生民族认同感

作为优秀民族文化重要组成部分的非物质文化遗产，包含生活技艺、口头语言艺术、文化心理模式等丰富内容，影响着普通民众的文化生活。从中国传统社会道德教化过程看，人们总是通过丰富多彩的社会生活和民族文化传承，达到对社会民众特别是青年的道德教育。当今全球化条件下，不同国家间的价值理念、伦理道德、思想信念、宗教信仰和生活方式等冲突矛盾凸显。西方发达

---

① 参见曹关群：《我国双重世界遗产地高校德育建设》，载《赤峰学院学报》2009年第3期。

② 《国务院办公厅关于加强我国非物质文化遗产保护工作的意见》，国办发[2005]18号。

③ 参见江泽民：《在中国文联第七次全国代表大会、中国作协第六次全国代表大会上的讲话》，载2001年12月19日《人民日报》。

④ 参见马雁：《用非物质文化遗产培育大学生民族精神》，载《当代青年研究》2008年第1期。

⑤ 参见徐显明：《将山东大学建成中国传统文化氛围最浓厚的大学》，http://www.chinadaily.com.cn/m/shandong/c/2010-04/22/content_9762084.htm，2010年8月25日。

国家将其价值观念和生活方式大量且迅速地向世界传播，给我国传统德育带来极大冲击。世界一体化，相当程度上弱化了当代大学生的民族认同感和国家主权意识，削弱了大学生的民族自尊和自信。“面对如此形势，蕴含着弥足珍贵精神价值的优秀非物质文化遗产，正是我们可以退守和栖居的精神家园，也是我们增强民族文化认同的宝贵资源，对这些文化遗产的延习和传承，能唤醒我们作为中华儿女的民族自尊、自爱和自信的文化自觉，为大学生的德育提供巨大的精神动力和正确的精神导向。”[①]通过对非物质文化遗产的认识以及具体的参与活动，非物质文化遗产在唤醒大学生民族认同感的同时，可以使大学生熟悉自己祖先创造的历史文化，产生强烈的民族自豪感和自信心，培养健康、正直的道德观念，增强对本民族的自尊自信。[②]

(三)非物质文化遗产形成大学生民族凝聚力

非物质文化遗产是一个民族的人文精神、价值观念、民风民俗、语言体系、文化心理等的融合与构建。[③] 在特定历史地理和文化条件下，非物质文化遗产不仅能规范社会成员的思维和行为模式，同时还发挥着维系社会群体生活进行规则的作用。这种共同的心理认同，能够形成强大的民族凝聚力和向心力。中华民族经历了几千年漫长悠久的历史，虽遭受了诸多磨难和创伤，但中华文明依然保持强大的生命力，巍然耸立于世界民族之林。对于非物质遗产的认知和传承是中华文明传承的重要载体，时至今日，陕西桥山黄帝陵、轩辕庙作为中华民族的祭奠地，每当清明时节，民族亲情都在这里汇集、凝聚，从虔诚叩拜的肢体语言中，我们能读出“血浓于水”的民族情缘，从“血浓于水”的情缘中，我们更能感受到民族的凝聚力。[④]

(四)非物质文化遗产培养大学生爱国精神

列宁曾说过，爱国主义是千百年来巩固起来的对自己祖国的一种最深厚的感情。爱国精神是一个民族、一个国家的精神支柱，对一个民族具有根本的价值导向作用，是衡量一个国家综合国力的重要尺度。而作为中国各族人民共同创造和传承的非物质文化遗产，凝聚了我国劳动人民几千年的辛劳和智慧，充分体现了中华民族在历史进程中的优秀文化价值观念和审美理想。它们作为人文资源和珍贵艺术传统的存在，在弘扬民族精神、激发爱国主义热情、增强社会凝聚力、自觉弘扬传统民族文化等方面发挥着积极作用。具有地方特色的民

---

① 贾艳：《用非物质文化遗产培育大学生民族精神》，载《内蒙古电大学刊》2009 年第 2 期。

② 参见安学斌：《民族文化传承人的历史价值与当代生境》，载《云南民族大学学报（哲学社会科学版）》2007 年第 11 期。

③ 参见李世涛：《关于“非物质文化遗产”概念的理解与规范问题》，载《学习与实践》2006 年第 9 期。

④ 参见贾艳：《用非物质文化遗产培育大学生民族精神》，载《内蒙古电大学刊》2009 年第 2 期。

风民俗、儿歌民谣、民间故事传说、曲艺说唱、剪纸和绘画、工艺制作、戏曲表演等非物质文化遗产，体现出来的是勤劳勇敢、自强不息、热爱生活、互敬互爱等中华民族的优良品质和传统美德。通过课堂内外有效载体，在校园中弘扬和传承这些优秀非物质文化遗产，能够让热爱祖国、热爱家乡、热爱人民的伟大情怀在大学生中薪火相传。①

三、互动共赢：非物质文化遗产教育融入大学德育之路径探讨

德育有异于规则教育，它需要不断创新，需要体现时代风貌，给予学生思想拓展的空间。非物质文化遗产融入高校德育，必须摆脱过去单一的思想教育灌输模式，实现德育向校园生活的人文本质回归。结合目前我国高校非物质文化遗产传承教育的具体情况，可以尝试以下三条路径，将非物质文化遗产有效融入高校德育教育。②

（一）非物质文化遗产与高校德育课程改革相结合

高校德育课程改革已经成为新时期高校教育改革的重要组成部分。实现非物质文化遗产与高校德育课程改革结合，是非物质文化遗产融入高校德育教育的创新与发展。一方面，与高校“两课”教育相结合，可以有效地将本区域优秀非物质文化遗产的文化内涵和时代价值融入高校德育课程中，使德育教育课形象生动、方式多样，“润物细无声”地引导大学生的价值观念和行为导向，从而大力提高德育教育的有效性；另一方面，与高校德育课程相结合，要把德育课程作为传承弘扬优秀中华传统文化的现实路径，确立非物质文化遗产在高校德育教育中的价值，将现代教育理念与民族优秀文化相结合，寻找非物质文化遗产与“以人为本”教育理念发展的共同脉络，提升学生的道德素养，陶冶学生的道德情操，感怀祖国优秀传统文化的魅力，从而构建和谐、和美、和睦的学习环境。非物质文化遗产与高校德育课程结合不能面面俱到，要因地制宜、因材施教、突出重点。③

（二）非物质文化遗产与高校校园文化活动相结合

把非物质文化遗产纳入高校校园文化建设范畴，是非物质文化遗产融入高

① 参见王晓成、曾强、陆岚：《论湘南非物质文化遗产融入高校思想政治教育》，载《衡阳师范学院学报》2010 年第 1 期。

② 参见王晓成、曾强、陆岚：《论湘南非物质文化遗产融入高校思想政治教育》，载《衡阳师范学院学报》2010 年第 1 期。

③ 参见刘伟辉：《非物质文化遗产的素质教育功能初探》，载《教学与管理》2008 年第 2 期。

校德育教育的有效途径。中华民族优秀的非物质文化遗产博大精深，具有地域性、民俗性、民间化等突出特点，对来自祖国四面八方的学子来说具有极大吸引力。因此，非物质文化遗产要融入高校德育教育，与高校校园文化建设相结合无疑是最佳切入点。通过校园文化活动，充分展示优秀的非物质文化遗产，能够使学生亲切感受祖国传统文化的魅力。目前，国内诸多高校已经立足于非物质文化遗产与校园文化活动结合进行了有益探索。如河北科技大学 2005 年以来就以学生活动为载体，将河北民间特有的常山战鼓、井陉拉花等艺术形式引进校园，坚持学、演、练一体化，成为河北科技大学的一个校园文化品牌项目；2008 年 6 月 14 日，“非物质文化遗产进校园暨河北省首届民俗文化节”在河北科技大学校园举行，受到广大师生们的热烈欢迎，省文化厅命名河北科技大学为“河北省非物质文化遗产传播基地”。越来越多的非物质文化遗产走进校园，青年学子越来越积极主动地承担起文化传承的责任。[①] 非物质文化遗产丰富了校园文化内涵，拓展了大学生业余文化生活，提高了大学生的身心素质，激发大学生热爱祖国、热爱家乡的热情。[②]

（三）非物质文化遗产与大学生科研实践活动相结合

把非物质文化遗产与大学生科研实践活动相结合，是非物质文化遗产融入高校德育教育的有效载体。组织学生结合大学生科研、社会实践活动，开展非物质文化遗产调研实践，引导学生关注身边的非物质文化遗产内容与形式，挖掘丰富的民族民间文化资源，探讨非物质文化遗产的丰富内涵与时代价值，加深对当地民俗传统文化的深入了解，提升大学生科研、实践活动服务社会的功能。非物质文化遗产教育与传统德育教育相比，更注重实践环节，显现出更强的实践性和可操作性，强调“田野作业”的实践教学。大学生在参与中认知、理解、接纳并承传优秀民族文化。同时，由于非物质文化遗产根植民众生活之中，积极开展大学生科研实践活动，深入社会，走进田野，可以让大学生亲近民间生活，接触民俗传承人，了解民俗文化和民间文学的精彩魅力，增强非物质文化遗产保护意识，培养锻炼创新精神和实践能力。[③] 通过多种途径帮助大学生切身了解优秀民族民间文化艺术的博大精深，能够使他们对中华民族传统文化的认识通过自身的亲身体验而逐渐发生改变，进而在大学生的心中树立起民族自豪感，把传统说教式的德育教育变为学生自我认知和自我教育的过程。非物质文

---

① 参见李春艳：《地方高校与非物质文化遗产保护研究》，载《才智》2009 年第 3 期。

② 参见靖桥、盖海红、王靖敏：《河北非物质文化遗产与高校课程相融合的可行性研究》，载《河北师范大学学报》2010 年第 2 期。

③ 参见徐金龙：《大学生非物质文化遗产教育现状及对策》，载《赣南师范学院学报》2009 年第 1 期。

化遗产包含大量的传统文化知识和技艺，是体现人文精神的重要文化遗产。在学习和传承非物质文化遗产过程中，可以通过培养大学生的田野调查能力和技艺传承意识，培养其实践能力和理论分析能力，从而有效地提高学生的人文素养。[①]

四、结　语

大学生作为中华民族伟大复兴的中坚力量，其自身素质的高低和民族责任感的强弱，关系到国家和民族的未来。在多元文化背景下，世界范围内各种思想文化相互涤荡，充分发挥优秀传统文化的德育功能，探求如何发挥大学生主观能动性来增强民族认同感、责任感，从而促进大学生民族精神的培养，是高校义不容辞的责任。[②]

非物质文化遗产作为一种生活文化、大众文化，是我们祖先留下来的宝贵文化遗产和民族精神根基。因此，我们必须珍视承载着我们民族一代代人文化记忆的非物质文化遗产。要让大学生通过对非物质文化遗产的认知与传承，弘扬中华民族精神，增强中华民族文化认同感。探索基于优秀非物质文化遗产传承视角的大学生德育，正是开发与利用传统文化德育资源，把蕴藏在传统文化中的德育资源充分挖掘出来，融入大学生德育中，彰显非物质文化遗产的时代价值，实现非物质文化遗产传承与大学生德育的互动共赢。

（原载《教育文化论坛》2011 年第 5 期）

---

① 参见方坚铭：《大学生应积极参与非物质文化遗产保护》，载《新西部》2010 年第 4 期。

② 参见李本亮、陶知翔：《对运用优秀民族文化培育大学生民族精神的思考》，载《教育与职业》2007 年第 12 期。

思政课的理论教学专题研究

关于高校思想政治理论课理论教学几个重要问题的看法

吴文新

一、理论授课环节如何更好地联系实际

在长期的“马克思主义基本原理概论”课教学实践中，我深深地体会到，理论授课环节极为重要，但又极难把握，如何提高理论授课环节的有效性，是思想政治理论课教学中必须解决的关键问题。通过近年来的努力，我感触最深的一个做法是：充分发扬马克思主义理论联系实际的科学学风，从内容上把马克思主义哲学讲成较为贴近学生实际生活的人生哲学，大量运用生活点滴、社会案例及自身阅历，并尽可能结合一些学生专业特点，将马克思主义原理具体化、生活化。马克思主义关于资本主义和社会主义的一般原理，可用来帮助同学们理解现实的资本主义和社会主义，特别是其中的一些热点和焦点问题，国际国内一些重大事件都可以在这个层面上得到合理的阐释，乃至预测，而不是单纯讲解原理本身，这样就能够使学生深切地感受到马克思主义理论的现实性和强大的解释力、说服力和预见力。高校思想政治理论课担负着在高校实现马克思主义大众化的使命，如果不能将马克思主义理论与中国乃至人类的现实处境和问题相联系，不能跟学生自身的发展需要和实际情况相联系，那么马克思主义理论就依然停留于枯燥乏味的知识和教条层面，难以深入学生头脑之中，难以内化为学生知识结构、情感体验和生活经验的有机组成部分。

与此相关的另一个具有挑战性的问题是，理论教学环节如何处理好学科理论逻辑的系统性与讲授方式方法的生动性的关系？思想政治理论课教学是偏重于思想政治教育（实际是一种人文素质教育，即价值观念的理性分析、相关情

感和体验的情景设置、学生体验式活动的安排），还是偏重思想政治理论课基本理论知识的灌输（理解和记忆），抑或二者等量齐观？授课时间紧张的情况下，如何能够收到最佳的效果？本人的理解是：高校思想政治理论课，固然有其系统的理论性和严谨的逻辑性，但是我们的教学目的并不在于使学生掌握其理论逻辑，这只是这些学科知识科学性、真理性的表现。而思想政治理论课的性质和功能定位，决定了它是思想政治和人文价值教育课程，课程本身的理论系统性和逻辑严谨性只能服务于它的思想政治和人文价值教育功能，培养学生的思想政治素质和人文价值素质才是开设这些课程的最高目的。因此，生动活泼的讲授方式是与思想政治理论课的思想性和人文性相联系的，更何况，生动活泼是现实生活的特点，如果要使马克思主义理论成为学生生活受用的思想财富和智慧指南，那就必须将形式上枯燥深奥的理论与生动活泼的现实生活联系起来，打通其间的壁垒，使学生将马克思主义理论生活化，使现实生活在理论层面上体现马克思主义的现实性和生命力。显然，要做好这一点，没有深厚的马克思主义理论功底是难以做到的，而没有丰富的生活阅历和对人生、社会的深刻独到的体验，也是难以做到的。我们必须为此而努力。但必须说明的是，生动活泼的讲授方式，并不是无厘头的娱乐、无限度的爆笑，甚至为了娱乐学生而将现实生活"哈哈镜化"，这将使学生难以正确地理解生活，甚至会将马克思主义庸俗化。

二、如何处理教材知识的系统性与学生所关心问题之释疑解惑之间的关系

我们现在的教学大多关注教材知识的传授，是一种重知识系统而缺乏针对性的教学方式，教师所讲并非学生所需所愿，因而引不起学生的兴趣就在情理之中。我们知道，相当大部分学生因与专业和就业"无关"而对教材知识和社会问题不感兴趣，但作为年轻人，并且是通过各种媒体特别是网络媒体与世界保持密切联系、具有相当敏感度和感知力的年轻人，必然有他们所关心的各种问题。那么，我们的课堂能否结合他们所关心的问题来展开教学？努力实现因惑而教、因疑而导？能否每次课都从学生所关心的问题入手，切入主题，将教学变成对学生释疑解惑的专题研讨，通过对话、讨论乃至访谈的方式，引导学生进入主动学习和思考的情境之中？

我参与学校其他单位的一些讲座，采取了这样一种方式：让举办单位先征集问题，然后我归类整理，用一个总体逻辑将不同的问题联系成为一个整体，这

样既可针对性地作出回复，满足听众的不同需要，又可不知不觉中将理论贯穿进去，讲座结束后再次互动交流。从效果上看，还是非常不错的，比单方面准备自己所喜欢或有积累的资料、自说自话的效果要好得多。这种方法可否用到课堂上？我认为是可以的，虽然这样讲课，学生所关注的问题成了授课的明线或主线，而教材的理论知识成为了暗线和副线，但是一旦学生从中感受到思想政治理论课的基本理论对现实生活的问题可具有强大的释疑解惑的功能，他们会自觉不自觉地产生理论的兴趣，从而激发读书思考的自觉性。因此，老师在课前征集问题，必然促使学生首先要大致翻翻课本，对知识本身有所了解，同时去关注现实问题，而后结合起来提出一些有分量的问题。这对学生也是一个极大的促进：读书、观察、思考、整理概括，老师也可根据学生所提问题的质量和数量，作出适当评价，作为学生平时互动成绩的一部分。老师在备课时就可针对性地做一些理论与实际相结合的工作，这样讲课，肯定会增加授课内容和形式上的针对性，甚至对一些问题还可以继续深化提问和讨论，引起更多同学的参与，从而造成一种让大家关注社会现实、深感思想政治理论课内容之现实功能或价值的教学氛围。要想方设法使同学们感受到，思想政治理论课不是高高在上、远在天边、与己无关、与现实无关，而是与自己的人生选择、与自己所生活其中的中国社会、人类世界息息相关、紧密相连。

概括而言，这是一种现实问题导向型的理论课教学模式，主要环节是：征集问题—整理归类—归入章节—问题（案例）引入—适当讲解—互动讨论—深化思考和感受。在适当讲解和互动讨论中，运用马克思主义立场观点和方法，灵活而有效地运用和渗透教材知识，对学生加以疏通和引导，培养学生观察现实、研读经典，以及正确地思考问题、表达思想的能力。显然这对老师的备课、讲授和驾驭课堂的能力提出了更高的要求。

三、如何处理政治纪律与学术探讨之间的关系

我们都知道这样一句话："学术研究无禁区，宣传教育有纪律。"说的就是学术研究的思想自由性与课堂讲授的政治纪律性之间的关系。实际上，要处理好这个关系，有时候是很难的，弄不好，前者会形成对后者的否定，后者会形成对前者的制约甚至打压，这样形成二者的尖锐对立，既不利于正确的宣传教育，也不利于学术的发展。我认为，在此问题上，必须坚持两个原则：将学术探讨和思想政治教育区别开来，使适当的学术探讨服务于思想政治教育。

第一，将二者区别开来，是因为二者性质不同、功能不同。学术研究是科研活动，为了探索奥秘，建构确实性的知识，是一种试探性、有风险的研究活动。

思想政治教育是教育活动，是为了培养学生的世界观、人生观和价值观，培养学生的道德情操、政治鉴别力，使之成人、成为对社会国家有用的人。二者界限分明，不可混淆。因此，坚持“学术研究无禁区，宣传教育有纪律”的原则就是必要的。当然，对于一些专业性较强的课程，在研究性学习中引导学生学会探索和研究，在不存在显著的道德价值和政治理念的根本性问题的前提下，将学术探讨和课堂教学结合起来、融为一体，就没有太大问题。因为在人文社科领域，任何课程及其知识都毫无疑问带有一定的政治立场和价值取向，这个度确实较难把握。但是思想政治理论课的特殊性，使得这种融研究与教育为一体的教学方式变得更为困难。在教学中，始终坚持正确导向是基本原则；尚在争议中的学术观点不可随意拿到课堂上作为定论来讲，明显与主旋律、核心价值观相违背的所谓“学术观点”更不能以哗众取宠的方式赚取学生眼球，或者娱乐学生；那种以“学术批评”“批评政府”或“言论自由”的名义来有意识地传播与核心价值观相背离的观点，更是不允许的。[①] 特别是面对众多背景知识并不充分、理论素养并不专业的广大青年学生，作为大学公共必修课的思想政治理论课，应该本着对学生负责亦即对未来负责、对党和国家负责亦即对人民和历史负责的原则，严守党和国家的政治纪律，遵循思想政治理论课的严谨逻辑来进行讲授、引导学生研讨。

第二，要使学术探讨服务于思想政治教育。反过来说，如果我们的学术探讨对教学一点用处也没有，那么我们的学科建设、我们在相关领域的学术研究的价值便值得怀疑。教师有在自己所关心或研究的领域，在适当的场合，面向适当的对象，发表自己确实是认真研究、严肃思考而所得观点和结论的学术自由。学术探讨是对一些问题作出的研究性、试探性的考察和解释，如果未经足够的时间和实践的检验，那就并不是最终确实的结论性知识，因此不太适宜在课堂上作为定论甚至代替教材观点来讲授。但是在以下两种情况下，却可以采取不同的方式展现给学生：其一，若自己的研究成果与教材结论的政治立场、价值取向基本一致，是其深化或延展，或为其增补了论据，或找到了另外的论证方法或思路，那就可以在课堂上使用，教师的独立思考精神、独立研究成果会引起学生更大的兴趣，并且会因为学生对这样的老师的尊敬而产生更好的教学教育效果。其二，在不冲淡教材主题和课堂整体效果的情况下，教师可把自己的思考和研究成果，以适当的方式作为问题摆出来，让有兴趣的同学在课下与老师单独探讨，而不是在课堂上哗众取宠，制造怀疑气氛，让学生始终怀疑和否定我

---

① 像 2014 年 11 月 14 日《辽宁日报》致高校哲社教师的公开信里所描述的那种现象，老师们在课堂上“呲必中国”，中国成了所有理论的负面案例，这显然是非常错误的。

们的教学内容。而在课下与学生单独探讨时也要重在培养学生的独立思考精神和能力，甚至引导他们自己作些研究和积极的探索，而不是情绪化地在结论上强化学生对课程性质和结论的怀疑和否定。这些做法的关键是拿捏一个恰当的“度”以及老师拿捏“度”的能力。实际上，研究性学习正是我们所倡导的，因而只要本着建设性的态度和实事求是的原则，运用马克思主义的基本立场、观点和方法，任何确切的事实和经过严格实证的观点都是可以纳入马克思主义大的理论和思维框架之中的。

因此，在课堂上，即使有学术探讨，也要服从并服务于思想政治教育，不能误导同学，不加分析地怀疑或否定教材知识（因为思想政治理论课的教材知识往往代表着党和国家的官方共识及指导思想、主导价值认同），甚至无意中培养了学生的虚无主义、怀疑主义情绪及思维方式，从而与思想政治理论课的性质和功能背道而驰。

四、如何在教学中凸显社会主义核心价值观的教育

首先要明确，思想政治理论课与社会主义核心价值观在知识内容上具有高度一致性，思想政治理论课是中国特色社会主义核心价值观的学科及课程载体，思想政治理论课教学本质上就是核心价值观的教育。具体如何在各门课程的教学中有意识地凸显这一点，正是我们进行教学改革和探索的宗旨所在。

具体来说：(1)“中国近现代史纲要”课程要凸显爱国主义的历史事实、优秀传统，凸显国家富强、民族振兴和人民幸福（中国梦）的必要性和紧迫性，凸显社会主义民主和精神文明的历史必然性；要将中国近现代史讲成中华民族实现伟大复兴的碎梦史、寻梦史、追梦史和圆梦史；要凸显自由、平等、公正、法治对于一个国家的强大、社会的建设和发展所具有的重要意义，讲清楚在没有这些价值观的旧社会，我们的人民处在怎样的生活状态，也就是讲清楚培育和践行社会主义核心价值观的历史必然性和现实必要性。(2)“思想道德修养与法律基础”课要在理论上讲清楚爱国主义的内涵和道理，讲清楚国家之文明（主要是精神文明）目标的含义；更要讲清楚作为一个公民，应该具有的爱国、敬业、诚信、友善等优良品质的内涵和意义；也要讲清楚法治、公正的内涵和意义，以及建设一个法治国家，一个公民所应具备的基本法治素养。(3)“马克思主义基本原理概论”要在马克思主义基本立场、观点和方法的最深层面，讲清楚科学的实践观和社会观、唯物辩证法及其科学的思维方法；讲清楚群众史观及其人民立场，唯物史观所揭示的社会发展规律及其历史的、阶级的、矛盾的分析方法；讲清楚劳

动价值论和剩余价值论所揭示的商品经济的一般规律和资本主义生产方式的特殊规律;讲清楚社会主义和共产主义社会的历史必然性及其历史条件和基本特征等等。掌握这样的基本立场、观点和方法,有助于我们理解社会主义核心价值观及其内容的深层哲学基础和逻辑的必然性,掌握其马克思主义基本原理的科学依据。要让学生明白,社会主义核心价值作为社会意识形态,应该是社会主义国家制度和社会生产方式及相应的基本制度体系的反映,同时又体现国家和社会发展的基本方向和目标,体现人民群众应该努力的基本方向、遵循的基本行为规范以及应该塑造的基本人格范式。从社会意识的相对独立性和能动反作用的高度,讲清楚社会主义核心价值观的历史作用和积极意义。(4)"毛泽东思想和中国特色社会主义理论体系概论"是较为集中讲述社会主义核心价值观的课程,特别是高度重视国家层面和社会层面的核心价值观的阐述:富强、民主、文明、和谐的战略目标、内涵及其落实的制度、体制和政策等,阐述自由、平等、法治、公正的社会主义内涵、意义及其制度、体制和政策保障。

四门课分别从历史必然性、必要性,公民个人道德和法治素养,马克思主义基本原理的哲学—理论依据,及社会主义建设的客观要求、现实需要、丰富内容和制度体制等方面,全方位地阐述社会主义核心价值观。这就要求老师们在讲课时应该有这方面的自觉意识,并投入更多的精力来研究教材内容和社会主义核心价值观的深层次联系,以社会主义核心价值观来统领各门课程的基本内容,以此将核心价值观的教育渗透到思想政治理论课教学的全过程。

五、如何在教学中渗透和弘扬中华优秀传统文化

这也是十八大以来党中央向我们提出的更为艰巨也更为伟大的教育任务。对我们来说,最为严重的挑战是我们在深层意识上对中华文化的无知和偏见!必须认识到这样一个现实,长年西化的教育在一些老师的思想深层不自觉地形成了对中华文化的反感和排斥。这固然有着长远的历史原因,比如新中国成立后,我们的教育存在着文化内容上"与传统决裂"的强烈冲动,但更有改革开放以来一味崇洋媚外而丧失民族文化自信的现实原因。我们体制内的教育,从小学到大学,几乎没有像样的中华文化教育的课程和评价体系,这使大多数老师在学生时代就未经过系统的中华文化教育,而近些年来倒是体制外一波又一波的"国学热",引起我们的惊叹、"反思"和批评,甚至激烈的抨击。我们这些思想政治理论课教师,除非出身于中国哲学或中国古代史、古汉语文学等学科背景,大多数人对中华文化要么一无所知、懵懵懂懂,要么道听途说、一知半解,要么

充满文化—心理上的偏见、成见，甚或践行着无知者无畏的自负傲慢的批评和否弃等等，根本谈不上民族文化主体的自觉、自信和自强，太多的理论、方法、价值取向等都是舶来品，而视中华文化为封建糟粕、愚昧落后等，更不用说将之与马克思主义结合起来、融会贯通了。

面对如此困境，我们的严峻任务是：消除对中华文化的无知和偏见！那只有一个办法，就是读书，读书，再读书！学习，学习，再学习！具体来说，就是要放下一切成见，虚心学习中华文化，通过认真研读和切身体会中华文化的基本经典，在脑子里建立起中华文化的参照系，即知识基础、内容框架以及其基本的思维方法和价值体系，从中发现中华文化中超越时空的文化普适性，以便在马克思主义基本立场、观点和方法的指导下，结合国家社会发展的现实需要，在继承弘扬中华文化的同时，不断推进中华文化的时代转型和形态更替。在博大精深的中华文化面前，在几千年中华古圣先贤的智慧面前，我们最好保持一份尊重、敬畏、学习和传承的心态，不必匆忙下结论作判断，不要独断地、自负地作出仅具有具体适用性的所谓精华和糟粕的划分和取舍。而要学习了、领会了、开悟了、践行了，根据实践的人性和社会效果、文化效应来作判断，以推进中华文化在内容上的自然淘汰或自然推陈出新。

显然，走出困境、在思想政治理论课教学中传承和弘扬中华文化的任务非常艰巨，对我们的知识和智慧素养、对我们驾驭马克思主义和中华文化关系的能力也是极为严峻的挑战和考验。因此，我们必须建设学习型思想政治理论教学部门，形成学习的制度，养成学习的习惯。主要深入学习两类经典：一是马克思主义经典（比如马克思、恩格斯、列宁、毛泽东、邓小平等），二是中华文化经典（比如“四书五经”、《道德经》、佛家代表性经典等及其他诸子百家的经典），并通过适当研讨交流，将二者沟通、融汇起来，用中国化马克思主义的价值取向和政治立场来统摄这些知识，使之服务于我们的思想政治理论课教学，切实为培养中国社会主义事业的接班人和中华民族、中华文化的传承人、创新者做出我们应有的贡献。

六、如何迎接慕课、微课等新兴教学模式的挑战

这是一个具体可微的教学方法问题。以上几点，无论是学科建设支撑课程教学，抑或是马克思主义基本理论功夫的付出、社会主义核心价值观的宣传教育，还是中华优秀传统文化的传承弘扬，都要有一个基本的载体，那就是思想政治理论课教学。而思想政治理论课教学也要在科技手段不断进步的基础上，不

断改进。运用适当的科技手段不断提高思想政治理论课教学效果，无疑是非常必要的。而目前流行于全世界的依托于互联网技术的“慕课”(MOOCs)方式就对我们的思想政治理论课教学带来了机遇，也提出了严峻的挑战。

先说说与慕课联系紧密的“微课”。微课名称很新，但只是借用了网络时代的“微”语言（比如微博、微信、微视频、微电影、微故事等），其内容并不是什么新鲜事，依然是以教材为载体的各种知识。严格来讲，微课不是一种教学模式或方法，而是强调了教学中对一个问题的集中精炼的讲解，其核心问题是：如何在有限的时间内深入浅出地讲清楚一个理论或实践问题？这就需要对问题本身的深入研究和讲解过程的巧妙设计，在这 15～20 分钟的讲解里，体现的是老师的基本讲功、相关学科知识的基本架构和学缘背景，特别是对问题本身的研究和领悟以及驾驭语言和相关材料的基本素质和能力。这是以小见大的功夫，一滴水可照见太阳的光辉。如果微课的功夫到家了，可能我们就不会觉得教学时间不够用了。由于对教学时间长短的依赖，导致我们对每个问题、每节课的教学方式方法和技巧没有思考、没有探索，只是随意讲解、海阔天空，时间就在这种漫无边际的聊天中消失了，一节课下来，一个问题也没讲清楚。或许由于你的渊博或故事，赢得学生的喜欢，但是学生可能什么道理也没有理解或接受，什么问题也没有解决，什么思想火花也没激发出来，也就谈不上什么真正的收获了。因此，要想着把一节课分解为 2～3 个微课来讲，这样信息量十分集中，同时也有较高的教学效率。我们现在不少老师喜欢这样讲：自己喜欢的或知道多的就海阔天空洋洋洒洒几节课；自己知道少或不喜欢的就一带而过，甚至不去理会，连给学生个交代也没有。这样的教学没有针对性，不讲求实效性，只是老师随性而为，随意处理，这不符合我们思想政治理论课的教学本质和功能。教学当然要分清重点和非重点，重点的当然要深入详细讲解，以强化学生的理解，引起学生的深度思考。但是这个重点、非重点是根据课程内容自身的特点以及学生的实际情况而确定的，不是根据老师自己的喜好或知识结构的特点来划分的。人常说，要给学生一碗水，老师要有一桶水，就是这个道理。你要用一桶水，有选择、有针对性地灌满学生一碗的水，根据学生的需要、学生存在的实际问题，选择你这桶里的哪部分水给学生。当然，如果开展专题式教学，进行专题分工的时候，确实应该照顾到老师个人的学术专长、学缘背景，这是大的原则。但是在具体讲解时，就要克服这种单纯个人知识偏差或喜好上的局限性，按照课程内容的特点和教学要求及学生的关注点来授课。

慕课，跟微课有显著区别，它确实是教学模式的根本转变，即依托信息化时代的技术手段而实现倒转课堂或翻转课堂的教学模式。微课其实是其中的一个环节，慕课的网络教学视频就是由一个个的微课所组成，一个微课就是慕课视频中一个相对独立的学习单元、学生学习过程的一个必要环节、整体知识过程中的一个逻辑环节。而且，学生的学习过程和老师的教学过程是分离的，老师在提供了基本的教学框架之外，更多的精力集中在对学生学习过程的反馈、答疑及组织讨论和评价上来。因此，这对老师的教学设计和内容精选、教学时间和精力及释疑解惑的能力等，都提出了严峻的挑战。对大多数老师来说，把自己从主讲教师的地位转换到指导或辅导教师的地位，其作用和与学生的交往方式都要发生质的变化。尽管我们知道，思想政治理论课鉴于其学科性质和功能定位，我们不大可能全部采用慕课教学，但是无论我们有多少担心或质疑，思想政治理论课采取慕课教学模式，都是大势所趋，无法阻挡，只是需要有一个边界或者“度”——哪些内容、哪些环节可以采取慕课？哪些不能？有可能最为理想的状态是把传统的面对面的课堂教学与教、学脱离的慕课方式结合起来使用。比如，纯粹知识部分采用慕课，而价值观和人文素养部分则要面对面言传身教。近两年来，教育部开展的微课比赛不是空穴来风，而是有所预料及长远眼光的，是为慕课模式的推广及其资源的整合作前期积累、夯实基础的。山东大学要实现世界一流大学的目标，慕课模式的研究探索和推广也是早晚的事。摆在我们面前的选择是：要么推出自己的慕课资源，要么购买权威的慕课资源，实现彻底的教师职能的转变，否则就会被淘汰。未来 3～8 年内，这种转变就会非常现实和紧迫。50 岁以下的中青年教师可能都要做好这方面的准备，或许将来的技术职务评聘或岗位招聘、定岗定级等就会把教师有关慕课教学的素质技能等纳入考评范围。因此，我们必须做好一切心理和素质能力上的准备，迎接新的技术手段和教学结构转型的挑战。

《马克思主义基本原理概论》若干问题探疑[*]

张文军

“马克思主义基本原理概论”是目前全国普通高校开设的思想政治理论课重点课程之一，从近几年来教材的使用情况看，虽然几经修订，但笔者感到仍然存在诸多问题。现以全国统编教材、马克思主义理论研究和建设工程重点教材《马克思主义基本原理概论》（高等教育出版社 2009 年版；以下简称《原理》；凡引此书，只注明页码）为例，对有关内容试作分析和探讨。

一、关于意识和物质的关系问题

在哲学基本问题上，强调物质对意识的决定作用较多，而对意识的反作用或能动作用阐述不够。《原理》用了大量的篇幅阐述“物质第一性，意识第二性，意识是物质的产物”（第 29 页）；“意识是物质世界长期发展的产物，是人脑的机能和属性，是物质世界的主观映象”（第 30 页，这里的“映象”似应为“映像”）。所有这些，都是从意识的来源、意识对物质的依附性、物质对意识的根源性等方面而言的，旨在强调“观念的东西不外是移入人的头脑并在人的头脑中改造过的物质的东西而已”[①]。这当然是正确的。问题在于，上述论断主要是马克思主义创始人基于唯物主义和唯心主义在世界本原问题的论争背景下阐发的，当时对物质决定作用的强调是很必要的。而在社会现实生活中，人类活动其实首先都是由意识主导的，物质世界很大程度上是在人类意识的作用下发生变化的。

---

* 本文为山东大学（威海）教改重点项目“思想政治理论课教学及考评方式改革与探索”阶段性成果之一；此文观点学术性较强，为一家之言，教学时依然遵循教材。

① 《马克思恩格斯选集》第 2 卷，人民出版社 1995 年版，第 112 页。

马克思也说过："最蹩脚的建筑师从一开始就比最灵巧的蜜蜂高明的地方，是他在用蜂蜡建筑蜂房以前，已经在自己的头脑中把它建成了。劳动过程结束时得到的结果，在这个过程开始时就已经在劳动者的表象中存在着，即已经观念地存在着。"①从这个意义上也可以说，意识是第一性的，意识决定物质。如果说物质决定意识是强调人的自然化的话，那么意识决定物质则是强调自然的人化。正如马克思所指出的："哲学家们只是用不同的方式解释世界，问题在于改变世界。"②依次而论，《原理》只是侧重于"解释世界"，忽视了"改变世界"这一马克思主义最本质的东西。承认意识第一性，意识决定物质，并不意味着对唯物主义观点的否定，它实际上是意识能动作用的另一种表述方式，而这种表述方式要比简单笼统地承认意识的能动作用更具有彻底性，也更符合人们的生活逻辑。这里的关键是区分本原意义上的物质意识关系和常规（经验）意义上的物质意识关系。对这个问题认识的视角、时态不同，其结论就会大相径庭。从历时态上看，物质第一性、意识第二性是毫无疑义的；但是从共时态来看，却是意识第一性、物质第二性，意识决定物质。关于这一点，《原理》并没有给予说明，这就容易使人对物质的决定作用产生单一性和片面性的理解，甚至产生"见物不见人"的错觉。笔者认为，这也是几乎所有有关教科书、辞书的共同缺陷。

二、关于真理的绝对性和相对性及其关系问题

真理的绝对性和相对性（有的也称为"绝对真理和相对真理"）及其关系，可以说是一个最为混乱的问题。长期以来，包括《原理》在内的有关教科书、辞书等在涉及真理绝对性和真理相对性或绝对真理和相对真理辩证关系的时候，大都是侧重于二者的相互渗透、相互包含方面加以表述。即相对之中有绝对，绝对寓于相对之中，真理的相对性之中，包含着绝对性的颗粒；绝对之中有相对，真理的绝对性通过相对性表现出来，无数具有相对性的真理之总和构成具有绝对性的真理。这也就是所谓"真理的两重性"。上述观点看起来十分辩证，而且似乎完全来自马克思主义经典作家的论述，但是仔细推敲，有些是值得质疑的。比如，究竟有没有将来不会被推翻的"绝对真理""永恒真理"？现行有关的一些理论观点要么否认，要么回避，但却缺乏充分的令人信服的理由，给人的印象是模糊的。有些好像十分辩证的解释，反而把人们的思维越来越引向混乱。

① 《马克思恩格斯全集》第23卷，人民出版社1972年版，第202页。

② 《马克思恩格斯选集》第1卷，人民出版社1995年版，第57页。

正确理解这个问题，首先需要对真理的内涵有一个明确的界定。尽管目前人们对真理概念的理解不尽相同，但是理论界包括《原理》在内的比较一致的定义为："真理是人们对于客观事物及其规律的正确认识。"（第 71 页）笔者对这一定义没有异议。现行的教科书关于真理绝对性和相对性或绝对真理和相对真理辩证关系的原理，一般认为其依据主要来自恩格斯的《反杜林论》和列宁的《唯物主义和经验批判主义》中的有关论述。然而，对照两部著作中的有关观点，感到现行的"原理"与原著存在很大出入。

恩格斯当时批判杜林的"永恒真理""终极真理"论，主要是针对"他企图从永恒真理的存在得出结论：在人类历史的领域内也存在着永恒真理、永恒道德、永恒正义等等"[①]。而对于数学、天文学、力学、物理学、化学等"精密科学"，他认为："也可以说，这些科学的某些成果是永恒真理，是最后的终极真理。"[②]他列举了许多如二乘二等于四、三角形三内角的和等于两个直角、巴黎在法国、人不吃饭就会饿死、所有的人必定要死、所有的雌性哺乳动物都有乳腺、人一般地说不劳动就不能生活、人直到现在总是分为统治者和被统治者、拿破仑死于 1821 年 5 月 5 日、乌有喙等等"在我们看来表示任何怀疑都等于发疯的那种真理"[③]，只是说，这些都属于"陈词滥调"，"对极简单的事物使用大字眼"。可见，恩格斯并没有一概否认存在永恒真理、终极真理，只是明确反对人类社会历史领域存在永恒真理、永恒道德、永恒正义的观点而已。俄国哲学家波格丹诺夫认为，恩格斯在《反杜林论》所说的意思，和他的观点差不多，就是指否定一切永恒真理，"否认任何真理的绝对客观性"。"恩格斯的错误就在于不坚决果断，就在于他透过自己的全部讥讽言论，流露出对某些尽管是可怜的'永恒真理'的承认"，存在"不彻底性"，是"折中主义的保留"。[④] 列宁在批判波格丹诺夫上述观点时指出："如果你不能断定'拿破仑死于 1821 年 5 月 5 日'这个命题是错误的或是不确切的，那么你就得承认它是真理。如果你不能断定它在将来会被推翻，那么你就得承认这个真理是永恒的。"[⑤]可见，列宁这里也是明确承认有永恒真理的。

进一步分析，如果我们不"对极简单的事物使用大字眼"，不用那些"陈词滥调"，比如，我们使用"世界是物质的""物质是运动的"等等确定无疑的正确认识，这些认识显然任何时候都是不会被推翻的，那么它是否可以算作永恒真理呢？笔者认为答案应当是肯定的。真理作为一种"正确认识"，可能存在两种情

① 《马克思恩格斯选集》第 3 卷，人民出版社 1995 年版，第 430 页。
② 《马克思恩格斯选集》第 3 卷，人民出版社 1995 年版，第 428 页。
③ 《马克思恩格斯选集》第 3 卷，人民出版社 1995 年版，第 427 页。
④ 参见《列宁选集》第 2 卷，人民出版社 1995 年版，第 91 页。
⑤ 参见《列宁选集》第 2 卷，人民出版社 1995 年版，第 91～92 页。

形:一种是列宁所说的“不能断定它在将来会被推翻”的认识,这种认识就是绝对真理或永恒真理;另一种是对事物在一定条件下和范围内的正确认识,这种认识如果超出特定的条件和范围,就可能是错误的或不确切的,因而属于相对真理。前者是对静态事物的认识,可以叫作“静态真理”;后者是对动态事物的认识,可以叫作“动态真理”。恩格斯在就这个问题与杜林的论战中,一方面从静态的角度承认存在“永恒真理”,另一方面又从动态的角度指出真理的相对性。由于当时主要是针对杜林关于人类历史领域也存在永恒真理、永恒道德、永恒正义进行批判,所以恩格斯更多地在强调后者。列宁针对波格丹诺夫关于恩格斯对“可怜的‘永恒真理’的承认”的指责,又侧重强调了前者,即真理的客观性、绝对性和永恒性。应当说,这是两个不同的论域的问题,把它放在一起进行论争,就难免产生混乱。《原理》引入了“静态”和“动态”这两个概念,这与以往的教科书相比是一个重要的变化,但是它仍然认为:“绝对性真理和相对性真理,从‘静态’上看,即从它们的相互渗透上看,任何客观真理既是绝对的,又是相对的;从‘动态’上看,即从真理的发展上看,任何客观真理都是由相对性真理向绝对性真理转化的一个环节,又都表现为一个过程。绝对性真理和相对性真理不是两个真理,而是同一个真理的两种不同属性。”(第75页)这种观点,实际上还是没有跳出以往教科书的窠臼。

基于以上认识,所谓“真理与谬误的相互转化”也是不能成立的。在传统观点包括《原理》看来,“真理与谬误的区别和对立并不是绝对的,任何真理都是在一定范围、一定条件下才能够成立,如果超出这个范围,失去了特定条件,它就会变成谬误”(第76页)。《原理》举例说,牛顿力学作为真理是以物体宏观低速运动为其成立的范围和条件的,如果超出这个范围和条件,它就不再适用;马克思、恩格斯的有些论断是在特定条件下提出的,如果不顾条件的变化加以运用,就会产生错误。这些例子看起来好像很有道理,实则似是而非。我们所理解的真理与谬误的转化,应当是理论自身的转化。这里的所谓“转化”,实际上是把某种理论放在不同的范围内和条件下的主观确认或主观运用,而不是理论自身的转化。正如不适当地运用马克思、恩格斯正确的理论而产生的不良后果不能归咎于马克思、恩格斯正确的理论本身一样。至于传统观点包括《原理》认为“谬误也可以在一定条件下转变为真理”,其理由为“错误往往是正确的先导,失败常常是成功之母”(第76页),就更显得牵强附会。从谬误中吸取教训,可以产生正确的理论。但是,这是两个阶段和两个论域的问题,而不是谬误本身转化成了真理。就像我们在吸取“文革”时期错误理论教训的基础上产生了改革开放以来的正确理论一样,不能说那时的错误理论成了现在的真理。而在有些领域,一些静态真理永远也不会“变成”谬误。比如,“世界是物质的”“物质是运动的”等等。

三、关于国家问题

列宁说过:“国家问题是一个最复杂最难弄清的问题,也可说是一个被资产阶级的学者、作家和哲学家弄得最混乱的问题。”[①]“未必还能找到别的问题,会像国家问题那样,被资产阶级的科学家、哲学家、法学家、政治经济学家和政论家有意无意地弄得这样混乱不堪。”[②]传统教科书包括《原理》中关于“国家”部分,虽然不可能是编者主观上有意弄得混乱,但客观上来看却是长期以来被搞得十分混乱的一个问题。《原理》等教科书关于国家的起源和实质的观点主要依据是恩格斯和列宁的有关论述。恩格斯在《家庭、私有制和国家的起源》中指出:“国家是社会在一定阶段上的产物;国家是承认:这个社会陷入了不可解决的自我矛盾,分裂为不可调和的对立面而又无力摆脱这些对立面。而为了使这些对立面,这些经济利益互相冲突的阶级,不致在无谓的斗争中把自己和社会消灭,就需要有一种表面上凌驾于社会之上的力量,这种力量应当缓和冲突,把冲突保持在‘秩序’的范围以内;这种从社会中产生但又自居于社会之上并且日益同社会相异化的力量,就是国家。”[③]显然,这里主要是从起源或产生的角度来界定国家内涵的,它侧重表明为什么会产生国家。虽然其中也讲到国家的职能是“缓和冲突”,但这是针对“在阶级矛盾客观上不能调和的地方、时候和条件下”[④]而言的,它似乎难以涵盖国家特别是当代和平与发展时期国家的全部内容,或者说难以体现国家的实质。《原理》认为:“国家的实质是一个阶级统治另一个阶级的工具。它是经济上占支配地位的阶级为维护其根本利益而建立起来的强制性的暴力机关,以保障其在政治上也成为统治阶级。”(第 106 页)这里的根据可能主要是列宁在《国家与革命》和《论国家》中的有关论述。列宁在上述著作中主要有这样几个相关的著名论断:“国家是阶级统治的机关,是一个阶级压迫另一个阶级的机关,是建立一种‘秩序’来抑制阶级冲突,使这种压迫合法化、固定化。”[⑤]“国家是剥削被压迫阶级的工具。”[⑥]他还援引了恩格斯的话:“国家是‘实行镇压的特殊力量’。”[⑦]他在《论国家》一文中指出:“国家是维护一

---

① 《列宁选集》第 4 卷,人民出版社 1995 年版,第 24 页。

② 《列宁选集》第 4 卷,人民出版社 1995 年版,第 25 页。

③ 《马克思恩格斯选集》第 4 卷,人民出版社 1995 年版,第 170 页。

④ 《列宁选集》第 3 卷,人民出版社 1995 年版,第 114 页。

⑤ 《列宁选集》第 3 卷,人民出版社 1995 年版,第 114 页。

⑥ 《列宁选集》第 3 卷,人民出版社 1995 年版,第 118 页。

⑦ 《列宁选集》第 3 卷,人民出版社 1995 年版,第 124 页。

个阶级对另一个阶级的统治的机器。"[1]"国家是一个阶级压迫另一个阶级的机器,是迫使一切从属的阶级服从于一个阶级的机器。"[2]如此等等。

在理解恩格斯和列宁上述论断的时候,我们还是应该回到当时的语境中去,不能脱离言说的"地方、时候和条件"。总的来看,恩格斯和列宁各自所处的时代可以说都是阶级斗争十分激烈、社会矛盾十分突出的时代,而且这一特征贯穿于从国家的产生即从奴隶社会到资本主义社会整个过程。不同的是,恩格斯当时面对的无产阶级正处于被剥削被压迫的地位,所以他更多地强调无产者联合起来,用暴力打碎资产阶级的国家机器,建立无产阶级专政的新型国家,认为暴力"是社会运动借以为自己开辟道路并摧毁僵化的垂死的政治形式的工具"[3]。这与马克思关于"暴力是每一个孕育着新社会的旧社会的助产婆"[4]的论断是完全一致的。而列宁在阐述国家问题的时候,俄国工人阶级及其政党即将或已经处于执政地位,但新生政权正面临着敌对势力的严峻威胁。为了巩固新生政权,列宁在坚持马克思、恩格斯国家学说的同时,更多地强调国家的"压迫""统治""镇压""暴力"等功能。认为"无产阶级需要国家政权,中央集权的强力组织,暴力组织,既是为了镇压剥削者的反抗,也是为了领导广大民众即农民、小资产阶级和半无产者来'调整'社会主义经济"[5]。时至今日,整个世界形势发生了很大变化,和平与发展成为当今世界的主题,构建和谐社会、和谐世界成为当今世界的强音。尤其像中国这样一些社会主义国家,资产阶级作为一个阶级已经不复存在,阶级矛盾已经不是主要矛盾,国家的职能更多地表现为对内进行社会管理、对外进行国际交往等方面。因此,如果仍然泛泛地强调国家的"压迫""统治""镇压""暴力"等职能,不仅与当今世界许多国家的实际不相符合,而且也容易产生负面作用,特别是容易误导学生。

《原理》作为高校思想政治理论课的主要教材之一,对大学生的世界观、人生观和价值观的形成具有重要影响,这就要求教材本身首先要尽可能完善。仅就上述几个方面来看,《原理》有些地方还存在着观点陈旧、逻辑混乱、脱离实际等情况。因此,有必要进一步对教材进行较大幅度的改革。

(原载《山东科技大学学报》2011 年第 1 期)

---

① 《列宁选集》第 4 卷,人民出版社 1995 年版,第 31 页。

② 《列宁选集》第 4 卷,人民出版社 1995 年版,第 33 页。

③ 《马克思恩格斯选集》第 3 卷,人民出版社 1995 年版,第 527 页。

④ 《马克思恩格斯选集》第 2 卷,人民出版社 1995 年版,第 266 页。

⑤ 《列宁选集》第 3 卷,人民出版社 1995 年版,第 131 页。

如何提高大学生思想政治理论课的实效性

——以"马克思主义基本原理概论"课为例*

马秋丽

当代大学生对思想政治教育普遍缺乏兴趣，影响到思想政治理论课教学效果，这已成为思想政治理论课教育者的共识和为之头疼的问题。对此，教师和学生都应反求诸己，从自身作更多的努力，以提高思想政治理论课的教学和学习效果。

一、学生应端正学习态度，提升学习能力

学生是学习的主体。作为主体的当代大学生一定程度上缺乏对自己的反思，有相当一部分学生怨天尤人，但不怨自己，他们把学习效果差归结为教材、老师、时代、学习环境等等外在原因，就是不愿意正视自己的学习态度、方法、目标等等。不能反求诸己，不能经常自省的学生很难成为真正优秀的大学生。因此，我们应从学生自身的学习态度、学习方法、心理需求、思想倾向等多方面进行引导，去探索提高课堂效果的途径。

(一)引导学生走出思想误区，端正学习态度

误区一：由高中几年炼狱般的生活进入大学之后，有些学生消极懈怠，对所学课程持无所谓的应付态度。对于理论性强的"马克思主义基本原理概论"课程，认为学不学、听不听课，都无所谓，考试时依靠"背"功应付一下，及格就行了。

---

* 本文为2014年山东大学(威海)教研教改项目"高校思想政治理论课引入慕课(MOOCs)的相关问题与对策研究"(2014重点)的系列成果之一。

误区二：一些学生把“实用性”作为衡量一切事物存在价值的标准，这样，马克思主义理论尤其是哲学部分就要接受来自“用”的审查。其结果是，他们认为学哲学不仅不“实用”，简直“一无所用”，因此他们没有学习马克思主义理论的动力。

其实，就第一种思想误区来讲，教师、辅导员以及其他大学生的思想教育工作者要引导学生认识到：学习主要是为了从德、学方面充实自己，“养浩然之气”，“变化气质”，这也就是成人，在此基础上，才谈得上成才与成功。“应付”之态度，实际上首先是对自己做人方面的不认真，不审慎。大学并不是高考战争之后的解放区，而是更需要从各方面完善自身，提高自己做人的精神境界，增加自己多方面的学识和技能。因此，学生们更应该以认真的学习态度去学习包括理论的、实践的、学科内的、学科外的、课堂上的、课堂外的等等多方面的知识，为以后的入职打下坚实的理论基础。国外高校大学生的勤奋、钻研值得中国大学生的自我反思与借鉴。

就第二种思想误区来讲，在大力发展市场经济的社会，学生崇尚“实用性”本无可厚非，但可“非”的是他们仅仅以实用性为标准，不去关怀“崇高”与“神圣”，不去关怀“精神”和“心灵”的充实。实际上，哲学从来就不追求“实用性”，而且它恰恰是要在“实用”的跑道之外，来显示其存在的合法性与其尊严。学生应该认识到这一点，看到在单纯的物质实用层面之外，尚有那些需要我们追问的最终根源问题、知识之理论基础问题、终极关怀问题、理想、信仰、意义、价值、崇高等等问题，以此为出发点，去培养自己的哲学素养。

(二)走出应试教育，提升学习能力

一些学生认为，学习就是为了考试。思想政治理论课学习也仅是为了考试过关拿到学分，或者是因为考研或考公务员所需，无须多花精力理解并应用。因此，他们希望教师只讲考试的知识点、容易出题的题点，以备考试之用，对于课堂上教师所讲授的大量相关知识，学生出于考试的功利目的并不能提起学习的兴趣。就是说，一些学生反对应试教育，但又在实践着应试教育；口头上反对功利，对“功利”一词避之唯恐不及，实际上功利性又很强。在这种矛盾之中，一些学生很迷茫，只能沿袭高中的学习模式，以死记硬背来对待大学的学习。

其实，大学阶段的学习绝非仅仅为了考试，还要广泛涉猎多方面知识内容，培养多方面能力，提高做人境界，成为无愧于大学生称号、名副其实的大学生。因此在学习方法上，大学生就要在记诵式学习之外，培养理解式、体悟式学习，从而使所掌握的知识能举一反三，融会贯通，撞击其理论思维，激发其思想火花。因为马克思主义并非是只需记忆的现成结论，而是更重视结论的得出即运思的过程，死记硬背只能肢解马克思主义的基本精神。因此，学生应该对马克思主义进行深入学习，培养理论兴趣。毕竟，马克思主义尤其是哲学部分能够在锤炼思维、提高运思能力、熏陶思维方法上给学生以启发。

在媒体发达，新媒体、自媒体、网络资讯丰富的当代社会，大学生学习渠道广泛，这在提供各种便利的同时，也需大学生从以下几方面提升自己：其一，网络资讯真伪并存、良莠不齐，需要大学生提高鉴别能力，筛选有益于自身成长的真正知识。其二，网络时代信息杂、多，大学生应把对问题的兴趣深入追问下去，使之系统完整，避免知识的碎片化。其三，网络时代鼓励人人参与，大学生要对所参与的政治言论、政治事件有责任意识，不盲目跟风，避免人云亦云和陷入集体无意识，以正确的政治立场、社会主义核心价值观引领网络时代的大学生理性学习。

二、教师应增强教学魅力

教师是教学活动的主导，教师的知识储备、教学艺术、人格魅力等是调动学生学习兴趣、提高教学效果的重要原因之一。因此，教师应从多方面努力探索增强教学魅力的方式方法。

（一）以说理代替说教

“马克思主义基本原理概论”课教学重在哲学说理，而不是政治说教。政治说教具有灌输性、高压性，而马哲理论课其要在于说理，说世界之理，探宇宙之道。因此，教师的主要任务是把理论讲透，使学生心服，并培养学生的理论思维能力，而不是仅仅记诵教科书上的现成结论和条文。正如马克思所说：“理论只要说服人，就能掌握群众；而理论只要彻底，就能说服人。”[①]教师应不断学习，以坚实的理论功底去说服学生，激发学生的理论兴趣。能否以理论说服学生，取决于教师对理论的研究程度与理论深度。如果教师把马哲原理当作现成的结论，当作需死记硬背的条条框框，对学生进行说教，这极易激起学生的反感。孙正聿教授谈道，教师应不断地对自己提出更高的要求，“以坚实的理论功底讲出理论所具有的深厚的历史感、强烈的现实感和巨大的逻辑力量”[②]。只有把理论问题讲活、讲透，讲出理论的逻辑征服力量，才能更好地说服与掌握学生，取得切实的教学效果。

---

① 《马克思恩格斯选集》第1卷，人民出版社1995年版，第9页。

② 孙正聿：《哲学概论》，辽宁人民出版社1998年版，第483页。

(二)精心选择教学材料,采用多种教学方式

其一,针对不同学生,选择不同教学材料。“马克思主义基本原理概论”是大学生公共必修课,教学中会遇到不同年级、不同专业、不同知识背景的学生,因此,教师不能以不变应万变,而应因材施教,精心选取适合不同教学对象的材料,以调动学生的学习兴趣。

其二,及时把学生身边发生的事情、校内事情、国内国际大事作为教学材料。教科书一经出版就相对固定,因而老师不能完全拘泥于教科书,而应及时补充新材料,抓住学生关注的热点问题进行授课。训练学生以哲学的眼光对一些新近发生的事情进行分析,锤炼学生的思维。

其三,灵活运用不同的教学方式。要达到好的教学效果,还需要根据教学内容灵活地选用多种不同的教学方式,或者讲解,或者从哲学故事、图片切入马克思主义基本原理,或者讨论,或者提出问题启发学生自己寻求答案,从而充分调动学生学习的主动性,激起其求知兴趣。同时,可在常规的教学方式之外举办讲座,以专题的形式讲授教学内容。这样既可以扬教师所长,把某问题讲深、讲透,同时也可以调动学生听课的积极性。

(三)脱稿、脱PPT讲授,充分对话

其一,脱稿讲授。照本宣科还是照PPT领读,实质一样,都会使学生索然无味,提不起学习兴趣。而脱稿讲授则普遍为大学生所欢迎,它不仅意味着教师的自信,代表着教师的学识,更重要的是能形成教学过程中的凝聚力。脱稿讲授可以使教师的思维连贯、逻辑清晰;可以适时调动教师相关的知识背景、旁征博引;还可以及时回应学生的反应,跟学生进行目光、情绪、思维等多方交流,解答理论难点和疑点。当然,脱稿讲授并不是任意发挥,而是在认真备课基础上所达到的胸有成竹,使教学材料呼之即出。

其二,充分对话。在讲授的过程中要注意充分对话,对话是多方面的。就“马克思主义基本原理概论”而言,应做到马哲史与马哲原理的对话,使史与论相结合;做到马克思主义与现代西哲的对话,使学生在多重视野中理解马克思主义的合理性;做到马克思主义与中国传统文化的对话,促进学生思索马克思主义如何在中国得到创造性的发展。同时,可以适时引导学生查证原版、经典著作,使学生逐步养成爱读书、读好书的习惯。当然,对话更包括教师与学生的对话,通过对话,了解学生的马克思主义理论知识基础,使学生在不了解的领域有所了解,在已经有所了解的方面加深了解,从而拓宽学生的理论视野,激发学生的理论兴趣,培养学生提出问题、解决问题的能力,使学生有所受益。

(四)提高网络信息技术水平

大数据时代,在大学生全面浸淫网络信息的时代,教师自然不能与网络信息绝缘。思想政治理论课教师拥有一定的网络信息技术已成基本功。无论是教学课件的制作，优质课程、精品课程的维护，还是10分钟左右适合课堂教学的微课程的制作，抑或引入慕课(MOOCs)网上教学资源，都需教师提升自己的网络信息技术水平。

无论对慕课喜欢还是抵制，慕课时代已经来临。来自国内国外的大量的网上教学视频纷纷上线，学生很容易获得与课程相关的教学视频，在教师对慕课还相对陌生，处于观望、犹疑态度之时，学生已经在涉足慕课资源。这种滞后势必会影响思想政治理论课教学效果。无论慕课是作为教学理念的转变，还是作为教学手段的使用，大学思想政治理论课教师无疑均需对此有足够的重视，或借鉴其理念，或借鉴其现代教学技术，辅之以思想政治理论课教学课堂，寻求适合自己风格的教学方式，提升课堂教学效果。

三、构建和谐师生关系

由于高校扩招、教育市场化、大学教师教学科研压力大等普遍原因，更因为思想政治理论课的大班公共课性质、意识形态教育特征等特殊的烦恼，目前思想政治理论课师生交流不畅，关系疏离，直接影响到思想政治理论课教学效果。因此，我们可从以下几方面努力构建和谐师生关系。

(一)以对话式教学化解独语的尴尬，增进师生沟通

学生的逆反有很多原因，除了思想政治理论课自身课程特点外，也与教师独语式教学、一言堂式灌输、不容置疑式态度密切相关。为此，我们可以借鉴孔子的对话式教学方式，增加教学过程中的师生互动与交流。

对于思想政治理论课来说，有必要了解学生对所学课程已经知道多少，学生的了解是停留在名词概念层面还是有一定的理解，理解是否正确，是否有一定理论深度，不同地区的生源、不同专业、不同年级的学生思想关注点是否有差异，等等。这些都需教师在有一定了解的基础上因材施教，释疑解惑，加以引导提升，才能达成思想政治理论课的教学效果。而要想对学生有较深的了解，就需采用对话式教学，增加师生的互动与交流。

教学过程中思想政治理论课教师可以灵活采用多种方式与学生互动、对话。比如，提问、专题讨论、分组研讨，也可以在教室与学生共享讲台。在对话、讨论中完成教学任务，同时增进师生交流与感情。学校每年选拔优秀的演讲者参加学校的“思想政治风采大赛”，既能在学校弘扬正能量，也能在指导教师与参赛学生的共同努力备赛过程中加深师生感情。

(二)基于关爱的赏识教育与批评教育相结合,走进学生心灵深处

高校思想政治理论课教师需要引导大学生适应大学阶段的学习,使学生会学、好学、乐学。

在引导的过程中,赏识教育是常用的方式。赏识教育有助于树立和提升学生的自信,激扬学生斗志。大学教师要能真诚地为学生的点滴进步、问题意识、创见、成就而高兴,适时赞美表扬,提升学生自信,使学生获得被认可的情感满足,激发进一步学习的兴趣。在进行赏识教育时,要注意把握赏识教育与讨好、迁就甚至纵容学生的关系。一味纵容学生的教师会让学生怀疑教师的原则性,迁就某些学生的坏习惯会让更多的学生效法,从而失去培养良好学习风气的机会。

另外,应适当运用批评教育。批评教育能唤醒学生的自我反省意识,使学生端正学习态度,培养学习习惯,养成学习道德。在照顾学生自尊心的前提下,选择场合、采用合适方式,对学生的缺点、问题进行批评教育,促进学生进行自我反省,会对学生产生深远影响。这种爱之深、责之切的批评方式最终能够得到大学生的理解,甚至毕业之后还会印象深刻。与赏识一样,基于关爱的适当批评同样能直指心灵深处,促使学生幡然悔悟。在进行批评教育时,要把握批评教育与迁怒、报复、惩罚的关系。迁怒、报复、惩罚式批评只会导致师生之间的误解与冲突,而真心为学生成长着想的批评终究会得到青年大学生的理解。

(三)在第二课堂或社会实践中加强师生交往

古代孔子的从游教学是迫于周游列国的处境,现在很多高校都主动开发实践课堂。在走出教室,带领学生走向企业、监狱、历史博物馆、红色旅游基地的过程中,学生也敢大胆发问,这种发问更能表达学生的真实想法,教师要对实践课程作好充分的事前准备,随机作答,在与学生似乎不经意的沟通中提升实践课堂教学效果,同时也能增进师生了解,缩小师生心理距离。如何在实践教学中发挥从游教学的优点,如何使学生在从游中实现智慧承接和境界提升,如何使师生在实践教学的校外场景中培养师生感情,还有很大的研究空间。

(四)借助现代媒介增进师生思想沟通、感情交流

每一个时代都有适合师生沟通的有效方式,教师要善于发现和运用时代提供的媒介。

网络时代,教师可以借助现代媒介,加强师生之间的心灵沟通和情感交流。教师若有心增进师生交流,可以充分运用不受时间与空间限制的现代媒介。比如,任课老师可以通过 E-mail 和学生交流,解释、回答他们的某些学习疑问;将讲授内容或讨论的课题发给学生,让学生提前准备,有备而论;教师还可以轮流担任一些 BBS 的版主,加入学生的 QQ 群、聊天室与学生沟通,了解学生的人生

困惑，引导学生走出困境，同时以平等的网友身份、有见地的观点及时引导学生的言论等。另外，教师也可以借助精品课程，延伸传统课堂的学习空间，通过网上课程的答疑与互动解答学生问题，在答疑与实时交流中了解学生、关爱学生，增进师生情谊，更有成效地教书育人。

综上所述，马克思是影响深远的思想大师。应该说，马克思其人、其说是学生需要也是应该了解的。提高思想政治理论课的教学效果，需要多方努力。其中，教师、学生、师生双方的重视与合作不可或缺。

“马克思主义基本原理概论”逻辑思维法探析

夏卫国*

一、问题的提出

“马克思主义基本原理概论”课是高校马克思主义理论和思想政治教育课的主干课程之一，它肩负着对大学生进行马克思主义基本理论和立场、观点、方法教育的重要任务，而“毛泽东思想和中国特色社会主义理论体系概论”课则承担的是马克思主义传到中国以后，马克思主义理论在中国社会主义革命和建设实践中中国化的发展过程和主要成就，如此显示“马克思主义基本原理概论”课在新的思想政治理论课体系中的地位。在2006年10月召开的“马克思主义基本原理概论”教材征求意见座谈会上，与会教师认为，教学方法创新是提高教育教学效果的重要环节，因此要努力创新教学方法，运用多种教学方法进行教学。从近期“马克思主义基本原理概论”课教学方法改革成果看，互动式教学方法成为“马克思主义基本原理概论”课的主流教学方法。互动式教学方法既强调教师的主导地位，又充分尊重学生的主体地位，学生的主体地位被提到了前所未有的高度。教师与学生的思想碰撞给双方带来更高要求的思维素养，具体说来需要“逻辑思维法”来澄清概念，分清层次，清理逻辑矛盾，理解辩证矛盾，严格推证，否则会影响互动式教学的思想政治理论教学实效性效果。下面我就“马克思主义基本原理概论”课逻辑思维法的实施进行粗浅的探讨。

---

* 夏卫国，山东大学(威海)马克思主义教学部副教授，主要研究马克思主义方法论、逻辑应用等。

本文为山东大学(威海)教研课题(B201323)一般项目的阶段性成果之一，2013国家社会科学基金重点项目“提高国民素质的理论和实践探索研究”(13AZX019)的阶段性成果。

二、“马克思主义基本原理概论”逻辑思维法教学的前提:政治性

互动式教学核心活动是课堂互动活动。课堂互动活动的常见形式有提问、辩论、讨论、表演、歌唱、制作、比赛、游戏等等。提高课堂互动活动有效性的设计策略如下[①]:在活动目标上必须有明确的指向性;课堂互动活动的设计必须能够引起学生的参与动机,这就是课堂互动活动设计的动机性策略。在课堂互动活动形式和结构设计上,可采取简约性策略,具体包含以下几层含义:每一单个课堂互动活动的过程要简约清晰,活动形式要简约质朴,课堂互动活动频率要简约适当;为了提高课堂互动活动的有效性,教师在课堂互动活动实施开始时,对活动规则的交代要清;教师要在活动实施过程中担负起组织者、促进者的责任。作为课堂互动活动的组织者,教师的任务有:采用一定的措施调动学生参与活动的积极性,组织学生,并合理进行基本的分工,让学生既能整体参与,又各司其职形成一个统一整体。在组织学生特别是需要分组时,教师要注意不同学习基础、不同性格、不同性别的学生的适当搭配组合,并为学生活动的顺利进行提供必要的手段支持(如提供相关背景材料等)。作为课堂互动活动的促进者,教师的任务有二:促进活动团体的稳定和团结,促进学生思维的提升;在整个活动结束时,教师一定要和学生一起对整个活动进行总结。

从以上课堂活动的形式和有效性策略来看,逻辑思维法教学内含于互动活动中。要想使“马克思主义基本原理概论”课堂教学活动师生逻辑思维法顺利进行,前提是要保持政治性,是含有政治性的运用逻辑思维法的课堂教学活动(互动式教学活动)。

思想政治教育的内容本质是政治性。[②] 从思想政治教学外部看,社会系统中的“政治”决定思想政治教育中的“政治”:政治参与思想政治教育运动,政治要求思想政治教育为自己服务,政治要求思想政治教育传递政治文化,政治分配思想政治教育资源,政治规定思想政治教育活动空间,政治影响思想政治教育声望,思想政治教育的成效本身就是此地此时的政治治理状况的体现。随着社会条件的变化,思想政治教育的内容本质即政治内容或内涵发生了变化,要求思想政治教育的实现形式随之改变,采用与时代相适应、人们乐意接受的方式方法,提高吸引力和实效性,实现思想政治教育的目标。

---

① 参见韩久健:《课堂互动活动有效性研究》,载《安庆师范学院学报(社会科学版)》2006 年第4 期。

② 参见孙其昂:《政治性:思想政治教育的内容本质》,载《南京社会科学》2006 年第 3 期。

从思想政治教学内部看，思想政治教育的“政治”表现如下：(1)政治观念规定思想政治教育中的观念体系是以政治思想为主导的理论和价值观，统治阶级的思想在社会中占统治地位，也在思想政治教育中占统治地位。(2)思想政治教育从属于上层建筑，它是政治关系导出的政治思想关系中提出的任务，通过思想政治教育来调节政治思想关系，对政治关系的协调和发展有所贡献。(3)思想政治教育开始是一种社会现象，在发展过程中被制度化，既是社会制度的一部分，又是为社会制度服务的一种工具，思想政治教育倚重于政治制度，政治制度决定了思想政治教育所具有的性质和功能。(4)思想政治教育是一种制度化的思想传递、说服、支配活动，权力支持使它更有力量，这种权力关系具有自上而下的单向运行特征。思想政治教育的力量具有真理教育与政治权力的双重力量，它在表面上是一种教育的力量，实际上获得政治权力的支撑，政治力量发挥了重要的作用。(5)思想政治教育所讲的政治首先是大政治，是宏观的政治。(6)统治意义上的政治，表明它在政治体系中的地位，是指统治阶级的政治，“马克思主义的指导地位”指明马克思主义在意识形态领域处于“统治地位”。这种“统治地位”是普遍的，在社会的各个阶段、各个领域、各个层次都要发挥作用，当然，在不同阶段、不同领域、不同层次，具有不同的形式和特点。(7)思想政治教育中的“政治”是指统治阶级的政治文化及其对人们要求的政治素质，核心是政治观念，正是文化意义上的政治，使政治性能够贯通人和社会而形成内在一致的思想政治教育逻辑。

学术无禁区，课堂有纪律。思想政治教育中哪些话能说，哪些话不能说，思想政治理论课教师和学生心中应该具备如上一般性政治性思维。对于“马克思主义基本原理概论”课教师而言，除了具备以上一般性政治性思维，还应充分了解本课程的基本理论和观点[①]：(1)马克思主义理论的基本特征与价值追求；(2)辩证唯物主义的基本观点与科学的思想方法；(3)科学的认识方法与实践的真理尺度和价值尺度；(4)社会生活的本质、发展规律与认识社会问题的正确方法；(5)人的本质理论与为人民服务的人生观和集体主义道德观；(6)私有制、商品、剩余价值理论与正确认识资本主义社会的本质；(7)资本主义发展的历史进程与历史发展必然性；(8)科学社会主义的理论、实践与共产主义理想。

总的说来，师生在互动式教学活动中运用逻辑思维法时应自觉把握政治性思维，面对部分学生的挑战言论，老师和其他同学应以上述基本理论和观点回应，理直气壮地讲出来。

---

① 参见吴倬：《关于开设好“马克思主义基本原理概论”课的思路与措施》，载《清华大学学报(哲学社会科学版)》2006年第2期。

三、“马克思主义基本原理概论”逻辑思维法的运用

在互动教学活动中，师生有了一定的政治性素养作为前提条件，就可以充分运用逻辑思维法进行相关互动教学活动。

(一)“马克思主义基本原理概论”几个概念的逻辑分析

本文选取“马克思主义基本原理概论”里“联系”“剥削”和“阶级”三个概念作相关逻辑分析，对“联系”作谓词逻辑分析，对“剥削”和“阶级”作博弈逻辑分析。

1.“联系”内涵的谓词逻辑分析[①]

“马克思主义基本原理概论”中“联系”之内涵是什么？《辩证唯物主义和历史唯物主义》指出：“联系或关系作为哲学范畴，包括一切事物、现象之间及其内部诸要素之间的相互影响、相互作用和相互制约。”[②]相互联系是物质的普遍本性之一，它具有客观性和普遍存在性。联系的客观性指联系是事物本身所固有的，它不以人的意志为转移。联系的普遍存在性包括两重含义：一是指世界上一切事物、现象、过程都不能孤立地存在，都与周围的其他事物、现象、过程这样或那样地联系着，整个世界是相互联系的统一整体；二是指任何事物、现象、过程内部的各个部分、要素、环节、成分又相互联系、相互作用着。任何事物不论存在多么大的差异，都通过中介联系沟通起来。中介指的是两个事物之间的联系。两个极端不同的个体通过中介而联系起来，不同的东西通过中介而被纳入普遍联系的系统中。任何事物都是普遍联系中的一环，因而每一事物都可以成为其他事物的中介，每个事物和其他事物通过中介而连成一片，所不同的只是两个事物之间的中介联系多些或少些、复杂些或简单些而已。

课堂上按此教授，部分思想活跃的学生可能会提出自己的疑问：“我和美国西海岸的一块石头有什么联系？”“一事物 x 与另一事物 y 通过中介联系，若两事物的距离是无限的，如何去寻找中介？”“如何去真正理解一事物 x 与另一事物 y 的联系？”我们知道，联系观是唯物辩证法的灵魂之一。若不能令人信服地征服这些学生，将使马克思主义哲学教学流于形式，失去亲和力。教师可以利用谓词逻辑，分清层次，理清差别，准确表达“联系”的内涵。逻辑的功能之一是精细地区别概念。这里要用到现代逻辑的量词理论。一阶谓词逻辑的量词，主

---

① 参见夏卫国：《对马哲“联系”之内涵教学的思考》，载《福建高教研究》2003 年第 5 期。

② 李秀林等主编：《辩证唯物主义和历史唯物主义》，中国人民大学出版社 1982 年版，第 15 页。

要有两种：一是全称量词，它表示在一个命题中对个体变项 x 的全部外延作了判断，通常用“任何一个”来表示，符号表达式为 $\forall(x)$，读作“任何一个事物 x”；二是特称量词，也称“存在量词”，它表示在一个命题中对个体变项 x 的并非全部外延作出断定，通常用“至少一个”表示，符号表达式为 $\exists(x)$，读作“至少一个事物 x”。可见，量词只对个体词加以限制。这样，一事物 x 与另一事物 y 具有四种不同联系之内涵：

(1) $\forall(x)\forall(y)$：任何事物 x 与任何事物 y 有联系；

(2) $\forall(x)\exists(y)$：任何事物 x 与至少一种事物 y 有联系；

(3) $\exists(x)\forall(y)$：至少一种事物 x 与任何事物 y 有联系；

(4) $\exists(x)\exists(y)$：至少一种事物 x 与至少另一种事物 y 有联系。

其中，$\forall(x)\forall(y)\rightarrow\exists(x)\forall(y)$；$\forall(x)\exists(y)\rightarrow\exists(x)\exists(y)$，问题就转到对 $\forall(x)\forall(y)$ 和 $\forall(x)\exists(y)$ 的理解上。马克思主义哲学联系的真正内涵是 $\forall(x)\forall(y)$，还是 $\forall(x)\exists(y)$？学生们很快说出 $\forall(x)\exists(y)$。为什么？$\forall(x)\forall(y)$ 这种联系观是种最普适化的联系观，包括宗教联系观。持这种联系观的人，拿任何事物 x 与任何事物 y 联系，这不符合科学的形式理性精神，马克思主义哲学不是这种联系观。$\forall(x)\exists(y)$ 就符合科学的形式理性精神，它并不需要牵强附会地乱找中介，联系的条件性就意蕴于此形式理性精神之中。

我们区别了四种不同的联系观，找到了令人信服的科学的联系之内涵。学生们频频点头，面露满意、兴奋的表情。逻辑不仅教会人进行正确的推理，而且还能帮助人们理清概念，分清层次，以上例子可见一斑。自此以后，学生们对“马克思主义基本原理概论”课的积极性大增，不时主动地提出问题，角度不同，很有新意。利用逻辑，拓宽了学生们的思维视野，激发了学生们潜在的世界观和人生观。多种思维方式的加入，使哲学原理教学丰富多彩，远离枯燥。

2.“剥削”和“阶级”的博弈逻辑分析①

分析马克思主义是诞生于 20 世纪 70 年代的一种西方马克思主义哲学思潮，分析的方法是它的基本特征。在教学中，我们可以尝试着对“剥削”“阶级”这些概念予以“博弈”的梳理与评析。

(1)“剥削”的博弈分析

自马克思提出“剥削”这一问题以来，“剥削”就一直是世界各国学者们普遍关注的一个核心问题。分析马克思主义将剥削范畴扩展为种种类型的“分配不公”，试图将种种“分配不公”诠释为“剥削”。Gerald Allan Cohen 是分析马克思主义的开创者之一，他认为：剥削中的不公正根本体现在财产的不公正分配，只

① 参见夏卫国：《“剥削”“阶级”与“革命”的博弈分析》，载《黄海学术论坛》2012 年第 18 期。

要人类存在多种可能性选择，就存在剥削，剥削不意味着暴力。Cohen 明确地将财产上的“分配不公”界定为剥削，但是他坚持认为剥削是“在生产过程中产生”的。[①] 人们在生产中的地位差异是剥削产生的主要原因，所以流通领域中是不存在剥削问题的。

基于 Cohen 的解释，John E. Roemer 给“剥削”下了一个“博弈论”式的解释：一个群体 S 在一个较大共同体 N 中是受剥削的，当且仅当下面条件满足时：如果有一种 S 总是比现在的状态更好的选择，在这种选择中，群体 S' 作为 N 减去 S 后的剩余物，一直比现在状况更糟糕；S' 在与 S 的关系中占据优势。这一解释表明：如果群体 S 能够作出一种更好的选择，那么，它现在总是处于受剥削的状态。反之，如果群体 S 的选择有可能使作为 S 补充物的 S' 处于比目前更坏的状态，那么，S' 就处于剥削的状态；而且 S' 在与 S 的关系中占据优势。[②] 所以，一个人的福利是以其他人为代价而获得的。如此就将马克思关于资本主义剥削中的背景——生产资料的私人所有稀释为“不公平”。Roemer 说：“无可否认的是，剥削一直以某种形式涉及不公平。”[③]在 Cohen 剥削理论的基础上，Roemer 认为，在“零和博弈”中胜利者处于剥削地位，失败者处于被剥削的地位，从而将各种类型的“分配不公”纳入剥削的范畴之内。

分析马克思主义的另一代表人物 Erik Olin Wright 对 Roemer 的“博弈论定义”作出了更利于理解的解释。他认为，剥削是必须证明一个人的福利是以其他人为代价而获得的，而且还要证明剥削者的富裕和被剥削者的贫穷之间存在着直接的因果联系，前者以后者为代价而获利。在此基础上，Wright 将剥削的原因归纳为三种：以资本资产的所有权为基础的剥削、以对组织资产的控制为基础的剥削和以对技术或资格证书资产的占有为基础的剥削，并提出了既是剥削者又是被剥削者的“中间阶级”理论。这个中间阶级主要指技术所有者和高级管理人员。Wright 认为，他们受到资本主义剥削，这是因为他们缺乏资本资产，但同时他们又是技术剥削者。这种地位被典型地称作特定阶级体系下的“新中间阶级”。在 Roemer 剥削理论的基础上，Wright 进行了进一步的细化研究。他认为产生剥削有三种动因：资本、管理和技术，掌握管理和技术要素等的

---

① 参见[加]罗伯特·韦尔、凯·尼尔森编：《分析马克思主义新论》，鲁克俭等译，中国人民大学出版社 2002 年版，第 235 页。

② John E. Romer, *A General Theory of Exploitation and Class*, Cambridge MA: Harvard University Press, 1982, pp. 194-195.

③ John E. Romer, *A General Theory of Exploitation and Class*, Cambridge MA: Harvard University Press, 1982, p. 194.

中间阶级既是剥削者也是被剥削者。[①]

(2)"阶级"的博弈分析

分析的马克思主义把博弈论用于对马克思主义阶级理论的研究，认为阶级的划分是社会成员按照自身财产状况进行理性选择的结果。这些观点涉及Roemer、Wright以及Elster提出的阶级分析理论。

Roemer在分析阶级问题时，比较注重从纯粹的经济活动来划分阶级，把人们的阶级地位看作是有理性的当事人在既定财产状况下以最优化的形式理性选择的结果。Roemer认为，在市场经济中，只要存在生产资料和劳动力分配的不平等，经济当事人都会根据自己的实际情况作出最优化选择，以实现自己的最大利益。每个经济当事人都拥有出卖他们的劳动、雇佣别人劳动和为他们自己工作这样三种选择。这些选择能够产生五种不同的组合，与此相对应，存在着五种不同的阶级。它们包括：雇佣劳动力的资本家(或地主)阶级；既雇佣劳动力，又为自己工作的半资本家(或富农)阶级；只为自己工作的独立手工业者(或中农)阶级；既为自己工作，又出卖劳动力的半无产者(或贫农)阶级；只出卖劳动力的工人(或雇农)阶级。这样，Roemer提供了一个阶级产生的内在机制，即在市场经济中，是资源分配的不平衡和人们对最优化结果的追求这种理性行动将他们区分为不同的阶级。不仅如此，Roemer还进一步将他的阶级观点阐释为以下两个原理，即阶级—财富对应原理和阶级—剥削对应原理。阶级—财富对应原理就是一个人的初始资产越多，他的阶级等级的地位就越高。也就是说，人们选择了他们自己的阶级地位，虽然他们的选择不是心甘情愿的，而是在约束条件下作出的，即是在既定的初始资产的前提下寻求最优化的结果。在此基础上进一步提出了阶级—剥削对应原理，即那些通过将自己置身于雇人劳动的阶级实现最优化。[②]

Wright吸取了Roemer有关财产、剥削和阶级相互关系的观点，认同财产的不平等是剥削存在及阶级划分的基础，但他对什么是财产，以及由他所讲的财产所导致的剥削形式又作了进一步的说明。Wright认为，剥削存在的根源是财产分配上的不平等，但财产不仅表现为生产资料的财产，而且还包括劳动力财产、组织财产和技能文凭财产。在资本主义社会，财产的不平等分配虽然主要表现为生产资料财产的不平等分配，但同时也存在着组织财产的不平等分配和技能文凭财产的不平等分配。他根据这三种财产在资本主义社会中的不平

① 参见[美]赖特:《阶级》，刘磊等译，高等教育出版社2006年版，第68～90页。

② 参见[美]罗默:《在自由中丧失：马克思主义经济哲学导论》，段忠桥等译，经济科学出版社2003年版，第80～98页。

等分配,划分了资本主义社会中的两大类十二种人。第一大类是生产资料财产的占有者。它由三种人构成:一是拥有足够的资本雇佣工人,自己不劳动的资本家;二是拥有足够的资本雇佣工人,但自己必须参加劳动的小雇主;三是拥有足够的资本从事为销售而进行的生产,但不雇佣工人的小业主。第二大类是非生产资料财产的占有者。它由九种人构成:一是拥有较多技能文凭财产和较多组织财产的专家经理;二是拥有较多技能文凭财产和较少组织财产的专家管理者;三是拥有较多技能文凭财产和不拥有组织财产的非管理专家;四是拥有较少技能文凭财产和较多组织财产的中级技能文凭经理;五是拥有较少技能文凭财产和较少组织财产的中级技能文凭管理者;六是拥有较少技能文凭财产和不拥有组织财产的中级技能文凭工人;七是不拥有技能文凭财产但拥有较多组织财产的无技能文凭的经理;八是不拥有技能文凭财产和拥有较少组织财产的无技能文凭的管理者;九是既不拥有技能文凭财产也不拥有组织财产的无产者。Wright 认为,资本主义社会的阶级结构就是由这三种剥削形式交叉构成的两大类十二种人构成的,这一结构中最主要的是生产资料财产占有者与非生产资料财产占有者之间的划分。Wright 还提出,处于资本家和无产者之间的十个中间阶级是理解全部资本主义阶级结构的关键,并对"中间阶级"作出了界定,即它们处于这样一种地位,从某一方面看,它剥削别人;从另一方面看,它又被剥削。"中间阶级"的这种既受剥削又剥削别人的情况使得它们处于剥削关系中的矛盾地位。Wright 认为,"中间阶级"的矛盾阶级地位对于历史变革具有重要意义。在他看来,任何社会革命都不能同时消除所有形式的剥削,而只能一次消灭一种特定的剥削。由此说来,社会革命的主要受益者不会是原有社会结构中受剥削最深重的阶级,而可能是处于矛盾的阶级地位的阶级。Wright 提出"中间阶级"理论是要表明,资产阶级的最可怕对手并不是只受剥削的无产者,而是受他人剥削同时又剥削他人的拥有组织财产或技能文凭财产的"中间阶级"。根据同一逻辑,对在国家社会主义社会中占据统治地位的官僚阶级而言,其最主要对手也不是工人阶级,而是具有矛盾阶级地位的专家阶级,而后者在完全的社会主义中将成为剥削阶级。①

John Elster 在 Roemer 和 Wright 的阶级理论基础上,提出了阶级的"基质—行为"说。Elster 认为,在对马克思的阶级定义的理解上,存在着四种可能的定义:第一种是按照"财产"来划分阶级。这种定义的缺点是无法根据财产来区分地主和资本家,也无法区分小资产阶级和拥有少量生产资料的雇佣劳动者。事实上,马克思本人也不赞成仅仅按财产的种类和数量来给阶级下定义。

① E. O. Wright, *Class*, London: New Left Books, 1985.

第二种是按照是否进行“剥削”或受“剥削”来划分阶级。这一定义的优点是揭示了社会生活中的“剥削阶级”和“被剥削阶级”，但其缺点是剥削者和被剥削者的界线难以区分，无法在“剥削阶级”中区分地主阶级和资产阶级，也无法在被剥削阶级中区分奴隶和自由民。第三种是按照人们的“市场行为”来划分阶级。这种定义的优点是，根据人们在市场上是出卖、购买，还是既不出卖、也不购买劳动力的行为来定义阶级，可以对资本主义社会作出深入细致的分析，但这个定义对非市场经济中的阶级问题的研究提供不了任何帮助。第四种是按照人们是否拥有“权力”来划分阶级。这个定义的长处是比较适合非市场经济的社会，因为在带有个体所有权的非市场经济中，权力关系对于阶级归属来说，是一种决定性的因素。然而，在以生产资料私人所有权为基础的市场经济中，权力对于阶级来说并不是决定性的要素。Elster 依据“基质”和“行为”对阶级的定义进行了“分析的重构”，提出了关于阶级的一般定义。他认为，基质包括有形的财产、无形的技能和更为细微的文化特征。行为包括工作的对不工作的、出卖劳动力的对购买劳动力的、借出资本的对借进资本的、出租土地的对租进土地的、在共同财产管理中发布命令的对接受命令的。在综合考察人们的“基质”和“行为”的基础上，Elster 提出了关于阶级的新定义：一个阶级就是由这样的人们组成的一个群体，如果他们要使自己的基质得到最佳使用的话，他们就不得不依据他们所拥有的东西从事同样的活动。Elster 认为，这一新定义比上面列举的四种可能的定义更全面、更确切地重构了马克思的阶级定义。[①]

总之，分析的马克思主义把博弈论运用于传统马克思主义阶级理论的研究之中，这有利于澄清宏观理论背后的微观机制，建立起它们的微观基础，为深入研究马克思主义理论提供了新的视角和方法，实现了马克思主义理论研究方法的多元化。

(二)辩证思维的矛盾分析

在澄清“辩证矛盾”含义的基础上，分析本体论意义和认知意义上的“辩证矛盾”的实质性运用。

1.“辩证矛盾”的含义[②]

辩证矛盾有两种用法：其一是广义的用法，即指认知对象中客观地存在的对立统一结构，也指主观思维对这种结构的把握(或反映)；其二是狭义的用法，仅指广义用法中的第二种含义。广义用法的第一方面，称为“客观矛盾”，属于本体论(对象性)范畴。狭义用法的辩证矛盾属于认知范畴，所断言的是两种相

---

① Jon Elster, *Making Sense of Marx*, Cambridge University Press,1985.

② 参见张建军：《逻辑悖论研究引论》，南京大学出版社 2002 年版，第 309～311 页。

反相成的属性同时属于某一对象。如此关于辩证矛盾的描述，体现了辩证哲学关于把握对象内在对立结构的要求。把握对象的客观矛盾结构，形成辩证矛盾思想，绝不是两种相反属性的机械加和，而必须把握到它们相反相成、既对立又统一的关系。就个体对象而言的原子形态辩证矛盾是：首先，辩证矛盾可以就一类对象或对象系统而言，如劳动是抽象劳动和具体劳动的相反相成，"劳动"指某一类对象。其次，不仅对象内部相反属性间对立统一关系的把握，而且通常所说的对象之间对立统一关系的把握，均可为上述描述所统摄。这是因为：第一，对象之间的对立统一关系，都是通过它们所具有的属性间关系体现出来；第二，具有对立统一关系的双方分别代表的相反属性，均可视为某个或某类对象自身所具有的相反属性。对辩证逻辑的断言并不违反矛盾律：承认对象中存在两种相反相成的属性，绝不等于承认该对象既有又没有某种属性。例如，运动是不间断性与间断性的统一。其所断言的运动既具有连续性，又具有间断性，是这两种属性的相反相成，并不构成逻辑矛盾；只有将之理解成运动既有连续性又没有连续性，或运动既有间断性又没有间断性，才构成逻辑矛盾。

2.本体论意义上的辩证矛盾分析[①]

本体论意义上的辩证矛盾体现在对立统一规律上，对立统一规律是唯物辩证法体系的实质和核心，质量互变规律和否定之否定规律从属于对立统一规律。

唯物辩证法认为任何事物都是矛盾的对立统一体，都适合对立统一规律。例如，资本是共性与个性的统一。资本的共性在于：资本是一种能自行增殖的价值，其目的是为了获得利润或利息；资本只有运动才能增殖；资本的生产过程是以劳动力市场的建立为前提的，实现价值增殖。资本主义资本的特殊性在于：以生产资料私有制为基础，是资本家进行剥削的手段，最终导致贫富两极分化。社会主义资本的特殊性在于：以生产资料公有制为基础，是发展生产、改善人民生活、最终实现共同富裕的手段。

商品作为用来交换的劳动产品，其价值是质与量的统一。从质上讲，商品是商品生产者之间相互交换劳动的生产关系。从量上来看，其大小由生产商品所耗费的劳动量决定，由生产商品所需要的社会必要劳动时间决定。商品内在矛盾解决的途径是交换。在交换的发展过程中，随着生产力和商品经济的发展，商品的交换价值先后经历了简单的或偶然的价值形式、扩大的或总和的价值形式、一般价值形式、货币形式四个阶段，经过量变的积累，最终产生了货币，

① 参见李刚：《唯物辩证法融入〈马克思主义基本原理概论〉第四章教学之中的思考》，载《传承》2009年第4期。

四个阶段之间的变化也是一个由量变到质变的过程。

商品经济的发展经历了否定之否定的过程。在简单商品经济条件下，生产资料所有者就是劳动者，劳动者和生产资料是直接结合在一起的；资本主义商品经济条件下，生产资料的所有者是资本家，劳动者是雇佣工人，劳动者和生产资料处于分离状态；社会主义商品经济是以公有制为基础的一种商品经济，生产资料所有者是劳动者，劳动者也是生产资料所有者，实现了劳动者和生产资料的更高层次上的发展。

3.认知意义上的辩证矛盾分析

认知意义上的辩证矛盾分析体现在对唯物辩证法基本范畴的运用。唯物辩证法的基本范畴包括原因和结果、必然性和偶然性、可能性和现实性、现象和本质、内容和形式等，是把握事物联系和发展的基本环节。马克思政治经济学不仅是马克思主义理论的重要组成部分，也是马克思主义理论最深刻、最全面、最详细的证明和运用。

例如，对“必然性与偶然性”范畴的运用：在商品经济中，价值规律的表现形式是，商品的价格围绕商品的价值自发波动。在现实生活中，由于受供求关系、消费者的心理、收入等因素的影响，商品价格时而高于价值，时而低于价值，表现出极大的变动性与偶然性。但价格无论怎样变化，在偶然性的背后，必然性——价格围绕价值这个中心波动，始终存在，并在背后发挥着作用。又如，对“现象与本质”范畴的运用：马克思透过商品事物的现象，揭示出抽象劳动创造价值是商品经济中的一种本质联系，进而运用它来认识和科学地解释价值形式、价格、货币等商品经济现象，创立了科学的劳动价值论，在劳动价值论基础上进一步提出了剩余价值理论。再如，对“内容与形式”范畴的运用：商品作为用来交换的劳动产品，它通过交换被用来满足别人的需要，故商品与一般劳动产品不同，它有交换价值；价值是交换价值的基础，是内容，交换价值是价值的表现形式。商品的二因素是由生产商品的劳动二重性决定的。生产商品的劳动无论具体形式如何不同，但从内容上看却都是人的体力和脑力的支出，从这种意义上说，它们都是无差别的人类劳动，或叫作“一般人类劳动”。抽象劳动虽然抽掉了劳动的具体形式，但却是客观实在的劳动，抽象劳动形成商品的价值。

四、结　语

“马克思主义基本原理概论”课三大部分是密不可分的整体。互动式教学方法，特别是课堂互动教学方法需要在“政治性”前提条件下，运用“逻辑思维法”来澄清概念，分清层次，清理逻辑矛盾，理解辩证矛盾，严格推证。逻辑思维法给老师和学生带来一定的激励，师生应该努力避免低效的课堂互动教学，追求高效的师生互动氛围，真正达到“马克思主义基本原理概论”课堂教学的实效性要求。

“三课一体”教学模式的探索与实践

——以“毛泽东思想和中国特色社会主义理论体系概论”课为例

李建宁

我校自2006年9月开始按照中宣部、教育部《关于进一步加强和改进高等学校政治理论课的意见》(即“05方案”)开设了“毛泽东思想和中国特色社会主义理论体系概论”(以下简称“概论”,高等教育出版社2010年版)课。笔者在教学中把“概论”课教学活动领域划分为第一课堂(教室),理论讲授;第二课堂(校园),校内实践教学;第三课堂(社会),校外实践教学,探索并实践了以教室、校园、社会为场所的“三课一体”教学模式。为“概论”课教学实现从以教材、课堂、教师为中心的传统教学模式向专题讲授、实践教学、学生自主学习相结合的教学方式的转变积累了一定的经验,在此与同行交流。

一、改进第一课堂,实现教师按教材平铺直叙的讲授到专题讲授、师生平等、民主对话的转变

所谓第一课堂,是指按照学校教育教学总体规划和教学大纲要求安排的课堂教学。教师以教材为主,在教室内进行理论讲授。由于种种原因,部分学生对“概论”课学习积极性不高,课堂上看课外书、做其他课程作业、玩手机、听音乐、呼呼大睡的现象时有发生。要增强学生的学习兴趣,提高教学效果,教师必须变按教材章节平铺直叙的讲授为专题讲授,把第一课堂从教师“独白”改进成师生平等、民主对话平台。笔者的具体做法有以下几个方面:

(一)把握主线,突出重点,点面结合,专题讲授

“概论”课讲述的是马克思主义中国化的理论成果,包含的内容十分丰富而

且是不断发展的，既包括中国共产党领导人民进行革命、建设和改革的全过程，又对现实社会面临的一切问题都有所涉及。在有限的课时内，如按教材章节平铺直叙讲授，很难激发学生的学习兴趣和取得好的教学效果。因此，笔者在系统研究本课程的科学体系和对学生的学情进行深入调查分析的基础上，打破教材面面俱到的章节体系，活化教材的基本思想，对简单和学生比较熟悉的内容布置学生课下自学，对重点内容采取点面结合的专题讲授。一堂课中结合教材无法直接涉及的社会现实问题，以独立的一个理论进行“专题式”讲解为主，给学生明确交代两大理论体系内在的层次性和结构的逻辑性，包括各重要理论观点之间的起承转合。

第一，专题内容要体现课程的主题、主线和重点，具有整体性和相对独立性。从“概论”课教材(高等教育出版社出版的“马克思主义理论研究与建设工程”重点教材)看，是以中国特色社会主义建设为重点，马克思主义的中国化为主题，中国化的马克思主义理论成果为主线。这一主线围绕着一个精髓——实事求是；两个理论——毛泽东思想和中国特色社会主义理论体系；三条特色道路——新民主主义革命道路、社会主义改造道路、社会主义建设道路的基本线索展开。教材十五章的内容，可概括为三大部分。第一部分，总论(第 1～2 章)，重点是怎样对待马克思主义和马克思主义中国化理论成果的精髓。第二部分，马克思主义与中国实际相结合第一次飞跃的理论成果——毛泽东思想(第 3～4 章)，重点是新民主主义革命理论和社会主义改造理论。第三部分，用中国特色社会主义理论指导、建设和发展中国特色社会主义(第 5～15 章)，重点是中国特色社会主义的三个基本问题，即社会主义本质论、社会主义初级阶段论、社会主义改革开放论(第 5～7 章)；中国特色社会主义的经济、政治、文化、社会四位一体的建设(第 8～11 章)；中国特色社会主义建设面临的内政与外交大环境(第 12～13 章)；中国特色社会主义建设的依靠力量和领导力量(第 14～15 章)。笔者根据上述主题、主线、重点，设置了具有整体性、相对独立性、主题鲜明的十个专题：马克思主义中国化总论；马克思主义与中国实际相结合第一次飞跃的理论成果——毛泽东思想；中国特色社会主义的几个基本问题；中国特色社会主义的基本经济制度；中国特色社会主义的基本政治制度；中国特色社会主义的文化制度；树立科学发展观与构建社会主义和谐社会；祖国完全统一构想与台湾问题；新中国的外交政策；中国特色社会主义事业的依靠力量和领导核心。这样的专题设置符合学马列“要精”的原则。

第二，专题内容要与时俱进，随着实践的发展增减、变化。专题内容要跟进党的创新理论，使党的创新理论能够在第一时间进入课堂；跟进社会发展现实和学生思想实际，把教材无法直接涉及，但与中国特色社会主义建设实践密切相关的国内外重大时事问题、热点和难点问题、学生不断变化的思想问题及时纳入教学内容,依据理论进行分析,讲清道理,化解学生的疑点和难点问题,以理服人,达到学马列“要管用”的效果。为此,笔者除关注党的创新理论和时事问题外,还坚持每学期课程学习开始时和学习结束时在学生中进行调查,让学生把自己最关心、最困惑的社会问题、思想问题和希望该课程解答的问题及对教学的建议写出来,便于教师纳入专题内容。

(二)以学生参与课堂教学的启发参与式教学论说专题内容,使学生既要“学会”,又要“会学”

此教学方法的核心是,教师为主导,学生为主体,兴趣为主轴,参与为主线。笔者在教学实践中主要运用了以下方法:

第一,学生自学与试教。根据大学生自学能力较强的实际,选择相对简单和学生有一定知识储备的教学内容,开出参考书目,提出自学要求和思考的问题。学生以学习小组为单位,收集资料,准备讲稿,组内试讲,相互评课,选出试讲优秀者在第一课堂试教,教师组织学生提问、答辩、总结、评分。此方式培养了学生自主学习的能力。

第二,案例教学。教师根据教学内容,恰当地选择经典案例和社会生活中的实际问题引入课堂,引导学生综合运用所学理论对案例进行讨论、剖析,以例激趣、以例说理、以例导行,激励学生主动参与。此方式培养和提高了学生分析、解决实际问题的能力,解除了学生对一些理论和社会问题的困惑。

第三,问题教学。教师在讲授之前有意地创设问题情境,专题讲授中的重点以“问题”为线索,运用所掌握的理论知识去分析现实生活中的各种问题,此方式可以培养学生的问题意识,让学生在寻求发现问题、解决问题的思维活动中,感受理论的价值和魅力。

第四,讨论与主题发言。教师精心选取与课程紧密联系的有学术性、针对性、导向性、启发性,能够引起学生共鸣的话题。学生以学习小组为单位,收集资料,组织讨论,选代表在第一课堂作主题发言,教师引导学生参与现场讨论,最后由教师归纳总结。学生在热烈的讨论中培养独立思考和综合分析的能力,锻炼表达能力和应变能力。

第五,辩论式。教师根据所学的基本理论,针对学生普遍关注的问题,选择有争议的观点,确定辩论题目,将学生分为正方、反方和旁观者。在正反两方辩论后,先由学生旁观者点评,最后由教师点评三方。此方式能激发学生的学习潜能、拓宽视野、增强逻辑思维能力。

第六,知识竞赛。选择学生较熟悉的知识和要求其自学的内容进行专题知识竞赛。将选择的内容设计成单项、多项选择题,简答题,辨析题等,采取随机摇学号回答问题的方式，调动学生全员参与，对回答正确的学生实施平时成绩的加分。此方式既活跃了课堂气氛，又调动了学生积极思考、全员参与的积极性。

上述教学方法的综合运用，为学生提供了一个交流、合作、探索、对话的平台，极大地调动了学生学习的兴趣和参与课堂教学的积极性，在参与中获得思想的启迪。

二、建立第二课堂，拓展第三课堂，实现课堂教学与实践教学、学生自主学习的结合

实现大学生从知到行的转化是“概论”课教学中最基本也是难度最大的一个环节，笔者在教学中探索了第二课堂和第三课堂相结合的实践教学与学生自主学习模式，对促使大学生知与行的转化发挥了一定作用。

(一)立足校园，建立第二课堂，深入持久地开展学生自主学习和课外校园实践教学活动

所谓第二课堂，就是以校园为场所，结合理论教学，开展各种课外的自主学习活动和校园文化活动。它是第一课堂教学的继续和补充，给学生提供了更多的受教育机会。

第一，建立课外学习小组和学生学科委员会，以学习小组进行课外主题式自主学习。教师在开课的第1周，要求学生以宿舍为单位或自愿结合，3～6人一组，建立课外学习小组作为自主学习和实践教学的载体。每组设小组长1人，全面负责小组的学习活动。因课外小组学习环境松散，有较强的开放性、自主性、随意性，若组织不当，监督不力，容易放任自流。因此，笔者建立了由自然班的班长、学习委员和学生代表等人组成的学科学生协调组，作为协助教师指导、监督、调控、考核小组自主学习和实践活动的组织。教师采取布置学习任务、选题，收集资料、探讨学习，教师指导、监督，第一课堂演讲与答辩，学生评价、评分与教师总结等步骤组织小组的课外学习。布置学习任务、选题：教师开课前为学生拟定出能够体现教材重点、难点，贴近社会现实、学生实际，符合教育教学规律、符合学生需要和特点，能引导学生独立思考，有探讨价值的话题供小组选择。在开课的第1～2周分组，布置学习任务，小组可从教师设计的问题中选题，也可以在教师的选题之外自主选题。收集资料、探讨学习：小组成员全员参与，明确分工，责任到人。对选择的主题通过查阅文献、上网、问卷调查、实地考察等形式收集资料，而后对资料进行筛选、分析、集体讨论，形成具有一定的理

性思考的成果或提纲。教师指导、监督:教师每学期所带班级多,同时面对400～500名学生,不可能参与每个小组学习的全过程。因此,教师对小组学习的指导和监督,一是通过学科学生协调组与各小组建立联系,定期召开见面会,对各小组成员的分工情况、参与情况、小组学习进程记录进行检查,对小组提交第一课堂交流的学习成果进行讨论;二是教师向全体学生公开手机号、QQ和电子邮箱,方便解答同学们学习中遇到的问题,使小组学习始终处于教师的指导、监督和调控中。演讲与答辩:教师根据教学计划,每次上课安排2～3组,每个小组至少登台一次,将小组学习成果在第一课堂面向全体学生进行展示与交流。登台交流时要求小组成员全员参与,组员轮流演讲,然后由同学提问,小组成员解答,并利用多媒体技术将交流内容通过大屏幕向同学展示。最后由教师组织学生进行点评、评分,按比例记入总成绩。此方式极大地调动了学生主动与教师、同学探索、交流、合作、展示的积极性,强化了其收集和处理信息、运用理论分析和解决问题、运用多媒体技术的能力,培养了团队合作精神。

第二,立足校园,实现“概论”课教学与校园文化活动的有效结合。自从提出实施素质教育以来,高校普遍重视校园文化建设,培养学生的人文素质。但是,目前我校的“概论”课教学与校园文化活动没有很好结合,大多数“概论”课教师只管学生登台交流主题式自主学习成果和到社会实践基地参观等实践教学,很少参与校园文化活动,远远没有发挥其“第二课堂”应有的作用。为实现“概论”课教学与校园文化活动的结合,一是“概论”课教学与学生红色社团结合,教师分别担任学生红色社团的指导、辅导工作,提升红色社团的质量和品质,通过红色社团带动更多的同学参与中国特色社会主义理论的研究和实践。二是“概论”课教师参与授课班级所在院系的校园文化活动,在各项校园文化建设活动中对学生加强中国化马克思主义理论的渗透,使校园文化活动真正成为教师进行实践教学的生动课堂。

(二)拓展第三课堂,建立和完善相对独立的社会实践教学体系

所谓第三课堂,就是以社会为课堂,以人民为教师,以社会生活为素材,以学生自觉能动参与为主的教育途径。它是第一课堂教学的重要补充和第二课堂校园实践教学的进一步深化,也是学生接触社会、观察社会、了解社会、正确认知社会、增强自主学习能力和实践能力的重要途径。

第一,建立实践教学基地,以社会实践基地为依托,每学期至少组织一次全体开课学生到实践基地参观调研。“概论”课开设以来,我校根据所在地的社会资源,加强实践教学基地的建设,已建立了刘公岛、定远舰、监狱、魏桥、金猴、银洁、田和等十几个固定的实践教学基地。实践教学基地的参观调研以学习小组为单位,开展集体调研活动。要求学生带着理论学习的成果到实践中去接受检验，带着思想上的疑问到现实中去找答案。在参观调研中充分体验改革的气息和成就，切实理解和认同中国特色社会主义理论和实践。参观调研结束，要求每人提交一份参观体会，每个小组提交一份调研报告，并在第一课堂精心组织参观调研的汇报、交流、评分，按比例记入总成绩。

第二，以学习小组为单位，利用双休日、节假日和课余时间进行专题社会调查，在社会调查中发现问题，分析问题。为保证社会调查不流于形式，教师必须结合教学内容和学生关注的社会热点、疑点问题，精心设计调查研究主题。如："改革开放三十年你的家庭收入与消费变迁""经济发展与环境保护""'三农'问题与社会主义新农村建设""校园文化建设""大学生的信仰、价值观、行为规范、就业观"等的调查。使学生以自己的所见所闻、所体所察，感受中国化马克思主义理论的精神实质，坚定建设中国特色社会主义的信念。调查结束后，每个小组写出调查报告，教师组织学生学科委员会进行评阅，择其优秀者在第一课堂进行交流。

第三，"概论"课教师与学校团委、各院系联合，举办多种形式的社会实践活动。如：参与校团委和各院系组织的学雷锋活动、青年志愿者行动，社会公益服务、"三下乡"、暑期社会实践，走向社会宣传党的理论和政策等活动，以激发学生服务社会的主动性，真正将"概论"课的理论知识内化为学生的立场、观点、信仰和价值追求，外化为社会行为。

这一系列实践性教学活动的开展，为学生们提供了贴近社会、观察社会、了解社会、正确认识社会、锤炼思想的平台，使学生从自身的经历中，获得更多的人生体验，提高对中国特色社会主义的认同感，增强大学生的综合素质、合作精神、社会责任感和历史使命感，为将来走入社会提供良好的适应能力和基础。

（原载《青海民族大学学报》2011 年第 4 期）

增强“中国近现代史纲要”课教学实效性的探索与思考

赵　焱*

《中宣部、教育部关于进一步加强高等学校思想政治理论课教师队伍建设的意见》(教社科字[2008]5号)指出：高校政治理论课教师要“以教材为教学基本遵循，在教材体系向教学体系转化上下工夫，真正做到融会贯通、熟练驾驭、精辟讲解”，“探索符合教育教学规律和大学生特点的教学方法”。这其中的关键是如何增强思想政治理论课教学实效性，探索能深入大学生心里的教学模式的问题。基于此，“中国近现代史纲要”(以下简称“纲要”)课如何增强教学实效性呢？笔者在此谈谈教学实践中的探索和思考，以求研讨。

一、如何让学生抬起头来仰望历史的星空

历史是一种感动，有感动才会有震撼，才会有思考，才会有反思。一个民族只有从历史的反思中才能获得腾飞的翅膀。“纲要”课如何在教学中引领学生走进历史，从沧桑变幻的时代风云和异彩纷呈的人生经历中获得感动呢？历史不仅仅是一堆了无生气的灰色资料，而是一片寥廓的星空，它会照亮我们，驱赶我们，鼓舞我们，去探索无穷的真理，敬仰凛然的正义，点燃希望的火焰。教师如何在课堂上能让学生抬起头来仰望历史的星空，而不是低下头去记忆苍白静止的历史文字呢？

首先，授课内容要有鲜明的针对性。教师要了解现代大学生的知识结构和思想特点，采取他们易于接受的方式和语言授课，使历史自然而然地走进学生

* 赵焱，山东大学(威海)马克思主义教学部副教授，主攻方向为科学社会主义和中华传统文化。

心里。现代大学生(尤其是“90后”)生活在信息化、网络化时代,他们接受知识和信息的途径非常广泛,但往往是片断的、零碎的、不系统的。他们了解历史、认识历史往往是快餐式、影像式、娱乐式的,这种速成的知识浅尝辄止地吸收了多元的观点,却往往是只能看到历史的表象,而看不到历史的本质。而不迷信、不盲从又是这一代人的突出特点。因此,单纯的灌输型教学模式显然是难以引起学生共鸣的。“纲要”课不能简单地看成是知识的传授过程,其实它应是一个认知过程,一个知识重建过程。老师的讲授是对课程内容透彻研究并充分消化的基础上一个思考和认知的结果,不严格按教材体系来,却是源于教材又高于教材的,内容详略深浅根据讲授对象情况酌情而定。与老师讲授相配合的就是讨论课,大量阅读、完成作业、讨论是引导学生有一个知识认知和重建过程。这里培养的是视野、融合归纳知识的能力和思维力,也就是看问题的深度,而不是对知识的简单复制。这种教学模式需要师生的平等平视,教师需要的不仅仅是知识面,而且还要睿智。关键是让学生开口,打破长期所谓标准答案的束缚,谈自己的看法,老师的关键在引导,而不能过分表现出对知识的优越感或呈现出居高临下的姿态。成功的教学是一个师生互动、共同参与的过程,是带着问题寻找答案的探索和学习过程。通过交流探讨,化解困惑和疑问,学生主动地而不是被动地接受认知,增强学习实效。

针对性教学要解决的关键问题是,“纲要”课在教学实践中面临的教学内容多与课时少的矛盾非常突出。如何有效地在有限的36课时讲授30万字同名教材的“中国近现代史纲要”课?作为高校思想政治理论课的“中国近现代史纲要”课,与中学中国近现代史的关系如何?与高校历史系中国近现代史课有何区别?如何理解和把握“纲要”之“纲”和“要”?我们学习历史的方式着力点在哪里?因此,在教学过程中,教师必须从单纯灌输型教学模式转变为研究型教学模式,转变课程的教材体系,形成新的教学体系,引导学生用马克思主义的世界观和方法论去分析纷繁复杂的社会历史现象,正确认识社会历史发展规律,树立科学的历史观和积极的人生观、价值观。

其次,要激发学生的好奇心。好奇心促使人展开联想的翅膀,历史是一片寥廓的星空,深邃而苍茫,它带给人无限的遐思。仰望历史的星空,是在一个寥廓博大而高远的境界里的对话。“纲要”课教学就是要引领学生走入历史的星空进行对话。问题导入教学是激发好奇心的有效办法。教师要在备课中不断陶冶思想境界,培养对历史的宏阔视野和哲学眼光,对每章所讲内容能够去粗取精、由浅入深地概括出带有启发性的问题。问题的设计对于教学的互动和引导至为重要。比如,讲李鸿章与洋务运动,先抛出问题:为什么李鸿章死后百年仍然难以对其盖棺定论?你心目中的李鸿章是什么样的人?李鸿章在中国近代化进程中的主要贡献有哪些？李鸿章的局限性是什么？他当时的局限性能够突破吗？讲蒋介石与北伐战争，先了解一下学生对蒋介石的认识，让他们谈谈蒋介石在他们心目中是英雄、是枭雄还是“狗熊”呢？讲开天辟地大事变——中国共产党诞生，首先提出问题：今年是中国共产党诞辰多少周年？中国共产党的党旗党徽是什么？它代表了什么含义？中国共产党成立前后世界上有哪些国家的共产党成立？它们的党旗党徽是什么？这些党旗党徽有何共同点？为什么？这是一个新的时代，其时代背景是什么？中国共产党现有党员多少？它何以发展壮大至今？讲中国革命新道路的开辟，要问：中国革命的新道路“新”在哪里？中国人民解放军建军的开始是在何时？八一南昌起义如何保留了最后的革命火种？人民军队如何发展成为1949年渡江战役时的百万雄师？在十年内战时期，中国共产党领导的革命力量缘何能够形成星火燎原之势？蒋介石又缘何没能够剿灭共产党？抗日战争，是近代以来中国人民反抗外敌入侵取得第一次完全胜利的民族解放战争，这是弱国战胜强国的范例，中国为什么会取胜？等等。针对这些问题，事先布置同学查资料、做PPT上台演讲，在此基础上进行讨论，引导学生超越课本视野，从历史大局纵横思索。不仅加深学习印象，而且滋养着看问题的深度。

再次，就是教师讲授语言要有魅力。大学生是思想活跃、赋有激情、青春奔放的，教师讲课言之有物、史实确凿、富有感染力时，才会引起他们的兴趣与共鸣。若平铺直叙、言语枯燥，则听起来毫无生气。因此，教师睿智和诗意化的语言，更能使学生抬起头来聆听并深刻领悟历史。教授中可以以诗词的形式来表达历史人物的特点。比如，陈独秀的一生有人用“忤众非所忌，坷坎终其生”来描述是比较贴切的。晚年他开始对共产主义理论进行反思，在贫病交加中辗转流徙数年后逝于四川江津。古诗云：“沙鸟带声飞，池花对影落。”以此参照人生，可以领悟两种不同的人生结局：前一句是功成名就声名高扬的人生，后一句是绚烂之极归于黯淡的人生。陈独秀的人生最终在黯淡中落幕，但他的许多思想却是光焰万丈启迪后人的。比较青年蒋介石和青年毛泽东时，可以通过两首诗来对比。一首是蒋介石早年赴日本留学，在给表兄的照片背后题写的：“腾腾杀气满全球，力不如人肯且休！光我神州完我责，东来志岂在封侯！”[①]表现出他的军人气质。毛泽东在离开家乡韶山冲时也给父亲留诗一首：“孩儿立志出乡关，学不成名誓不还。埋骨何须桑梓地，人生无处不青山。”[②]表达了他的文人情怀。

---

① 参见金一南：《苦难辉煌》，北京华艺出版社2009年版，第23页。

② 参见金文明：《毛泽东？西乡隆盛？月性和尚？——“孩儿立志出乡关”一诗作者考》，载《咬文嚼字》2009年第1期。

之后，蒋介石的这种军人特质和毛泽东的文人特质分别伴随着他们，形成鲜明的反差。在解放战争时期，毛泽东曾讲，要用文房四宝打败蒋介石的美式装备。讲述各个时期我军著名将领的特点时，可以引用毛泽东的诗词来表达。比如毛泽东赞扬黄公略："赣水那边红一角，偏师借重黄公略。"[①]赞扬彭德怀："山高路远坑深，大军纵横驰奔。谁敢横刀立马，唯我彭大将军。"[②]对于曾与林彪合作任红四军政委的罗荣桓，毛泽东在后来他去世时写下悼词："斥鷃每闻欺大鸟，昆鸡常笑老鹰非。君今不幸离人世，国有疑难可问谁？"[③]对其宽广的胸怀，容人的度量，以及出色的政治工作，予以高度肯定。再比如，讲重庆谈判时，可以让学生制作有关毛泽东诗词《沁园春・雪》的 PPT 课件在课堂上朗诵，结合诗词意境讲述毛泽东集文人与政治家于一身的博大胸怀、在国统区引起的震动等，增强人格魅力的感染力。

教师以诗化的语言，引领学生仰望历史的星空，瞭望彼岸，保持对历史的一种敬畏和一种追寻。历史学家汤因比认为，历史介于科学和艺术之间，因而历史学家必须兼备科学家的求实精神和诗人的激情。"纲要"课教师亦应如此。

最后，要重视 PPT 课堂演讲点评。老师一般事先根据每章内容列出若干参考题，供学生选择，他们也可以自行选题，但必须是与中国近现代史密切相关的内容。每次课有一节课安排三四个小组做好 PPT 课件上台演讲。老师的点评环节很重要，不能忽略。点评环节，一是要指出一些硬伤，如一些明显的历史常识性错误。比如关于陈独秀，中央文件早已不提"右倾投降主义"，而是讲"右倾机会主义"。2004 年 4 月 30 日，胡锦涛在中共中央纪念任弼时同志一百周年诞辰座谈会上的讲话中，又放弃"右倾机会主义"旧说，采用了"共产国际和陈独秀的右倾错误"的新提法。又比如蒋介石并非孙中山培养的接班人等。二是避免过于娱乐性。历史有一定的严肃性，一些学生往往容易受网络搞笑体、历史穿越剧、动漫等影响，将历史娱乐化甚至庸俗化。比如，讲地雷战，只是放播一些热闹场面的视频，内容讲述却蜻蜓点水，无关痛痒；讲慈禧，却热衷于讲述慈禧个人奢侈豪华的生活，突出展示她的吃、穿、住、用，甚至墓葬陪葬品等富丽堂皇的画面，缺乏思想深度。对此，老师可以引导学生讨论：地雷战的形式主要有哪些？它折射出人民战争怎样的智慧？你认为慈禧作为统治者的奢华是一种荣耀吗？人的高贵之处主要表现在哪里？慈禧当政对于中国清王朝的急剧衰落有怎样的影响？三是引导学生深入探讨和思考问题。讲曾国藩是一个封建

---

① 参见少华、游胡：《林彪的这一生》，湖北人民出版社 2003 年版，第 146 页。

② 参见少华、游胡：《林彪的这一生》，湖北人民出版社 2003 年版，第 146 页。

③ 参见少华、游胡：《林彪的这一生》，湖北人民出版社 2003 年版，第 73 页。

士大夫的完美形象，他镇压太平天国运动，与洪秀全只是阶级立场不同，无所谓是非对错吗？关于蒋介石与张学良在抗战初期的不抵抗政策如何认识？宋美龄美国国会演讲引起轰动的国际背景是怎样的？蒋介石的民族主义情结主要表现在哪些方面？等等。看待历史人物和历史现象必须放在一个大时代、大视野来看，要从历史的潮流和时代进步的大势来看，而不是以个别历史镜头、历史片断和历史瞬间来判断。

二、以历史人物为线索彰显社会主流价值观和无私奉献的人生观

“纲要”作为一门基于历史课之上的思想政治理论课，应该坚持马克思主义历史唯物主义的立场、观点和方法，站在人类历史发展的高度，用辩证的、理性的、发展的思维把握历史。教学中不可避免地要贯穿社会主流的价值观。当今社会多元价值观并存，在教学中贯彻社会主流价值观不可避免地会遭遇质疑和冲突。教师必须围绕中国革命和中国现代化的线索客观地讲述中国近现代史的史实，突出中国人民选择马克思主义、中国共产党和社会主义道路是历史的选择。这个过程是无数仁人志士上下求索与奋斗的过程。可以通过讲“活”历史人物来讲“活”历史。历史归根结底是人的历史。中国近现代史的一百七十年，是一个跌宕起伏、英雄辈出的时代，许许多多先进的中国人在救亡图存的时代背景下寻求各种救国的良方。他们追求的思想、主义、信仰一步一个阶梯，直至选择了马克思主义、中国共产党和社会主义道路，才赢得了民族独立和国家发展。在“纲要”教学中应该凸显各时期挺立于时代风口浪尖上的弄潮儿，因为他们对时代的潮流最敏感，最能体现时代的特征。康有为、孙中山、陈独秀、毛泽东等是走在时代改革前列的人，他们的一生为了振兴中华求索不止、奋斗不息，他们是在精神的天空中寻找指路明灯，并向着它前进，不管任何潮流，哪怕是逆流而上，为了理想和信仰做到了义无反顾、无私奉献。

价值观的核心问题是人生价值，人生价值在于追求一种实现人的社会价值的崇高感，这种崇高感来自于无私奉献。只有心底无私天地宽的人，才会将个人生死忧患与国家民族命运紧紧联系在一起；只有视野开阔境界远大的人，才能站在世界之巅看中国，站在人生之巅看得失，以精神之“大我”荡涤苟利之“小我”，将个人的人生价值写入中华民族的振兴之中。孙中山发出“要立心做大

事，不要立心做大官”的心声①。青年毛泽东伫立橘子洲头宣称：“天下者我们的天下，国家者我们的国家，社会者我们的社会。我们不说，谁说？我们不干，谁干？”②陈独秀在抗战的艰苦时期特别强调，“即使全世界都陷入了黑暗，只要我们几个人不向黑暗附和，屈服，投降，便能够自信有拨云雾而见青天的力量”。重要的是“不把光明当作黑暗，不把黑暗对付黑暗”；在那“黑暗营垒中，迟早都会放出一线曙光，终于照耀大地”。所谓不把光明当作黑暗，不把黑暗对付黑暗，针对的不仅是侵略者，而是整个人类的前途。③ 这是他们追求的人生境界。“问苍茫大地，谁主沉浮”是对中国前途命运的追问，也是对人生意义的思考。一个民族需要有这样拯斯民于水火、扶大厦之将倾的英雄，他们身上体现着一种只求付出不求索取的悲壮，这是一个民族挺直身躯的脊梁。温家宝总理2007年5月14日在同济大学建筑城规学院向师生即席演讲时曾说过，一个民族有一些关注天空的人，他们才有希望；一个民族只是关心脚下的事情，那是没有未来的。站在今天时代的基点上，我们会为历史感动吗？会为英雄感动吗？如果人人都为个人苦乐出发，中华民族能够自立于世界民族之林吗？

人的价值观的形成不是囿于单纯的灌输，而是在反思、质疑、追问中逐步养成的。苏格拉底说过，未经反思的人生是不值得过的人生。同理，未经学生自我反思（选择与评价）的价值观也是没有意义的价值观。学习“中国近现代史纲要”，教师就是要引导学生认识不同的历史人物、不同的阶级立场、不同的人生轨迹，林则徐、李鸿章、慈禧、袁世凯、光绪皇帝、康有为、梁启超、孙中山、陈独秀、李立三、瞿秋白、毛泽东、周恩来、林彪、彭德怀、王明、张国焘、蒋介石等林林总总，进行比较分析认知，思考中国近代不同历史时期，他们各自不同的政治信仰，不同的个性以及不同的人生道路，展现近代中国错综复杂的社会演变过程，开阔视野，进而从杰出人物的人生奋斗中汲取思想养分，认识中国近代社会进步的历史大方向，体味铮铮君子的人生情怀和胸襟气象，提升个体生命的质量。同时，教师教授历史重在传其道，传其道要信其道，教师的思想境界、人生观、价值观是会潜移默化地影响学生的。因此，教师应不断在备课中涵养自己的知识和精神，承担起应有的责任。

① 参见孟庆鹏主编：《孙中山文集》（下册），团结出版社1997年版，第716页。

② 毛泽东：《民众大联合》，载1919年7月28日《湘江评论》。

③ 参见罗志田：《他永远是他自己——陈独秀的人生和心路》，载《新华文摘》2010年第23期。

三、社会实践拓展教学内容

社会实践既是新形势下大学生思想政治教育的重要环节，也是大学生了解国史和国情的有效途径之一。学习中国近现代史，结合实地参观是一个很好的做法。近年来，我校马列部在校领导的大力支持下，已在当地建立起二十多个社会实践基地，这对于强化教学改革、拓展书本知识内容，已发挥了相当好的作用。比如学习“纲要”课，结合参观定远舰、刘公岛、公路局、厂矿企业和新农村建设等，更切身地走进历史、融入社会，是一种好的经历和学习。参观学习既培养了组织纪律性，也开阔了视野。参观前会有针对性地列出一些思考题，比如参观定远舰，可以有以下问题：中国近代海军发展的喜与忧？定远舰使你最震撼的是什么？如何认识近代中日海军的实力对比演变？从甲午战争中国的惨败你看到了什么？结合现实思考钓鱼岛问题、南沙群岛问题、中日关系问题等。参观刘公岛深入了解当年李鸿章建立和发展北洋水师的概况，深入思考北洋水师覆亡的原因；参观公路局了解当地公路发展的历史，进而更拓展地了解中国近现代史；参观企业和新农村进一步了解中国社会政治经济改革等问题。参观结束后一周时间，学生要以小组为单位写出观感或实践报告，老师对实践报告要认真批阅总结。

此外，我校马列部还组织红色社团，带领学生走出去参观革命圣地、历史纪念地、革命纪念馆、历史博物馆等，同时办有《红色之旅》杂志，选出优秀的实践报告、学习心得、PPT 课件演讲稿等给予登载。每年分别组织一次全校范围的思想政治理论课课件演讲风采大赛、红色理论知识竞赛、红歌比赛等强化教学内容，提高学习兴趣，很好地调动了学生的学习积极性。

通过社会实践，延承历史，思考现实。“纲要”课教学，不只是为了走进历史，而是在走进历史之后又跳出来，去面对今日和未来。历史只有与当下发生联系，才会体现出历史的真生命。所以“纲要”教学应当秉承增强学生现实关怀的价值导向，历史问题现实思考，现实问题历史反思，使历史问题与学生的生活经验和他们所关心的现实问题发生联系，才能打动他们，才能深入人心。

与教学改革相适应的，我们对考试考核办法也不断作调整。加强平时成绩考核管理，平时成绩与期末考试成绩分别占总成绩的 50%。平时成绩包括课堂 PPT 课件演讲、社会实践报告、课堂讨论发言、发表论文、参与思想政治理论课的各种竞赛、上课出勤率等的考查，期末考试为闭卷考试。旨在重视学生平时的学习参与度，打破单凭期末考试一考定夺的考核方式，提高学习质量。

实现思想政治理论课从教材体系向教学体系的转化，与之相应的教学理念和教学模式的转变，是一个渐进的改革探索过程。我们必须不断在实践中摸索前行，使“纲要”课教学在课堂内外、学校内外相得益彰，找出能够适合现代大学生知识结构和思想特点的一套教学方法，从而取得优良的教育教学实效。

（原载《高教论坛》2012 年第 8 期）

关于“中国近现代史纲要”教学中历史人物评价的若干思考

房世刚*

“中国近现代史纲要”(以下简称“纲要”)是高校思想政治理论课“05方案”中的一门必修课程,它承担着从历史的角度对大学生进行系统的马克思主义思想教育的功能。其中,客观而准确地评价历史进程中发挥重要作用的历史人物,以合理引导大学生树立正确的世界观、人生观和价值观,教育学生以人为鉴、以史为鉴,是“纲要”课有机整合历史教育与思想政治教育双重功效的价值目标,也是进一步提高“纲要”课教学质量、增强教学针对性的重要途径。笔者结合自身教学实践,就这一问题作一探讨,以求教于广大同仁。

一、历史人物评价的必要性与重要性

作为历史的链条,人物是历史进程的主要载体。脱离活生生的历史人物,特别是重要历史人物,历史将会变成纯粹的客观过程,历史的演进必会暗淡苍白。当然,任何历史人物作用的发挥终将受到历史条件的制约,而非随心所欲。对于历史人物的评价,同样发挥着“资政育人”的历史教化功能,正所谓“以人为镜,可以知得失”。譬如,近现代史上林则徐的虎门销烟、邓世昌的以身殉国、谭嗣同的舍身变法、瞿秋白的英勇就义等人物事迹,都是很好的教育素材。通过对这些爱国历史人物的讲评,不仅有助于帮助学生认识他们深沉的爱国情感、高扬的民族精神和高尚的人格魅力,而且有助于克服当代大学生中存在的功利

---

* 房世刚,博士后,山东大学(威海)马克思主义教学部讲师,研究方向为马克思主义中国化和中国共产党基本理论。

主义、颓废荒芜等乱象，从而将人文知识内化为人文素质和人文精神，进而为大学生认识社会、把握自我、实现个人价值等提供重要的历史借鉴。

在思想文化领域，当前人们对中国近现代史具有重大影响的人物评价日趋多元化，甚至出现了一些与传统观点截然对立的说法，加之一些打着“戏说”“秘史”等旗号的文学影视作品，尤其是那些以吸引观众为目的的诸多“神剧”的推波助澜，人们对历史人物作出了错误甚至歪曲的解读。与此同时，随着中国近现代史研究的深入和发展，对于重要历史人物的评价不断发生着新的变化。例如，对慈禧、李鸿章、袁世凯、蒋介石等历史上反面人物的某些具体历史活动不乏肯定之处，甚至于对他们的整体评价在某些程度上悄然转变。单就专业探讨和学术研究而言，这是无可厚非的，但“纲要”课作为承担思想教育功能的政治理论课，教师需要严格把握好学术争鸣与课堂教学之间的关系。以李鸿章为例，不可否认，在近代洋务运动中，他对中国社会的近代化起到了积极的推动作用，但就此为其彻底“翻案”，甚至将他拔高为中国近代化的“先驱”，则实属不当。

除外，有些人在对历史人物的评价中严重违背了实事求是的思想精神，提出许多与传统观点大相径庭的论断，致使很多人物受到不公正的对待。无独有偶。一些历史上的罪人却得到赞赏和粉饰，这在一定程度上混乱了大学生的思想价值评判。如贬抑林则徐、洪秀全、孙中山，褒扬琦善、曾国藩、袁世凯等，这完全超出了学术思想领域争论的范畴。如上种种，在很大程度上影响着大学生对历史的认知方式，对他们的历史观产生了不可忽视的消极影响。而某些特定历史人物的功过是非，恰恰是当代大学生极为关注的热点话题和兴趣所在。比如，在太平天国运动中，学生们对迷信昏庸的洪秀全、飞扬跋扈的杨秀清、阴险狡诈的韦昌辉、负气出走的石达开等历史人物均表现出浓厚的历史兴趣。

所以说，在“纲要”课教学中，我们必须正视历史人物评价这一关键环节，注重通过对历史人物的科学评价，充分发挥课堂教学对引导学生提高人文素养、历史意识和社会责任感的思想政治教育功能。

二、历史人物评价的基本标准

对于历史人物的评价，首要的前提问题是评价标准的确立。当前，由于大学生受到评价标准的泛化、价值观的多元化、历史真实的不可知论等社会思潮的影响，确立正确的历史人物评价标准问题变得尤为重要。马克思主义历史人物评价标准的界定可概括为：“从根本上看，历史人物的行为是否符合国家的根本利益,是否有利于历史的发展和社会的进步。”[①]

国家根本利益的维护与否,即是否持有爱国主义,自古以来就是检验历史人物的重要尺度,它是我国乃至世界各国人民基本的价值取向和民族情感。“爱国主义是人们对于‘生于斯、长于斯、衣食于斯’的祖国的一种神圣感情,是人们对于自己民族的一种强烈的责任感和使命感,是感召和激励整个中华民族的一面永不褪色的旗帜,爱国主义一直激励着中华儿女为祖国的独立、统一、进步和繁荣而英勇奋斗。”[②]在中国近现代史上的人物,凡是维护国家独立和民族统一的,均应给予肯定和赞扬;反之,对于卖国求荣者则应视为民族败类,给以无情的揭露和批判。

历史发展与社会进步,是一代又一代人们前赴后继不懈追求的总体目标。因此,历史活动中的历史人物的实践活动,理应服从服务于这一目标准则。具体说来,一是要坚持生产力标准,即对于社会生产力的发展起到促进而非阻碍作用。因为,生产力的发展是人类社会进步的基础,人类社会的历史从本质上说是生产力发展的历史。帝国主义和封建主义的剥削压迫构成了近代中国生产力发展的最大桎梏,所以凡是属于反帝反封建阵营的历史人物,都在不同程度上推动了社会生产力的发展,都应对他们的历史功绩和进步作用作出实事求是的肯定,反之亦然。二是要坚持人民群众性标准,即反映和代表着广大人民群众的根本利益和要求。毕竟,人民群众是社会物质财富和精神财富的创造者,是社会变革的决定性力量。杰出人物唯有坚决站在人民群众的立场,和人民群众打成一片,想人民之所想,急人民之所急,才能从根本上推动人类社会进步。而反动人物则在历史活动中违背了人民群众的根本利益,交出了相反的历史答卷。因此,教师必须坚持马克思主义群众史观,培养学生为人民服务的精神,与人民群众同呼吸共命运。

只有明确历史人物的评价标准,才能以辩证唯物主义和历史唯物主义为理论指导,做到客观公正地评价历史人物。

三、历史人物的评价原则

讲评近现代史人物必须坚持辩证唯物主义和历史唯物主义的马克思主义

---

① 樊丽明:《〈中国近现代史纲要〉教学中的历史人物评价》,载《辽宁教育行政学院学报》2010 年第 9 期。

② 黄雅丽:《〈中国近现代史纲要〉历史人物讲评的思考》,载《党史文苑》2013 年第 5 期。

整体原则，对其进行实事求是的评析，绝不能以个人的好恶或感情用事甚至盲目跟风。“既要把历史人物放到历史的‘发展过程’之中，又要全面客观地考察个人活动背后的社会历史条件和时代特点，发现事物的内在联系和历史规律性，才能了解历史人物活动的实质。”[①]具体说来，主要应该坚持如下原则：

(一)历史性原则

作为特定历史时代的产物，历史人物自然带有相当程度的时代烙痕。因此，“马克思主义理论的绝对要求，就是要把问题提到一定的历史范围之内”[②]。评价历史人物要从研究他生活的社会背景、思想潮流、风俗习惯等历史因素出发，发掘出对其产生影响的关键因素，把握其历史活动的实质，给予历史的客观的评价，切忌按当前的政治需求以当代人的眼光去臆断推测。只有立足于当时的社会历史环境，坚持用彼时彼地的眼光去看待和评价历史人物，才能确保历史人物评价的客观性，这是历史分析方法的一个重要层面。如陈赓曾在广东国民政府第二次东征时救过蒋介石，但他这一历史行为在延安整风运动时却受到康生的批评和不满。康生指出，当年陈赓如果不救蒋介石，就可以避免当前的诸多战端。众所周知，蒋介石在大革命前期与背叛国民革命后完全是两副不同的面孔，是不能比拟的，康生对于陈赓的错误指责，恰恰在于他背离了历史性原则。换言之，在评价历史人物时，我们“既不能把他们说成超越时代而完美无缺，也不能脱离时代背景而苛求于前人。重要的是看他在当时的历史条件下，给中国革命和中国人民贡献了什么，对中国社会历史的发展起了何种性质的作用”[③]。

(二)阶级性原则

阶级分析法是马克思主义的又一重要分析方法，也是我们科学评价历史人物必须坚持的一个重要原则。作为特定阶级的代表，历史人物的立场、观点、言论和行为等不可避免地被打上阶级的印痕。“只有深入到历史人物特定时期所代表的阶级、阶层和社会集团活动的阶级关系环境之中，对历史人物在其中的特殊性格和实际表现作出具体的阐明，才能够将历史人物的社会地位和作用真正还原到他所属的阶级和所属的时代，进而真正作出科学而具体的分析。”[④]“离开了阶级分析的方法，历史将成为混沌迷离而又无线索可寻的一笔糊涂账，就

---

① 黄雅丽：《〈中国近现代史纲要〉历史人物讲评的思考》，载《党史文苑》2013年第5期。

② 《列宁选集》第2卷，人民出版社1995年版，第375页。

③ 娜芹：《中国近现代史纲要教学中历史人物评价的几个问题》，载《内蒙古财经学院学报(综合版)》2010年第4期。

④ 肖前等：《马克思主义哲学原理》，中国人民大学出版社1994年版，第454页。

会重蹈不可知论的历史唯心主义的泥坑。”[①]如在评价李鸿章、曾国藩等历史人物时，可用阶级分析法引导学生透过他们的历史活动探寻其维护和巩固封建统治的本质，由此他们的自强求富运动最终偃旗息鼓也就不足为奇了。当然，在运用阶级分析方法时也不能一概而论，还应注意历史人物的复杂性和多样性，避免机械地套用唯成分论。对此，我们需要特别注意：一是个人的阶级身份在一定条件下是可以发生转变的。例如，乞丐出身的朱元璋在元末农民战争中建立起明王朝，实现了由农民阶级到地主阶级的转变。二是相同的阶级出身完全可以选择不同的政治道路。如宋霭龄、宋庆龄和宋美龄宋氏三姐妹，选择的政治道路不尽相同，但不能因为宋庆龄的妹夫蒋介石是反革命的而要将她打倒。

(三)辩证性原则

坚持辩证性原则，注重两点论与重点论的统一，是辩证唯物主义的核心观点，对待历史人物的评价尤应如此，不能非此即彼，简单划一。如，人们因长期强调陈独秀在国民革命中所犯的右倾错误，很少去讲他在建党前后的突出贡献。对此，毛泽东在1945年中国共产党“七大”预备会议上说：“关于陈独秀这个人，我们今天可以讲一讲，他是有过功劳的。他是五四运动时期的总司令，整个运动实际上是他领导的。他与周围的一群人，如李大钊同志等，是起了大作用的……我们是他们那一代人的学生。五四运动替中国共产党准备了干部。那个时候有《新青年》杂志，是陈独秀主编的，被这个杂志和五四运动警醒起来的人，后头有一部分进了共产党。这些人受陈独秀和他周围一群人的影响很大，可以说是由他们集合起来，这才成立了党……关于陈独秀，将来修党史的时候还是要讲到他。”[②]应该说，这个评价是比较辩证的。另外，在对一些重要历史人物评价时，要抓住大是大非，即把握他的主流和本质。毕竟金无足赤，人无完人，历史上的伟人也是如此。如军阀出身的张学良，尽管他在“九一八”事变后实施“不抵抗主义”，但他在中华民族生命绝续之际，同杨虎城一举发动西安事变，成为国共关系转变和民族团结抗战的枢纽，成为中华民族的“千古功臣”。另外，伴随近代中国民族危机的加剧和社会变革的急遽，历史人物在前后各个历史时期的表现轨迹也不一样，有先进步而后落后的，如康有为从领导维新变法的领袖人物堕落为顽固保守的保皇党人；也有先落后而后进步的，如杨度早年曾积极支持袁世凯复辟帝制，后来却成为信仰共产主义的革命志士。对此，

① 陈洁：《关于〈中国近现代史纲要〉教学中人物评价的若干思考》，载《华中师范大学学报(人文社会科学版)》2012年第1期。

② 《毛泽东文集》第3卷，人民出版社1996年版，第294页。

我们更应坚持两点论与重点论的统一，根据人物活动的不同性质，结合其所处的具体历史环境，分阶段、分方面地去评论他们的功过是非。

四、历史人物评价的教学方法

互动式教学法和专题式教学法，是笔者在课堂教学实践中认为行之有效的引入历史人物评价的教学组织方式。

（一）互动式教学法

由于大学生在中学阶段已经较为系统地掌握了中国近现代史上的人物事件，所以简单地采取填鸭式的教学模式自然难以调动他们的积极性，更难以发挥“纲要”课的思想政治教育功效。而要调动大学生的积极性，前提条件就是使他们参与到教学活动过程中来，引导他们通过诸如角色扮演、游戏等互动方式投入到历史人物生活的历史场景中去。以“纲要”课第二章“对国家出路的早期探索”为例，通过组织学生“再现”维新运动中维新派与守旧派论战的动态画卷，并对学生观点加以有效引导，以激励他们探索学习的热情，提高他们对历史事实以及历史人物的科学分析能力。这首先需要教师提前将要讨论的人物专题作好布置，给学生充分的准备时间。

（二）专题式教学法

中国近现代史内容丰富，资料繁杂，对所有历史人物的评价难以一一穷尽。另外，“纲要”课教学内容多与学时少的矛盾相对突出。专题式教学法是克服以上问题的有效模式。“如果以专题讲座式的方式，当一个历史人物的主要经历已经基本结束的时候，以回溯的方式，将其一生的主要活动以‘人物专题’的方式在课堂上讲授出来，并给予综合的评价，则会将这个人物整体的历史活动和地位呈献给学生，有助于学生的学习、掌握和理解，也有助于增强学生对历史人物的理性认识。”①以近代史上的重要人物“李鸿章”为例，他一生经历了太平天国运动、洋务运动、中法战争、中日甲午战争、戊戌变法、义和团运动等众多重大历史事件，并扮演着举足轻重的角色。对于这样一个重要人物，显然不应只是在各章节中进行简单分散的介绍，采用专题式讲授无疑可以更加全面而有效地作出评价。

总之，评价历史人物是“纲要”课教学的一个较为复杂而又相当严肃的问

---

① 曲洪波：《论中国近现代史纲要课教学中历史人物的评价问题》，载《大庆师范学院学报》2009 年第 2 期。

题。但只要教师在教学的过程中坚持用马克思主义的基本立场、基本观点和基本方法去分析问题和解决问题，注意引导学生明确历史人物评价的指导标准和具体原则，那么学生对历史人物的功过是非就会说得在行，评得有理，进而培养起正确的人生观、世界观和价值观。

思政课的实践教学专题研究

两个挂靠，四个结合：高校思想政治理论课教学改革新探索

孙武安[*]　吴文新

近年来，为了加强大学生思想政治理论教育工作，中宣部、教育部等部门陆续出台文件，推出相关举措，包括实施"马克思主义理论研究与建设工程"、把马克思主义理论作为一级学科、加强教师队伍建设、增加投入、开展精品教材及精品课程建设等。同时，各地各高校也在不断探索，对思想政治理论课的教学方法进行改革。这些对于调动和提高学生的学习兴趣、增强教学效果都起到了一定的积极作用。但是，高校思想政治理论课教学所面临的困难与问题依然突出，主要表现为学生的轻视、抵触和厌学。我们坚信，解决问题的办法唯有持续不断地改革和创新。一方面，广大教师要继续对思想政治理论课教学内容、教学方式及考核办法进行改革；另一方面，也需要学校有关部门，乃至教育部进一步采取有效措施，为思想政治理论课教学营造良好的教育教学氛围。

一、思想政治理论课教学与入党积极分子培训和发展党员相结合

把思想政治理论课教学与入党积极分子培训和发展党员结合起来，既可以丰富和拓展"党课"教育的内容，又可以引导学生转变对思想政治理论课的学习态度。结合的关键在于，高校党组织须把学生思想政治理论课的学习成绩作为发展党员的重要参考。

之所以提出把思想政治理论课教学与入党积极分子培训和发展党员结合

* 孙武安，温州大学马克思主义学院院长，曾任山东大学（威海）马克思主义教学部主任，主攻方向为中国特色社会主义理论和思想政治教育。

起来,其直接原因在于,当前各高校要求入党的大学生人数众多,参加入党积极分子培训班的热情和积极性非常高。据有关资料显示,高校新生一入学便争先恐后地向党组织递交入党申请书,有的学校高达90%以上。其中,经考察被确定为入党积极分子并参加党校培训的差不多占要求入党学生的1/3以上。党课培训由学校或学院党校统一安排,每学年至少举办2次以上。培训时间一般都安排在周末,由于入党竞争激烈,培训班的到课率很高,而且学生听课、讨论、学习的态度也非常认真。通过考察,最终为党组织吸收的积极分子占在校生总数的15%～20%。据教育部2009年的一份调查显示,教育部直属高校在校大学生党员占在校生总数的比例从1990年的1.2%提高到了2008年的11%,19年增加了近10个百分点。2009年,全国高校在大学生中发展党员118万人,占全国党员发展总数的38.5%。[①] 这是党中央高度重视在青年学生中培养和发展党员的必然结果。总之,当代大学生要求加入中国共产党组织的热情是很高的。也许他们的动机还不是那么纯洁,或多或少地与就业压力有着某种联系,但无论如何,这种热情和积极性应予肯定、珍惜和爱护,毕竟他们还是青年,人生观、世界观和价值观仍处在形成期。我们不应苛求他们的入党动机,应抓住时机,对青年学生进行系统的、以马克思主义理论为主题的思想政治教育。

把思想政治理论课教学与入党积极分子培训和发展党员结合起来的根本原因在于,二者在教育目的和内容上是基本一致的。培养德、智、体、美全面发展的中国特色社会主义合格建设者和可靠接班人,是我国高校的根本任务,因而也是我国高校思想政治理论教育和党的建设的根本任务。高校思想政治理论课教学的基本内容包括"马克思主义基本原理概论""毛泽东思想和中国特色社会主义理论体系概论""中国近现代史纲要""思想道德修养与法律基础""形势与政策"等,其目的是对大学生进行系统的马克思主义基本理论教育、中国近现代历史教育、思想道德法律教育,引导大学生树立正确的世界观、人生观、价值观、道德观和法律观,从而成为德、智、体、美全面发展的有理想、有道德、有文化、有纪律的社会主义合格建设者和可靠接班人。党课培训的时间短而集中,其基本内容是对入党积极分子进行党的基本知识、基本理论、基本路线的教育,帮助他们了解党的性质、纲领、宗旨、指导思想、基本路线、组织原则以及党的纪律、党员的义务和权利等,以端正入党动机,在思想上入党,从而坚定共产主义理想和信念,为中国特色社会主义和共产主义的伟大事业奋斗终生。

对比之下,思想政治理论课教育的内容更宽泛,更具基础性,党课培训的内

① 参见《新使命 新任务 新课题——写在第十九次全国高等学校党的建设工作会议闭幕之际》,载2010年12月16日《中国教育报》。

容更集中，更具体，要求更高。但是，二者密切相关，内在统一。前者是基础和条件，后者是延伸和升华，没有前者作为基础，就没有后者的升华。从某种意义说，思想政治理论课也是党课的重要组成部分。学习并掌握思想政治理论课的基本内容，与党课一样，是共产党员的基本功。可以认为，一个不认真学习思想政治理论课的大学生，很难认真学习党课；一个抵触甚至反对思想政治理论教育的大学生，是不可能在思想上真正入党的。

思想政治理论课与党课在教学内容、教学目的上基本一致，但学生的学习态度却大不相同。其中固然有教学管理、教学水平、教学对象等因素的影响，但不难看出，其根本原因在于上党课及入党具有显而易见的"实用性"，即有利于就业和未来发展。这里不必对学生的入党动机作更多的讨论和指责，需要强调的是，认真对待并学好思想政治理论课，理应成为入党积极分子和共产党员的起码要求。我们确信，把二者结合起来，有利于丰富和夯实入党积极分子的理论知识和政治素养，也使党组织对入党积极分子的培养和考察更具体、更全面，更有说服力。

就调动和提高大学生学习思想政治理论课的热情而言，其意义也不可低估。大学生有强烈的入党要求，而学好思想政治理论课又是入党的一个必要条件，那么，要求入党的大学生必将首先从思想上转变态度，由逆反和抵触转向积极和顺应。学生是受教育的主体，一旦学生的学习态度积极主动，思想政治理论课的教学效果必将产生良性变化。

显然，此项改革措施首先需要得到各高校党委组织部门的充分理解和支持，在考察、培养及发展学生党员的要求和程序中增加关于思想政治理论课学习成绩的具体要求，各院（系）党组织也应对入党积极分子学习思想政治理论课的成绩提出相应要求。同时，承担高校思想政治理论课的教学单位也要采取相应措施，加强教学管理及考核，严肃对待学生成绩的评定。

二、教师讲授与组织学生登台演讲及交流互动相结合

把教师讲授与组织学生登台演讲及交流互动结合起来，既可以引导学生在独立选题的基础上自编自演，锻炼和提高学生的学习、分析和表达能力，又可以丰富教学内容，调动学生学习的积极性和主动性。结合的关键在于，指导学生分组选题并安排好登台演讲的时间。

长期以来，中国教育，无论基础教育还是高等教育，都不同程度地存在一个严重问题，即课堂教学中的单向灌输。教师"满堂灌"，学生被动听，教学过程几

乎没有互动与交流。其弊端绝不仅仅是课堂气氛的问题，实际上已经直接影响到学生创新思维的培养。习惯于“听教”的学生即便有疑问，也不愿意提出和交流，他们更关心的是期末考试，只要高分“过关”就很满足了。这一现象不仅表现在思想政治理论课中，在专业理论课中也基本如此。如何引导学生主动学习、积极交流，在互动中释疑解惑，是高等教育也是中国教育改革所面临的一个重大课题。

就山东大学(威海)近几年的探索来看，高校思想政治理论课教师除了在讲授中增加提问交流以外，还可以全面组织学生登台演讲。具体做法是：每门课程每周可安排 1 个课时(50 分钟)，由学生登台演讲。任课教师须于每学期第一周要求学生 3～5 人为一组，分为若干学习小组；课下围绕思想政治理论教育自行选题，独立备课(结合 PPT)；而后小组登台，每组限时 8～10 分钟；演讲结束后，点评互动。教师或班干部随时将演讲及互动发言的同学记录于《教学周志》，作为学生平时成绩的考察依据。

此项改革打破了教师“一言堂”的沉寂局面，促使学生课前读书、选题、取材、交流、讨论、制作 PPT，从而学会学习；课上登台讲演，并积极参与互动，从而提高表达交流能力。其意义还在于，同学们丰富多样的选题极大地拓展了教学内容，紧张、有序、生动的演讲活跃了课堂气氛，即便有些腼腆、生涩、稚嫩，但这个过程有利于训练和提高学生分析问题、解决问题的能力。有些教师抱怨，教学时间本来就很有限，这样一来，教学任务更难完成。毋庸讳言，每周给学生 1 个课时，势必影响教师的授课任务。但是，与其教师“满堂灌”、学生听不进，倒不如把一部分时间交给学生，让其得到锻炼和提高。对教材和教学任务，教师可以采取专题的形式精讲重点、难点和热点，也可以指导学生选择教材中的有关内容登台演讲，还可以引导学生快速浏览部分章节的要点和难点，以完成教学任务。

实际上，思想政治理论课的教学内容大多难度不大，学生往往可以通过自学完成和应试，更何况思想政治理论课的教学目的不在于帮助学生应试，而在于潜移默化地引导学生树立正确的世界观、人生观和价值观，成为有理想、有道德、有纪律、有文化的社会主义合格建设者和接班人。

三、课堂教学与定期组织社会考察、举办相关竞赛活动相结合

把课堂教学与定期组织社会考察、举办相关竞赛活动结合起来，既可以极大地丰富思想政治理论课的教学内容和形式、调动学生的学习兴趣，又可以培

养和提高学生的社会认知能力和思想政治素质。结合的关键在于，落实经费，妥善安排并组织各教学班的考察和竞赛时间。

近年来，各高校已普遍认识到在思想政治理论课教学中组织学生开展社会考察（实践）的积极意义，但实事求是地讲，在思想政治理论课教学中有计划地全面启动社会考察活动绝非易事。不仅存在经费方面的问题，还存在实践基地、交通、安全及组织等方面的具体困难。因此，组织学生开展社会考察在许多高校还是纸上谈兵，难以落实。即便有开展，也大多是零敲碎打，偶尔为之，对思想政治理论课教学的影响很有限。

就我们的探索来看，在思想政治理论课教学中全面并持续组织学生进行社会考察需要着重解决以下问题：(1)学校每年须按上课学生人均不低于 15 元的标准及时划拨考察经费；(2)思想政治理论课教学部门须主动联系并就近建立若干思想政治教育实践基地，包括博物馆、纪念馆、监狱、企业、农村及红色旅游景点等；(3)每学期每门课程组织一次社会考察，为确保全体同学参加，使社会考察取得更好的效果，各教学班的人数一般应控制在 100 人以内；(4)考察活动一般应安排在期中周一至周五的教学时间进行，避免占用学生和教师的休息时间；(5)交通车辆应由办公室或教务员统一联系和调配；(6)学生撰写考察报告，教师评阅并按规定记入平时成绩。

为了进一步调动大学生的学习积极性，思想政治教育教学部门可发挥面向全校各院系学生的优势，与校团委、教务处等单位联合起来，定期举办全校性的红色历史文化知识竞赛、大学生思想政治风采大赛（演讲）、红色之歌演唱会等生动活泼的大型赛事。为保证活动的连续性，每学年可组织开课的学生各组织一届，参赛选手由任课教师（同时作为指导教师）自各教学班选拔产生，决赛最好每个学院都有代表队，奖品及荣誉证书由学校有关领导现场颁发，组织有关教学班的学生到场助威。比赛最好在期中进行，任课教师根据有关规定将学生的表现记入平时成绩。

当代大学生兴趣爱好广泛，热衷于表演、展示等集体性活动，形式多样的竞赛活动能够满足他们张扬个性、展示自我的愿望和需求，既可以使枯燥乏味的理论知识在生动活泼的竞赛活动中得到学习和吸收，又可以使学生的思想政治素养在潜移默化中得到熏陶和提升。

四、大学生红色社团与高校思想政治理论课教学部门挂靠

把大学生红色社团与高校思想政治理论课教学部门挂靠起来，既可以加强

对大学生红色社团的管理和指导，又有利于培养学生骨干、扩大马克思主义理论和思想政治教育的影响。挂靠的关键在于，支持红色社团打造品牌活动，使其成为大学校园引人瞩目、受人欢迎、令人羡慕的学生社团。

当代大学生思想开放、兴趣广泛、偏爱交往，热衷于组织和开展各类社团活动。据了解，近年来大学生社团日益呈现出多样化的发展趋势，涉及科技理论、文化艺术、政治历史、体育健身、实践创新、社会公益等不同类别。高校学生社团本着自我教育、自我管理的组织原则，以其灵活多样、丰富多彩、充满激情的各种活动吸引着广大学生。据共青团中央和中国青少年研究中心的调查显示，80%以上的大学生参加过校内社团、跨校社团或网络社团，平均每人参加社团1.5个以上。一般高校都拥有50～100个学生社团，有的高校高达200多个大学生社团。每个社团以50～100人计，参加社团的学生差不多占在校生总数的1/2以上。

大学生红色社团，通常都是以马克思主义为指导、以当代中国和世界经济社会发展等重大社会现实问题为关注点的思想政治理论类社团。这类社团虽然数量有限，名称不一，但各高校或多或少都有一些。如马克思主义研究会、中国特色社会主义研究会、社会主义新农村建设研究会等等。与其他学生社团一样，红色社团在凝聚青年学生、延伸求知领域、丰富校园生活、繁荣校园文化、锻炼提高动手能力和就业创新能力等方面，也发挥着积极作用。此外，红色社团在学习和传播马克思主义理论，对大学生进行爱党、爱国、爱社会主义的思想政治教育方面有其特殊的地位和优势。

一般来说，由大学生自愿自发组织的这类跨院系、跨专业的学生群众社团组织隶属于各高校团委。但是，随着学生社团组织的迅猛发展，其专业性、广泛性、实践性等特点日益突出，指导和管理的难度也不断加大。实际上，透过现象我们不难发现高校学生社团的建设和发展也存在着诸多困难和问题，如组织管理不规范、特色品牌活动不明显、活动经费入不敷出等。

高校学生社团摆脱困境的主要出路，恐怕还需要学校有关部门和教师加强指导和管理，增加经费投入，并积极扶持其打造特色品牌活动。鉴于高校团委在人力、物力及专业等方面的局限性，有选择地将部分学生社团挂靠在学校相关学院或部门，有利于帮助学生社团克服困难、健康发展，也有利于实现教书育人、管理育人的目的。在这方面，将大学生红色社团挂靠在思想政治理论课教学部门显得尤具意义。就红色社团的建设而言，它们搞活动、办刊物、建网站、组织红色之旅、开展社会实践等，几乎所有活动都应有专业教师的深度指导，当然它们也需要在活动经费等方面获得更多支持；就思想政治理论教育教学部门而言，其工作职责决定了它需要也乐见学生主动学习、主动参与的热情和积极性，其学科优势和条件可为红色社团开展活动提供高质量的指导和帮助，其社会考察经费也可以适当用于支持红色社团开展红色之旅等活动。此外，每年一届、定期举办的全校性红色历史文化知识竞赛、大学生思想政治风采大赛（演讲）、红色之歌演唱会等大型赛事，可以分别交由大学生红色社团具体承办。举办这些赛事对学生个人是能力和素质的锻炼和提高，对社团组织则可以扩大影响，逐步形成自己的特色与品牌。

可以预见，有了思想政治理论课教学单位的大力支持，大学生红色社团的各类活动很容易有声有色地开展起来，而思想政治理论教育教学工作也必将通过大学生红色社团获得一个新的充满活力的重要平台。

五、学生平时表现与期末考试相结合

把学生平时表现与期末考试结合起来，既坚持了对马克思主义基本理论知识的考察，又遵循了思想政治理论教育潜移默化的基本规律，强化了过程管理，从而有利于引导学生逐步确立正确的世界观、人生观和价值观。结合的关键在于，以《教学周志》为载体全面记录学生的平时表现。

在人才培养中，应试教育的弊端已为人们所洞悉，但是不能因此全面否定考试在人才培养和评价中的积极意义。有些学校鉴于学生对思想政治理论课的抵触情绪，完全取消了闭卷考试，改为开卷考试或简单的平时考查。结果，所谓的开卷考试或平时考查往往被学生以简单的下载和照抄、被教师以简单的评阅和给分所应付，不仅不能调动学生的学习兴趣，反而进一步强化了学生对思想政治理论课的忽视与不屑。在近几年的教学改革中，我们虽然遵循淡化期末考试、强化过程教育的基本思路，逐步降低了期末考试成绩的比重（由 2002 年的 80％到 2010 年的 50％）、提高了平时成绩的比重（由 2002 年的 20％到 2010 年的 50％），但是，对期末考试的闭卷、题量、题型、难度及评阅等要求始终没有放松。我们认为，闭卷考试对于引导学生理解和掌握中国近现代史、马克思主义基本理论及其中国化理论成果的基础知识具有不可替代的作用。如果学生轻视教学过程，平时考查徒有其名，期末考试又可以照抄照搬，那么，开设思想政治理论课就没有多少意义了。

鉴于思想政治理论教育具有潜移默化的特点和规律，淡化期末考试、注重教育过程，加大平时成绩的比重，引导学生积极参与学习过程、重视养成教育是必然而正确的选择。但关键和难点在于，如何把教学过程做得扎实有效，不流于形式。我们的经验是：一方面，要通过改革使教学过程尽可能形式多样，包括组织学生登台演讲，增加课堂互动，开展社会考察，撰写考察报告，组织知识竞赛、思想政治风采大赛、红色之歌演唱会等活动，为考查学生平时表现尽可能提供丰富的内容；另一方面，要细化并制定考核学生平时成绩的具体内容和办法，并通过《教学周志》（每班一册）随堂记录同学们参与教学活动的基本情况，为期末全面准确考核学生的平时成绩提供可靠依据。我们把学生平时成绩分解为登台演讲，课堂互动，社会考察及报告，读书笔记，出勤率及参加红色理论知识竞赛、思想政治风采大赛、红色之歌演唱会等多个项目，每项加分各不相同，但满分为 100 分。实践表明，学生平时成绩的比重只有在教学形式丰富完善并全面准确考核的条件下逐步提高，才能真正引起广大学生对教学过程的高度重视，才能对学生养成良好的思想政治理论素质产生应有的促进作用。

六、全国硕士研究生思想政治理论入学考试与大学生思想政治理论课的学习成绩挂靠

把全国硕士研究生思想政治理论入学考试与大学生思想政治理论课的学习成绩挂靠起来，既可以引导大学生在校期间高度重视思想政治理论课的学习，又可以减轻考研学生的学习压力，以集中精力研读专业课程。挂靠的关键在于，教育部出台相关政策，改革硕士研究生招生思想政治理论课的考试办法。

受严峻的就业压力影响，多年以来全国硕士研究生招生考试持续升温。据悉，2011 年全国硕士研究生报考人数达 151 万人，比 2010 年的 140 万人，增长了 11 万人，创 2001 年以来的最高纪录。[①] 毫无疑问，在考研大军中应届毕业生始终是“主力军”。在许多高校，应届毕业生报考研究生的比例高达 50%左右。我们知道，硕士研究生招生考试包括思想政治理论课这一科目。教育部坚持这一科目的考试要求，对于高校在本科教育阶段开设思想政治理论课无疑具有非常重要的导向意义。无须讳言，不少在校大学生恐怕正是出于报考硕士研究生的需要，才比较认真地对待思想政治理论课。为了在研究生招生考试中获得好成绩，许多考生不惜牺牲休假时间、投入“重金”购买有关资料，甚至外出到北京等中心城市参加所谓权威的专业考研辅导班和冲刺班。

如前所述，思想政治理论课的教学目的不在于引导学生突击背诵、应对考试，而在于通过潜移默化的教学过程培养学生有理想、有道德、有纪律。但是，当前思想政治理论课教学所面临的形势是：一方面，大批学生为了考研而投入

① 参见姜海：《大力加强大学生思想政治教育重要阵地——社团建设》，载《工会博览》2010 年第 4 期。

大量精力精心准备包括思想政治理论课在内的考试科目;另一方面,在校大学生却在很大程度上抵触思想政治理论课教学。这看来是个矛盾,却给我们解决问题提供了思路。办法是,教育部自上而下对硕士研究生思想政治理论课的入学考试进行改革,把在校大学生思想政治理论课的学习成绩与全国硕士研究生思想政治理论课的入学考试和要求挂靠起来。可以设想以下方案:(1)以适当的比例把考生在校期间思想政治理论课的学习成绩计入硕士研究生思想政治理论的入学考试成绩;(2)对考生在校思想政治理论课的学习成绩提出最低要求;(3)把考生在校期间思想政治理论课的学习成绩直接转换为硕士研究生思想政治理论课的入学成绩。

很显然,此项改革不仅对于扭转和引导在校大学生高度重视思想政治理论课的学习态度,具有重大意义和影响,而且对于注重教学过程、提高学生的思想政治理论素质也具有重要的意义和影响。此外,还可以适当化解和减轻考研学生的学习压力,有利于其集中精力研读专业课程。

总而言之,加强大学生思想政治教育是一项系统的长期的工作,扭转和调动当代大学生对于思想政治理论课的学习兴趣,摆脱高校思想政治理论课的教学困境,提高教学效果,切实发挥思想政治教育的主渠道作用,需要高校思想政治理论课教学部门同心协力、不断探索和改革教学内容和教学方法。同时也需要教育部、学校党委、团委及各有关单位和部门采取相应措施,形成合力,共同营造良好的思想政治理论教育的教学环境。

(原载《思想理论教育导刊》2012 年第 3 期)

高校思想政治理论课实践教学的特质及路径探讨[*]

吴文新

我国高校"05 方案"的思想政治理论课,体现了大学生思想品德修养和法律素质的针对性、现实性,体现了马克思主义基本原理的完整性和系统性以及马克思主义中国化的历史进程及与时俱进的理论品质。在理论知识上更为系统全面,逻辑体系更为严密;从方法论上也更为深刻适用,并针对大学生人生和社会发展的实际情况,现实生活中的一些争议性问题在正文中有所涉及,并设置了相应的讨论思考题,其教育效果更有针对性和实效性。根据中央宣传部和教育部关于这次课改的文件,规定思想政治理论课程"立足于对大学生进行系统的马克思列宁主义、毛泽东思想、邓小平理论和'三个代表'重要思想教育,进一步推动邓小平理论和'三个代表'重要思想进教材、进课堂、进大学生头脑工作,帮助学生掌握中国特色社会主义理论的科学体系和基本观点,指导学生运用马克思主义世界观和方法论去认识和分析问题。开展马克思主义人生观、价值观、道德观和法制观的教育,引导学生树立高尚的理想情操和养成良好的道德品质,树立体现中华民族优秀传统和时代精神的价值标准和行为规范"[①]。据此,在这些课程的整个教学过程中强化实践教学环节,让学生在内心深处确认马克思主义基本原理及其中国化成果的真理性、马克思主义基本方法论的适用性和有效性,坚信马克思主义实践的价值取向既符合人类历史的客观规律,又符合人类绝大多数和中国人民的根本利益和愿望,从而在内心深处确立马克思主义的信仰和中国特色社会主义信念,这是非常重要的。

---

* 本文为山东大学(威海)教研课题"马克思主义理论课实践教学改革的探索与研究"的阶段性成果。

① 《中共中央宣传部、教育部关于进一步加强和改进高等学校思想政治理论课的意见》,教社政[2005]5 号。

一、真理性基础上凸显价值性：思想政治理论课的实践教学区别于理论教学的特殊功能

思想政治理论课的理论教学毫无疑问是为了让学生明白道理，从历史和逻辑的必然性上理解（中国化）马克思主义理论内容的客观性，在科学真理的意义上确认并接受（中国化）马克思主义理论。这是确立马克思主义信仰的认知前提。因此，理论教学要通过各种形式，比如老师逻辑严密的理论讲授、案例分析、不同观点的交锋等方式，让学生通过理论思维来理解和认同马克思主义理论的内在逻辑。显然，思想政治理论课的理论教学的基本功能就是使学生在逻辑思维的层面确认马克思主义理论的真理性。马克思主义的真理性主要体现在它科学的世界观和方法论上，科学的世界观使学生能够正确地理解人类世界和中国社会，从而正确地面对世界；科学的方法论使学生能够成功地从事改造世界的实践活动，对学生来说就是能够正确地分析和解决问题。显然，科学的世界观和方法论是我们认识世界和改造世界的强大武器，具有很强的工具性，属于工具理性或科学理性的范畴。

但是，马克思主义最深层和本质的东西恐怕还不是它的科学性、工具性，而是它的人文性（或人民性）、价值性（或目的性）。也就是说，马克思主义揭示了人类社会发展的基本规律和基本趋势，展示了人类未来美好的生活前景，是一种具有鲜明价值取向的思想体系。认识世界和改造世界，这没有错，问题在于，为什么要认识世界？为什么要改造世界？怎样改造世界才能达到这样的目的？这就是价值理性及其认同的问题了。

显然，与理论教学不同，思想政治理论课的实践教学则要在一定的理论认知基础上，让学生把这些理性的东西在感性上得以对应和验证，并使理论的适用性得以彰显；更重要的是，设法使学生在实践价值层面上确认马克思主义的适用性和有效性。也就是说，实践教学要在价值和信仰层面上做文章，就是要使学生初步确立马克思主义的信仰。因此，学生要在实践教学过程中，将学过的理论和方法运用来面对现实的社会历史问题，学会面对它、分析它、理解它、处理它、改造它，使之朝着有利于人类社会发展、中国历史进步和中国人民的自由全面发展的方向运动。这里不仅蕴含着智能和技巧，更蕴含着价值认同和信仰践行的力量。鉴于学校实践条件的局限性，我们不能奢望学生在学校课程设置的有限时空中获得高层次的价值体验，但是我们可以提供一些机会，让学生们主动面对、亲自参与、独立思考、动手尝试、自我评价、初步体验、感性认同，从

而奠定一个信仰得以确立的初步的感性经验和情感基础。

马克思主义教育的目的最终要落实到受教育者为人民服务、推动历史进步等言行一致的政治操守和人格修养之中，学生有限的课堂学习当然不可能在完备的意义上达到这样的结果，但是要奠定一个坚实的认知和价值体验的基础，则是完全可以做到的。因此，相对而言，理论教学的效果要在实践教学中得以体现，实践教学反过来要提高理论教学的效果，实践教学的价值性要凸显出来，才能实现这一目的。当然，这并不排除实践教学中理论思维能力和某些操作性技巧技能的培养和提高。从某种意义上说，学生也只有在理论思维和技能技巧的训练过程中才能达到价值的认同和情感的体验。在这里，工具性知识和技能是服从于价值性认同和体验的。

二、鲜明政治立场上的情感体验和价值认同：思想政治理论课实践教学的特殊性

《中宣部、中央文明办、教育部、共青团中央关于进一步加强和改进大学生社会实践的意见》中，对大学生的社会实践形式作了系统的梳理，这里简单罗列如下：以教学实践、专业实习为主要内容的实践教学；军政训练、社会调查、生产劳动和社会服务、科技发明、勤工助学、“红色之旅”学习参观，以及“三下乡”和“四进社区”活动。[①] 显然，这里的“实践教学”指的是以学生亲自从事教学实践和参与专业实习为主要内容，这应该说是实践教学的核心和主干成分，但与本文所说思想政治理论课的“实践教学”概念有所区别。后者是指学生们主动参与整个教学过程及将所学理论应用于自己的思想、生活实际，并进行思考、分析、研究和处理以获得正确认识、确立理想信念的实践过程。应该说，不同的社会实践形式与不同性质、不同内容的课程相对应。由于我们所研究的思想政治理论课属于大学生的公共必修的思想政治教育课程，因而就不存在相应的“专业实习”环节，而让学生亲自从事思想政治理论课的教学实践，鉴于学生的专业限制和实际能力，也几乎是不可能的。

因此，基于上述思想政治理论课之工具性（科学性）和价值性（人民性）的辩证关系，笔者认为，思想政治理论课教学过程中的实践教学环节，具有区别于其他课程实践教学的特殊性。即，在工具性层面，使学生确认（中国化）马克思主义理论的科学真理性，通过适当的实践活动形式使学生学会站在鲜明的人民群

① 参见《中宣部、中央文明办、教育部、共青团中央关于进一步加强和改进大学生社会实践的意见》，中青联发[2005]3号。

众的立场上，运用所学的基本原理、基本观点、基本方法来分析和解决相关的社会、人生的实际问题；在价值性层面，使学生获得马克思主义理论的人文性、价值性和理想性的切身体验，通过适当的实践活动形式使学生获得对人民群众创造历史之事实的认同、对人民群众伟大力量的感叹和赞同及对他们的深厚感情，确立对人类未来美好社会的向往和追求，确立符合人类社会发展规律及人类利益和愿望的理想和信念。由于马克思主义理论本身的科学性和人民性具有内在相互渗透的关系，这两方面的目的可以通过同一的实践活动过程来实现。也就是说，学生们运用马克思主义基本立场、观点和方法分析解决社会与人生实际问题的过程，也就是他们获得符合人类利益和愿望的人文价值体验的过程。这一点正是思想政治理论课实践教学与其他专业课实践教学的本质区别所在。相对而言，获得符合人类根本利益和愿望的人文价值体验对掌握马克思主义理论具有根本的意义。因为对于其他专业课程来说，掌握其基本知识、基本操作技能，作为学生的工具性智能素质可能更为重要。而对于思想政治理论课程来说，没有正确的人文价值立场和深切的情感价值体验，就不可能将马克思主义基本观点和方法运用于分析解决自己人生及各种社会现象和实际问题的实践之中去，即使勉强运用，也不大可能得出正确的结论。换句话说，由于马克思主义理论教育作为大学生整个思想政治教育体系的重要和基础的内容，它“实质上是一种认同教育和信仰教育”[①]。因此，作为“马克思主义基本原理概论”课程的实践教学环节，其形式和内容也必须围绕价值认同、情感体验和确立并坚定信仰为旨归。

三、主体价值认同：体现思想政治理论课实践教学特质的几个原则

实践教学的形式和方法多种多样，不拘一格。但鉴于思想政治理论课的特殊规定性，不管采取什么样的实践教学形式，大致遵循以下几项实践原则。

（一）学生主体原则

在思想政治课教学中，人们目前更加强调“双主体”互动模式的针对性和有效性。在这种模式中，教师作为教学过程的设计者、规划者及指导学习和引导实践的主体，起主导作用；学生作为学习、实践、体验和思想政治状况改善的主体，虽然在整个教学过程中居于被主导的地位，但对实践教学环节而言，则毋庸

① 丘有光：《思想政治教育实质上是一种信仰教育》，载《文史博览（理论）》2007年第6期。

置疑处于强势主体地位，以实现思想政治教育的确定价值导向的“灌输”本质。[①] 如果说，在整个教学过程中，教师的主体地位和主导作用是矛盾的主要方面，那么在实践教学环节，学生的主体地位和主动性、积极性、创造性则成为矛盾的主要方面。整个思想政治教育过程就是“教育者和受教育者两个主体相互依存、相互制约的互动过程”[②]。据此，促使学生积极参与实践教学全过程，从实践主题、实施计划、过程管理、结果整理、检验、评价等环节的设计，都由学生们自己来实施，并从中得到实际锻炼和提高。学生们也只有在这样的实践过程中才能切实地运用知识、培养技能、获得情感体验和价值认同等。因此，学生主体原则是思想政治理论课实践教学的首要原则。

(二)学以致用原则

学习马克思主义基本理论，不仅要使学生把所学的知识从道理上弄清楚，从逻辑上想明白，以便从理性上确认其真理性和逻辑的力量，最根本的还是要使学生与自己所生活的社会实际与所经历的人生实际结合起来，学会运用这些具有科学性、真理性的知识来分析解决实际问题。因此，思想政治理论课的实践教学环节应注意学生理性思维能力的培养，特别是有意识地培养分析问题和解决问题的自觉性和能力。如果说理论教学侧重于理论逻辑的分析、推演，展示马克思主义理论的逻辑严谨性，那么实践教学就应该凸显其分析和解决实际问题的实践致用性、针对性、适用性、有效性。如果没有这一环节，马克思主义理论的逻辑严谨性与实践致用性相脱节，那就不能达到思想政治理论课教学教育的目的，如前所述，只有在应用中，才能实现学生的情感体验、价值认同乃至信仰的确立和巩固。

(三)合作学习原则

使学生学会在与他人的合作中完成学习和实践任务。根据马克思主义基本原理，“人的本质……在其现实性上，它是一切社会关系的总和”[③]。大学生作为社会化接近成熟的人，在校园里塑造和体现其本质属性的社会关系主要是师生关系和同学关系，其中同学关系更为持久、影响更大，各种作用也更为隐蔽，因而也更具有决定性。因此，在实践教学中以同学关系为主体，使学生在与同学的协同合作中，共同完成一定的实践活动，这不仅有助于培养学生的团队合作精神，而且有助于在不同学生的知识交流、情感融合、思想碰撞中形成他们的独立思考精神、能力和习惯。对于价值认同和情感体验而言，团队的共同活动

---

① 参见刘书林、陈立思:《青年思想政治教育学原理》，中国青年出版社 1998 年版，第 21 页。

② 陈秉公:《思想政治教育学原理》，高等教育出版社 2006 年版，第 97～98 页。

③ 《马克思恩格斯选集》第 1 卷，人民出版社 1995 年版，第 60 页。

及其中的经验共通、情感共鸣和思想共识都是非常有益的。因此,合作学习是实现大学生思想政治理论课实践教学基本目的的根本途径。

(四)教师主导原则

在实践教学过程中,教师似乎成为一个监督者、管理者或者考核者,把自己从理论教学的逻辑讲授中解脱出来,仅仅站在实践教学过程的旁边,激励学生主动学习,指导学生合理规划,启发学生积极思考,疏导学生走出困境,引导学生有效行动,督促学生坚持到底,检查学生取得实效,评价学生成长进程。在此过程中传道、授业、解惑,授之以渔,导之以理,督之以行,促其进步。

(五)激励评价原则

整体而言,学生一门思想政治理论课程的总成绩是理论掌握程度和实际动手效果的综合,是平时学习状况和期末考试结果的总和,是理论教学和实践教学效果的有机统一。而实践教学效果的评价是一个情、意、信、行相统一的综合评价,这从学生的实践过程的各个环节特别是其实践成果中就能够体现出来。比如对于一篇调查报告,其主题选择体现学生的立意,反映其基本立场,调查的方法、计划的设计体现其基本的研究素养,调查的具体实施过程体现其思考和研究的意志及其行动的毅力和韧性,对调查结果的思考分析及其所用的理论方法体现其对所学知识的信念和理解,所得出的结论体现其认识的可靠性、价值倾向性和行动的有效性。教师在掌握这些信息之后,对学生从事实践过程的方方面面便有了一个完整而具体的影响,如果能够落实因材施教的育人原则,那么对学生实践教学成果的评价也就是对学生思想政治素质的评价,正面、激励、强化行为动机的考评就是非常重要的。显然,激励评价也是一个正面的价值激发和鼓励原则,具有正向价值的实践成效得到奖励和弘扬。

思想政治理论课的实践教学并不局限于这五项原则,这里所列出来的只是笔者以为对体现思想政治理论课实践教学之特质直接相关的因而也最为重要的几条。但是,主要的不是提出合理的原则,而是将原则落实到实践教学的实际过程中。

四、思维性实践和操作性实践:思想政治理论课实践教学的基本路径

如前所述,思想政治理论课的实践教学既有工具性的训练内容,更有价值性的体验和认同的内容。为此,我们根据上述基本原则,设想以下两个方面的实践教学思路,可以简称为“思维性实践”和“操作性实践”,前者偏重于学生理

论思维和研究能力的培养,后者着眼于学生技能和价值层面动手操作和实践素质的培养。

第一,针对知识性、工具性的训练内容,可以通过理论性和思辨性较强的讨论、辩论、演讲、对话的形式来开展实践教学。这些教学形式既可以是灵活多样、体现学生主体性的理论教学环节的具体形式,同时也是学生积极参与,动手、动脑、动口从而深刻理解理论知识,学会理论思考、抽象思维,学会研究,学会整理资料,学会口头表达的有效途径,显然这对培养学生的理论思维能力、辨别分析能力、语言表达能力都有显著的作用。思想政治理论课属于典型的理论课程,其理论性、逻辑性、思辨性都很强,大学生的智能素质目标也客观上要求他们具备相当的理论思维能力、辨别分析能力、语言表达能力,与此相关的提升形式就是学生们的研究论文,学生将自己在讨论、辩论、演讲、对话中的思考和研究以严谨的逻辑和顺畅的文字整理成论文,这既是学生参与实践教学的成果形式之一,也是研究性学习、进行初步的研究训练、培养和获得理论研究能力的重要途径。因此,通过课堂教学形式的改革,使实践教学环节在课堂教学中得以体现,是实现大学生这方面智能素质目标的重要途径。

另外,讨论、辩论、演讲和对话的核心是"辩",人常说"真理愈辩愈明",大学生作为刚刚进入成人的青年,世界观、人生观、价值观大体上已经形成框架,但是对许多问题还存在模糊甚至错误认识,对照现实,自己的很多想法、所学到的很多知识、甚至理性逻辑的推演都显得苍白无力,因而澄清模糊认识,修正错误认识,都需要探讨、辩论、分析和引导。在这些实践教学形式中,在教师主导下的同学们相互启发、相互引导具有单纯教师的讲解所无法替代的作用。从方法论的角度看,"辩"的思维正是辩证思维,而辩证思维方法对于人们正确面对和有效处理各种人生社会问题具有决定性意义。因此,从大学生健康成长的层面,讨论、辩论、演讲和对话的实践活动形式应该成为思想政治理论课程实践教学的基础形式。当然,这种形式本身具有理论内在的实践性,也就是说它还属于理论性的实践活动,其目的还在于理论的理解和领悟自身,因此它具有二重性,既是理论教学的有效形式,又是实践教学的基础形式,也可以说是思想政治理论课程从单纯理论教学向单纯实践教学的过渡形式。笔者以为,这对于思想政治理论课程来说,是最重要的实践教学形式之一。

第二,针对价值性、情感性、人文性的教育内容,可以通过问卷和访谈调查、实地考察和参观访问、参与劳动和服务的形式来开展实践教学。相对来说,这些活动离课本知识的确定性约束较远,理论要求降低,实际的动脑、动手能力要求提高,与大社会的距离拉近,同学关系与社会大众的关系融为一体,对学生处理社会关系、社会矛盾、正确有效地解决困难的能力要求大大提高了,因而这样的实践形式才是真正实践教学意义上的社会实践。而作为实践教学环节的实践和作为职业工作的实践还有着重要的区别，那就是，前者具有特殊的计划性和目的性，那就是理论与实践的对应性和具体同一性，要求学生有意识地发现、探索、思考、研究、创造等，进而在此过程中，去联系、合作、求助、体验、辨别、探究、取舍、操作、记录、整理、撰写等等。显然，价值取向的错误可能导致行动的失败，团队内部及其与环境因素的关系处理不好，也会导致行动的失败或挫折，马克思主义立场、观点和方法都会在其中若隐若现发生作用。通过复杂的社会实践活动及撰写社会实践报告，学生作为真正的主体，通过情感的体验、经验的发生和积累、价值的辨析和取舍，自己会获得很多在课堂上所无法获得的极为受用的科学和人文素质。

上述两种思路并不是绝对对立的，而是相互渗透、共同起作用的。讨论、辩论、演讲和对话的实践形式并不是只有工具性、知识性的东西，而是在此基础上会达成很多价值态度方面的共识，或者会引申出一些价值信仰方面的疑问，而这些共识的巩固和强化，这些疑问的解释和融化，则有赖于主体社会实践的过程和结果。理论真理性的问题最终要在实践中才能解决，价值判断和取舍的问题也只有通过相应的实践的效果才能解决，情感的体验、价值的认同、信仰的确立也只有通过知行合一的实践活动才能落到实处。在具体的实践教学中，可以针对不同的理论知识点，结合现有的条件，灵活地采用不同的实践教学组合形式。

（原载《山东科技大学学报》2009 年第 5 期）

加强高校思想政治理论课实践教学的几点思考

闫惠惠*

传统教学中，教师在整个教学过程居于主导地位。然而，随着现代教育的发展，人们越来越重视个性化的发展，在教育中也越来越强调学生在教育中的主体地位，以老师为主的"填鸭式"教学方式已经很难适应社会发展的需要，遭到学生的厌烦。而在高校思想政治理论课教学上，这一问题尤为严重。因此，高校思想政治理论课教学不能再固守单一的传授角色，而应在教学中加入实践环节，让学生增加亲身体验，由过去的单向交流向双向甚至多向交流转变，真正做到"教学相长"。

如何在高校思想政治理论课中有效加入实践的环节，是思想政治理论课教学改革的重中之重。目前，有许多学校按照16号文件实施"05方案"，在思想政治理论课实践教学上进行了各种探索。例如，鲁志美提到的东北林业大学"三三"式实践教学模式，取得了可喜的成绩。① 但由于各地区教学环境的差异，实践教学中仍存在诸多问题，影响思想政治理论课实践教学的深入开展。本文以山东大学(威海)实践教学经验为例，提出高校思想政治理论课实践教学规范化的若干建议。

---

* 闫惠惠，山东大学(威海)马克思主义教学部副教授，硕士生导师，主攻方向为中国特色社会主义和思想政治教育。

本文是山东大学(威海)教研基金资助项目阶段性成果之一。

① 参见鲁志美:《试论高校思想政治理论课实践教学的改革——兼论东北林业大学"三三"式实践教学模式的探索》，载《思想理论教育导刊》2010年第6期。

一、把专题教学与章节教学结合起来

老师在有限的教学时间内，要想做到教学内容面面俱到的话，其结果必然是很多理论问题讲不深讲不透，而政治理论如果讲不深讲不透，就会让学生认为是在进行理论说教和宣传。目前，教学改革是大趋势，思想政治理论课的课时不可能再增加。因此，如何在有限课时内增强教学效果，做到授课内容少而精，是目前急需解决的问题。进行专题教学是解决方案之一。可依据现实中的热点、难点及学生有兴趣、有疑问的内容，设置专题。由老师设计两到三个问题，安排学生查阅资料、设计问卷、寻求答案。

(一)专题教学的优点

首先，有助于贯彻少而精原则，即把有限的教学时间放在核心、重点问题上。具体的做法是：以较少的时间从总体上向学生介绍课程内容体系，使学生对内容有整体的把握，然后选择重点、难点问题以专题形式进行详细讲解、讨论和挖掘，从而使学生真正掌握理论精髓。克服面面俱到，不深不透的缺陷。其次，设计问题，安排学生结合文献查阅与问卷调查，提高解决问题的能力。最后，做到堂堂课都精，能够处理好教学内容与时间安排，不至于最后赶进度。

(二)设计专题的原则

首先，处理好专题与教材章节体系的关系，保证专题教学内容与大纲要求相一致。既要防止遗漏过多，又不能面面俱到，应以基本内容串讲的方式加以讲解。其次，专题设计应综合考虑三方面问题：突出重点，突破难点，选择思想政治理论课程体系最基本的理论观点。最后，关注热点，抓住兴奋点，选择和提炼当前实践提出的重大课题；解析疑点，着眼渗透点，分析和研究学生中存在的主要思想认识问题。按照解决专题的思路进行教学。如第八章“建设中国特色社会主义经济”，可设“社会主义市场经济专题”(将基本经济制度和分配制度包括在内)，其中第四节可根据老师专长设“社会主义新农村建设专题”“城镇化建设中面临的问题”；第十二章“祖国完全统一的构想”可设“台湾问题专题”；第十五章“中国特色社会主义事业的领导核心”可设“党建专题”。

(三)专题教学的问题

既要符合学生的兴趣，又要有一定的难度。例如在第七章“社会主义改革开放”理论中，请学生考虑如何加强顶层设计和整体谋划；在第八章“建设中国特色社会主义经济”中，就城乡居民收入差距的原因及解决方案提出参考意见。

二、增加学生登台实践环节，使实践教学进课堂

为了增强思想政治理论课的教学效果，山东大学（威海）马克思主义教学部增加了学生登台实践环节。“毛泽东思想和中国特色社会主义理论体系概论”教学中，每周课时为五学时，其中老师授课四学时，学生选择题目、制作PPT、登台实践一课时。

（一）演讲题目的设定

可以有以下几种方法：第一，教师结合课程内容拟出十几个命题，开学初让学生自己选定。这种做法的优点是：学生演讲内容在老师的可控范围内，与教学内容结合紧密。缺点是：演讲时间不可控制，有些选题选的学生多，会占用很多教师讲课时间；有些选题无人选或选得少，老师需要临时调整教学进度。第二，教师命题与学生选题相结合。因为教师命题考虑教学内容，学生选题完全靠学生个人兴趣，在老师的指导下，结合教学内容和学生兴趣，进行题目选择。第三，学生自主选题。学生选题范围更广泛，且更具时效性。演讲的主题范围涉及政治、经济、文化、外交、军事、体育、突发问题、教育、医疗、环境保护、人生感悟等等。在2008年，学生就及时迅捷地对雪灾及救灾、汶川地震与众志成城抗震、奥运圣火传递受阻及激发的爱国主义情感、奥运盛会与民族自豪感、“神七”发射与太空文明、金融风暴与自由市场经济的反思、三农问题与其他民生问题、台湾大选与两岸关系、中日关系、中韩关系、中美关系、中欧尤其是中法关系等问题进行了演讲与分析。这对老师提出了较高的要求，大学生对时事热点和社会焦点的关注，需要教师更加关注，及时将这些新问题带进课堂，并用马克思主义理论进行分析，以对学生进行引导和纠偏补弊。对于一些民族情感问题，需要教师进行适时适当的引导，以避免偏激和过于激愤，需要引导学生进行恰当的感情表达和合理的行为模式选择。这种方式的优点很明显，学生很喜欢自己的舞台、自己的自由发言空间、自己选择的形式多样的演讲方式。

（二）登台实践的组织、主持与评分

在演讲人员的组织上，采用学习委员分组、班长主持、团支书组成固定的评委团，以保持打分标准的一致性。学委和团支书若愿意，也可以担任主持。教师进行点评和引导，并纠偏补弊。有时，学生的打分与老师的感觉不完全相同，我们可以在尊重学生评分的基础上，保留老师对学生所评定分数的微调权利。

（三）存在的问题与解决方案

目前存在的问题是，完全让学生选题，偏题的可能性确实较大。学生收集

资料往往分散且具有很大的随意性，包括小视频、学生的前期采访录音，学生多互动提问等，占用时间太多。因此，在学生演讲选题及内容安排上，老师还是应该加以指导与监督，评分标准可以进一步细化，力求在选题、内容安排、与听众互动及时间控制等方面进行评分，避免偏离原有轨道。

三、加强实践基地的建设

近两年来，山东大学(威海)马列部社会实践基地建设取得了实质性的成绩。在威海市区内已经初步建立起社会实践基地十个，学生社会实践活动从教师个人行为发展成为集体行为；从不太规范到比较规范，实现了上课学生全部参与社会实践基地活动的教育目标，社会实践活动也受到了学生的普遍欢迎和肯定。

但因马列部社会实践基地建立的时间比较短，社会实践基地的双向建设、社会实践活动的科学化与模式化、社会实践活动的客观评价体系、社会实践的效果等各个方面还存在一些问题，需要进一步深入研究，使社会实践基地建设与学生的社会实践活动真正实现可持续发展。

(一)制定社会基地实践活动的教育计划

要使社会实践教育更加规范化，进一步提高教育活动的质量，编制一个长远可行的教学计划是必要的。教育计划应体现《中国教育改革与发展纲要》的精神，明确高校思想政治理论课社会实践教育的指导思想和所要达到的目标，并根据普遍性与特殊性相结合的原则，在学期开学前确定参加社会实践教育的各班级的实践基地、活动的时间(学时数)、内容和途径等，发到任课教师手中，使全体任课教师有“章”可循，便于组织管理。改变目前社会实践活动的随意性现状。

(二)社会实践活动应尽可能地与学生专业相结合

高校思想政治理论课社会实践基地主要是企业单位(民营企业为主)。参观社会实践基地，应当尽可能地考虑学生的专业特点，这是社会实践活动有实效性的一个必然要求(说明：这一点与突出课程特点并不矛盾)。企业对参观学生群体的专业也有客观的要求，希望相关专业学生到企业来了解企业，宣传企业，毕业后能来企业工作。这样使学生在参观中，不仅能感受改革开放以来企业和其他社会组织成长壮大的发展过程，同时还能体会到专业学习的重要性与意义，激发学生为中国特色社会主义建设事业努力学习的信心与决心。

(三)建立科学的社会实践活动的评价体系

高校思想政治理论课社会实践活动的时间很短,但对学生的影响是深刻的。学生书写社会实践报告是社会实践活动的一个重要环节。这不仅是一种形式上对社会实践教育活动的完善,更重要的是通过总结使学生进行思考来达到深层次的认识,进而激发同学们进一步认识社会、了解国情。目的是,完善社会实践活动的过程,激发学生思考和研究的积极性和主动性,保留学生社会实践教育活动的书面材料。高校思想政治理论课社会实践活动(第一课堂、第二课堂)的评优工作是一个需要进一步改革的问题。激发学生更加主动积极参与社会实践各教育环节,需要学校有关部门共同商量与协调,在校内统一认定思想政治理论课社会实践评优的层次,与学生的奖学金、荣誉称号的评定、双向选择中的择优推荐等结合起来,才能激励更多的学生主动投身社会实践教育活动,以增长知识与才干。

(四)建立并逐步完善社会实践基地的专项资金多元化投入机制

社会实践基地是需要专项资金投入的。其中包括:基地组织活动相关人员的讲课费、参观引导费、中小型协调办公会议费用、实践基地领导来校讲课的课时费、基地活动的宣传费、学生评优奖励费用等。社会基地建设费用除学校主要投入外,还可以考虑各院系支持的方案(按学生人头或其他方案),另外也可组织学生提供力所能及的支持建设活动(捐书、表演、劳务等)。建立多元化的社会实践活动基地资金投入机制是一个方向。

(五)建立高校与社会实践基地双赢合作机制

高校与社会实践基地双赢合作机制的建立,是高校思想政治理论课社会实践教育活动可持续发展的根本保障。应当有以下几个主要方面的内容:(1)社会实践开始前两个月,向各基地提交学期内到基地参观的学生人数、专业、时间及带队教师,以期共同协商修订;(2)充分考虑各基地对学生社会实践的客观要求(人数、批次、时间等);(3)建立社会实践基地宣传网页,加强社会实践活动的对外宣传工作;(4)学生社会实践优秀报告及时地提交各社会实践基地;(5)建立校内领导和社会实践基地相关领导的定期会晤机制,以及时沟通信息,提高实践服务能力。

(原载《教育教学论坛》2014 年第 11 期)

高校红色社团建设与大学生思想政治教育

李成超* 孙武安

对大学生进行以马克思列宁主义、毛泽东思想和中国特色社会主义理论体系为主要内容的思想政治理论教育，是发展中国特色社会主义事业的客观要求。近年来，大学生红色社团发展迅速，这些社团通过开展形式新颖、内涵深刻的社团文化活动吸引和塑造青年，在大学生思想政治教育工作中发挥着重要作用。因此，在新形势下如何通过加强大学生红色社团建设，发挥其在大学生思想政治教育中的积极作用，是摆在我们面前一个现实而紧迫的课题。

一、高校红色社团的特点和优势

高校红色社团，也称“高校学生理论社团”，是人们对高校学生自愿组织的思想政治理论类社团的形象称呼。这类社团通常以学习宣传马克思列宁主义、毛泽东思想和中国特色社会主义理论体系为主题，在大学生和研究生中自发开展理论和时事政治的学习、宣传、培训、竞赛，或开展红色旅游、参观、调研等社会实践活动。以大学生、研究生为主体的高校红色社团既是马克思主义理论的受教者，又是马克思主义理论的传播者。与直接承担高校思想政治理论教育工作的教学部门相比，学生红色社团在团结、凝聚、动员学生，开展思想政治教育，促进马克思主义大众化的过程中具有特殊的地位和优势，往往能够发挥更特殊的作用和影响。

首先，大学生、研究生出于兴趣参加红色社团，因而学习马克思列宁主义、毛泽东思想和中国特色社会主义理论体系的自觉性和主动性更强。高校学生

* 李成超，山东大学（威海）人事处师资科科长，思想政治教育学科在读博士，主攻思想政治教育。

社团是大学生基于共同的兴趣和爱好自愿组成的以培养综合素质为宗旨、按照合法手续注册并自主开展活动的大学生群体组织。兴趣是学习和掌握一切知识和技能的前提条件和动力。这些具有共同志趣和需求的大学生自发加入红色社团,关注和学习马克思主义中国化的最新成果,其学习、传播马克思主义的热情高于一般学生,实现了从被动灌输到主动学习的转变,在大学生中具有特殊的示范、辐射和带动作用。

其次,参加红色社团的学生普遍关注国内外时事政治及社会现实问题,有较强的社会责任和历史使命感。大学为国家培养优秀人才,而优秀人才既要具备丰厚的专业知识、扎实的动手能力,更要具有优秀的道德品质、高尚的精神境界、强烈的社会责任心和历史使命感。从某种意义上讲,德性、品格、精神、责任,是大学的灵魂,也是教书育人的根本。来自文理工科不同专业的学生,自愿加入红色社团,表明他们对国家、民族和社会的前途命运高度关注,有一份可贵的责任意识。

再次,与高校思想政治理论教育教学部门相比,高校红色社团的学生群众基础更广泛,活动更贴近学生,也更容易团结和凝聚学生。“高校思想政治理论课肩负着用马克思主义中国化的最新成果武装大学生、推动社会主义核心价值体系建设、帮助大学生正确认识我国国情和改革发展稳定现实问题、促进大学生提高政治鉴别力和增强政治敏锐性、培养高素质人才的重要职责。”①这种通过定期开设公共必修课对大学生进行思想政治理论教育的方式,有其独特的优势,但也存在不足。例如,以课堂灌输为主,缺乏学生的有效参与和主动呼应。相比之下,红色社团是大学生群体自我教育、自我发展的一种方式,它的教育和影响作用不是通过课堂灌输和制度纪律等外部力量来实现的,而是在活动中潜移默化实现的。此外,红色社团中的大学生来自全校各院系的不同学科、不同专业,熟悉和了解大学生的喜怒哀乐、所想所需。因而,他们举办的活动更有针对性和吸引力,更能团结和凝聚广大学生。

最后,实践性是高校红色社团活动的又一突出特点。目前,课堂教学仍是高校教育的主要形式,高校红色社团是对大学生开展思想政治教育的重要载体,可以有效地弥补课堂教学的不足。“没有调查,就没有发言权。”②实践是检验真理的唯一标准,是学习马克思主义理论的重要途径,也是红色社团发展的根本保证。红色社团带领学生走出课堂,走出校园,走进社会,开展各类调查、访问、座谈等实践活动,这些活动不仅能使学生深刻理解国情、社情和民情,还能让学生在实践中锻炼自我,升华自己的思想境界。

---

① 刘延东:《用中国特色社会主义理论体系武装大学生》,载2008年7月11日《中国教育报》。

② 《毛泽东选集》第1卷,人民出版社1991年版,第109页。

二、高校红色社团的现状与困境

近几年来，红色社团发展迅速。据了解，在全国高校中，已有2000多个学习、宣传和实践社会主义现代化建设理论的红色社团。[①] 清华大学“学生马克思主义学习研究协会”已在全校21个院、系及大专部成立了“学生马克思主义学习研究分会”。北京科技大学红色理论社团“求是”学会以校级为龙头、院级为纽带、班级为小组，三位一体，覆盖全校，影响较大。[②] 然而，随着红色社团的深入发展，一些问题也逐渐显现，在一定程度上制约了大学生红色社团的发展。

第一，各校发展不平衡，部分高校红色社团人数少，队伍小，影响力有限。目前，部分大学生红色社团的一大问题是纳新难、队伍小，许多大学生不了解红色社团，其校园影响力有限。就山东大学（威海）来看，目前全校共有各类社团组织120多个。其中，学生红色社团包括“中国特色社会主义研究会”“山海时政社”“社会主义新农村研究会”“社会观察协会”等不足10个，拥有会员300人左右，仅占学生数的2.16%。参与人数的不足在很大程度上影响了红色社团作用的发挥和大学生思想政治教育的实效性。

第二，社团内部管理松散，随意性强。学生社团是学生根据爱好和兴趣自发形成的，这也就决定了其内部组织结构的松散和不稳定性，红色社团也不例外，活动的开展主要是靠社团成员的自觉、自律来实现的，随意性强。这种随意性主要体现在三个方面：其一，就参与红色社团的学生而言，加入和退出红色社团都很随意，有的学生报了两三个社团，有兴趣的活动就参加，没时间没兴趣就不参加，想来就来，想走就走。其二，就红色社团的组织而言，常规活动不能持续举行，活动次数随意，每年的活动次数不定，时多时少。活动内容随意，活动与活动之间缺乏连续性，随机性强。其三，就指导老师的配备和指导而言，有的红色社团配备了指导老师，有的没有；有的配备了指导老师的红色社团，指导老师也很少参与活动，有时也仅是对某一个活动的指导，缺少对红色社团发展的长远规划。此外，指导老师的构成也具有随意性，有的指导老师由辅导员或团委老师担任，缺少专业背景，难以从专业的角度对红色社团发展和社团成员的个人成长进行指导；有的指导老师虽然由思想政治理论课老师担任，却由于行政事务繁忙或教学科研压力大，无暇顾及社团的发展。

---

① 参见董洪亮：《信念风帆高高扬起大学校园党旗红》，载2002年11月4日《人民日报》。

② 参见北京科技大学：《求是学会发挥旗手作用抒写学习十七大新篇章》，http://7742.5037.7742.5470.cn/5470/bencandy.php?fid=118&id=3782，2008年1月4日。

第三,学校管理“缺位”和“越位”并存,支持力度不够,活动单一,吸引力不足。目前,高校对红色社团的管理中“缺位”和“越位”现象并存,要么就放任自流,不管不问,要么就抓得过严,管得过死,使得红色社团的发展缺乏自主性。此外,高校对红色社团的扶持力度也不够,由于缺乏固定工作场地和专项经费支持,很多红色社团将大量的时间精力花费在前期的寻找经费和联系场地等筹备工作中,没有时间和精力来抓好活动的质量。同时,由于缺少专业教师的有力指导,很多红色社团难以推陈出新,开展的活动往往流于形式,以传统的学习会、读书会和讲座等活动为主,形式单一,亮点少,特点鲜明的活动不多,大大降低了社团成员参与活动的积极性。

三、加强高校红色社团建设,充分发挥其在思想政治教育中的积极作用

红色社团具有一般学生社团的特点,但又不同于一般的学生社团,是学校进行大学生思想政治教育的重要载体。在“百团争鸣”的大学校园里,如何更好地保持红色社团的吸引力和凝聚力,发挥其在大学生思想政治教育中的作用,是一个值得思考的问题。

第一,校团委及思想政治教育教学管理部门要提高认识,转变观念,大力支持和帮助学生红色社团的建设和发展。2005 年,团中央和教育部在联合下发的《关于加强和改进大学生社团工作的意见》中强调:各地各高校要从加强和改进大学生思想政治教育,全面推进素质教育,实施科教兴国、人才强国战略,培育中国特色社会主义事业合格建设者和可靠接班人的高度进一步加强和改进大学生社团工作。虽然红色社团是大学生基于共同的兴趣和爱好自愿组成学生群体组织,但它的发展离不开高校的有力引导和积极支持,校团委及各有关部门应迅速行动起来,积极协调,尽快把学生红色社团挂靠在负责学校思想政治理论课教学的院系(部),进而落实指导教师、活动经费、活动场所及设备等具体问题,从而激活红色社团的各项工作。在对红色社团大力支持的同时,高校要发挥好导向功能和监督作用,引导红色社团向更高层次、更高水平发展,对红色社团发展中存在的问题及时指出。在这个过程中,要注意发挥红色社团的自主性,“放任不管”和“管得过严”都是不可取的。

第二,不断壮大红色社团队伍,走常规化、特色化、品牌化的道路,打造学生喜闻乐见的红色社团。胡锦涛总书记在党的十六届六中全会上明确提出:“要从赢得青年、赢得未来的高度,抓好大学生的理论学习,深入推进马克思主义中国化的最新成果进教材、进课堂、进头脑工作,让青年知识分子了解和相信党的

理论，在广大青年中培养一大批坚定的马克思主义者。”[①]这是我们党从国家和民族事业长远发展的战略高度对青年教育和培养提出的新的更高要求。红色社团在实践中培养和造就一批马克思主义理论的自觉学习者和实践者，为思想政治教育工作的深入开展提供了一个新的平台、新的契机，我们应积极鼓励大学生加入红色社团。

要解决目前部分高校红色社团人数少的问题，简单依靠宣传是不够的，要用内容丰富、层次分明、活泼新颖的活动吸引大学生，努力做到常规活动定期化、特色活动时代化、精品活动品牌化。常规活动主要是学习马克思主义经典著作。毛泽东曾指出：“如果我们党有一百个至二百个系统地而不是零碎地、实际地而不是空洞地学会了马克思列宁主义的同志，就会大大地提高我们党的战斗力量，并加速我们战胜日本帝国主义的工作。”[②]马克思主义是一个完整、科学、严密的思想体系，要真正理解、领会和把握其精神实质，必须扎扎实实地研读马克思主义经典著作。常规活动的定期开展，有利于社团成员从经典中汲取营养不断进步。特色活动应紧握时代脉搏，学习马克思主义中国化的最新理论成果并运用马克思主义基本原理探讨当今热点问题，这种在常规活动基础上开展的特色活动，具有较强的时代性和实践性，有利于保持社团成员对社团活动的参与热情。对于那些主题鲜明、能够激发学生的积极性和创造性、能体现红色社团的独特魅力的精品活动应努力品牌化。山东大学（威海）的做法是：大学生思想政治教育风采大赛（学生以小组为单位，结合 PPT 课件现场演讲）、大学生红色文化知识竞赛、大学生红色之歌演唱会、大学生读经典征文大赛”等活动，每年一届，形成规范，由马列部发起，联合教务处、学生处、团委，在全校共同举办，活动及表彰费用由学校承担。红色社团在马列部的指导下具体承担比赛的组织、准备、宣传等活动，其会员也可以随所在班级参加比赛。从近几年的探索看，竞赛活动比较受学生欢迎，比赛气氛热烈，教育效果也是明显的，对红色社团队伍的不断壮大和深入发展也具有积极意义。

第三，完善管理机制，培养青年骨干，为红色社团长远发展作出规划。没有规矩，不成方圆。一个组织的发展离不开完善的组织制度和科学规范的管理制度。红色社团的发展也不例外，除了以社团文化和形成成员自觉等来约束成员行为，还需要建立各种规范化的制度以保证社团的良性发展。一是建立完善的组织制度。例如形成《社团章程》，明确规定社团的性质、宗旨、原则、活动方式、会员条件、组织构成、组织纪律等内容，做到社团管理有章可依。同时，在开展活动时要坚决贯彻落实这些制度，做到有章必依，克服社团组织松散、随意的缺

① 《十六大以来重要文献选编》（下），中央文献出版社 2008 年版，第 685 页。

② 《毛泽东选集》第 2 卷，人民出版社 1991 年版，第 533 页。

点，为红色社团的不断发展壮大提供有力的制度保障。二是建立科学规范的管理制度。形成学生社团的校院二级管理制度，即高校通过学生社团联合会进行宏观管理，挂靠的思想政治理论课教学院系（部）负责具体指导，做到指导规范化、专业化。同时，把红色社团的组织建设与加入党组织及各院系班的团组织建设统一起来，保证红色社团活动的有序开展。三是要建立适度的激励制度，对于积极参加活动的社团成员可以给予一定奖励，对于那些积极性不高的指导老师也可以通过相应的激励制度提高其积极性。四是建立合理的考核制度，既要考核社团活动成效，也要对社团成员参与活动的情况进行考核，同时还要将社团干部和指导老师纳入考核范围。坚持具体问题具体分析，对不同的红色社团采用不同考核指标，以避免考核流于形式化。此外，要重视社团干部队伍和骨干队伍的建设，建立合理的培养选拔机制和科学的培训制度。优秀社团骨干在社团中具有很强的感染力和号召力，对社团成员具有引领功能，是红色社团持续健康发展的重要条件。第四，创办会刊、网站，确立红色文化阵地，为红色社团的建设和发展营造良好的外部环境。胡锦涛在人民日报社考察工作时明确指出："互联网已成为思想文化信息的集散地和社会舆论的放大器，我们要充分认识以互联网为代表的新兴媒体的社会影响力，高度重视互联网的建设、运用、管理，努力使互联网成为传播社会主义先进文化的前沿阵地、提供公共文化服务的有效平台、促进人们精神生活健康发展的广阔空间。"[①]互联网已经成为当代大学生生活、学习、交流的重要工具，红色社团要充分利用网络，通过 QQ 群、微信、博客、微博、网络录像、人人网、BBS 等网络工具，开展开放式学习，增强互动交流，宣传马克思主义。

此外，报刊是促进革命事业、党的事业不断发展的一大法宝和经验。早在建党时期就有一批信仰马克思主义的青年学生创办红色报刊，积极研究和宣传马克思主义，对推进马克思主义的中国化、时代化和大众化，对中国革命的胜利都发挥了极其重要的作用。因此，学校有关部门应当在人力、财力等方面支持红色社团创办会刊、设立网站，介绍和宣传马克思主义基本理论、中国革命和中国共产党历史、国内外时事政治及社会发展等热点焦点问题，营造学习红色理论与文化的氛围，为红色社团的建设和发展提供良好的外部环境。为避免重复建设，红色社团可以联合起来共同办一份刊物、一个网站。

（原载《思想理论教育导刊》2012 年第 5 期）

---

① 《胡锦涛在人民日报社考察工作时的讲话》，人民出版社 2008 年版，第 7 页。

功能与效果：马克思主义大众化中的高校“红色社团”

——以山东省S大学为例

焦　佩*

一、引言

要对马克思主义大众化中的青年大学生进行研究，就离不开大学校园这个重要载体。在大学校园中，课堂传授和课外活动是马克思主义大众化的两大重要途径。而课外活动以其形式多样、丰富活泼、互动性强、主动参与等特征，在马克思主义大众化中发挥出了课堂传授所没有的作用。甚至在某些方面，课外活动产生的效果已经超过了课堂传授。课外活动可以以分散的个人为主体独立展开，也可以以社团为主体群体展开。相比分散的个人活动，以社团为主体的群体活动，在功能和效果上都要胜出一筹。在各式各样的大学生社团中，有一种社团是以政治理论学习为共同爱好、自发组成的，被外界形象地称为“红色社团”，在青年大学生的马克思主义大众化中起着与其他社团不可比拟的重要作用。

目前，有一些学者已经开始研究“红色社团”，相关研究成果也散见于各处。但是，这些研究基本都是采用定性的研究方法，限于对“红色社团”的作用、特点、问题、对策等进行概括总结，罕有经验性定量分析作为根据。导致研究成果

---

* 焦佩，山东大学（威海）马克思主义教学部副教授，“毛泽东思想和中国特色社会主义理论体系概论”教研室主任，主攻方向为中国特色社会主义政治与国际关系。

本文为学校思想政治教育研究会专项课题成果之一。

说服力降低，难以被检验和普遍推广。因此，本研究将在总结既往研究结论的基础上，提出相关研究假设，选取研究对象，采取分层抽样的问卷方法，检验研究假设并得出研究推论，以期达到弥补既往研究中经验定量方法不足的缺陷。

二、既有研究成果回顾

既往的相关研究结果可以简单地概括为以下几个方面。第一，对目前大学生社团的现状进行概括和分类。虽然这些分类方式各有不同，但是大体都把“红色社团”列入了理论型社团范畴。第二，对大学生社团对马克思主义传播产生的影响进行了概括和总结。有学者认为大学生“红色社团”不仅是推进马克思主义大众化的重要载体，而且是加强高校与社会联系的重要纽带。① 有学者从思想政治教育角度出发，指出高校社团在促进和谐校园文化、增强思想政治教育的吸引力和渗透力、优化思想政治教育的工作环境、提高工作效率、有利于学生自我教育、有利于学生尽快适应社会等几个方面发挥着重要作用。② 有学者指出，以高校学生社团为载体。除了能极大提高思想政治教育的吸引力和渗透力外，还可以促进思想政治教育创新，增强思想政治教育的实效性。③ 尽管表达方式各有区别，从这些论文的字里行间大体都可以看到作者对“红色社团”有助于马克思主义大众化这一观点持支持态度。第三，针对目前大学生社团特别是理论社团存在的问题，提出了解决方法。除了针对所有类型社团存在的资金不足、指导老师缺乏、特色精品活动不多、管理模式陈旧等共同问题提出相关建议外，就理论社团的特殊问题也提出了对策，如，有学者建议理论社团与高校党委宣传部门、思想政治理论教学部门建立良性互动机制，提倡社会实践；有学者建议在“红色社团”中建立党支部，或依托党支部建立红色社团。④

---

① 参见纪亚光、吴荣生：《论大学生“红色社团”在推进高校马克思主义大众化中的作用》，载《思想理论教育导刊》2010 年第 1 期。

② 参见赵龙：《学生社团文化在思想政治教育中的作用》，载《安徽工业大学学报》2009 年第 6 期。

③ 参见周琴：《论高校学生社团在思想政治教育工作中的意义》，载《重庆三峡学院学报》2010 年第 1 期。

④ 参见周超、孙鹏程、李卫星：《依托高校学生党支部建立红色社团初探》，载《扬州大学学报（高教研究版）》2009 年第 2 期。杨志亮：《高校学生社团建立党支部刍议》，载《湖北广播电视大学学报》2010 年第 4 期。

三、研究设计

(一)研究假设

在总结既有成果的基础上,围绕"红色社团"在马克思主义大众化中的功能和效果这一研究主题,本研究计划提出以下几个基本假设。

假设1:"红色社团"存在与其他社团一样的经费缺少、形式单调、缺乏特色、指导老师不到位、运行机制不合理等共同问题。

假设2:"红色社团"在马克思主义大众化过程中发挥着积极的功能。

假设3:采取一系列相应的措施会提高"红色社团"的效果。

(二)相关概念定义及其操作化

"红色社团"是指在共同的马克思主义信仰基础上,由成员自发成立并组成的,以学习、探讨和传播马克思主义理论,提高马克思主义素养为目的的学生社团组织。研究过程中,可以操作化为高校中的马克思主义社团、毛泽东思想社团、邓小平理论社团、"三个代表"社团、中国特色社会主义社团、时政社团等多种形式。

马克思主义大众化是指:"马克思主义理论由被少数人理解掌握转变为被人民大众理解掌握,马克思主义实践由少数人领导指挥转变为人民大众自觉行动,马克思主义创新由被少数人进行转变为被人民大众丰富完善。"[①]在本研究中,具体体现为高校学生对马克思主义的学习热情、对红色活动的参与热情以及通过学习和参与获得收获的大小。

(三)研究对象和方法

本研究采取案例分析方法,选取山东省S大学为研究个案,就该高校的三个"红色社团"——中国特色社会主义研究会、社会主义农村建设研究会、山海时政社的功能和效果进行研究。研究以分层随机抽样问卷形式展开,辅以访谈法。访谈法以S高校的三个"红色社团"干部为对象,以座谈会的方式进行,目的在于整体了解该校"红色社团"的概况,以便结合文献研究成果设计问卷。问卷法结合关心和参与高校社团的学生主要集中在大一、大二的现状,进行了分层抽样,共发放问卷160份,回收有效问卷152份,其中大一学生75份,大二学生49份,大三及以上学生28份。在152份有效问卷中,专业类型为文科的94

① 华雷:《当代中国马克思主义大众化的内涵》,http://paper.people.com.cn/rmlt/html/2009-07/11/content_300530.htm,2009年7月11日。

份，理工科的 58 份；身份为“红色社团”成员的 43 份，不是“红色社团”成员的 109 份。

四、问卷结果分析与说明

(一)针对假设 1 进行的分析

假设 1 是针对“红色社团”存在的问题进行的假设，在调查问卷中通过对“红色社团”成员对 7 个既定问题的回答来对假设进行检验。这 7 个问题分别涉及了经费不足问题、形式单调问题、缺乏趣味问题、特色不足问题、指导老师问题、运行机制问题、决策民主问题等。在对 7 个问题的测定尺度上，“1＝完全没有，2＝基本没有，3＝一般，4＝比较严重，5＝非常严重”。问卷结果统计见表 1。

表 1　“红色社团”所存在问题状态

	人数	最小值	最大值	平均值	标准偏差
经费不足问题	43	1.00	4.00	2.77	0.75
形式单调问题	43	2.00	5.00	3.49	0.80
缺乏趣味问题	43	1.00	5.00	3.39	0.85
特色不足问题	43	2.00	5.00	3.51	0.83
指导老师问题	43	2.00	5.00	3.70	0.96
运行机制问题	43	2.00	5.00	3.51	0.73
决策民主问题	43	1.00	5.00	3.46	1.08

从表 1 可以看出，在 7 个问题中，指导老师问题最为突出，平均值为 3.70，其次分别是运行机制问题和特色不足问题，问题最为不明显的是经费不足问题，平均值为 2.77。

此外，我们还想知道“红色社团”干部和普通会员在社团存在的问题上是否存在认识差异。为此，通过 T-检验方法，得出表 2 和表 3 中的一系列数据。

表 2　　干部和普通会员两集团的数据统计

	是否干部	数量	平均值	标准偏差	平均的标准误差
经费不足问题	是	32	2.78	0.75	0.13
	否	11	2.72	0.79	0.24
形式单调问题	是	32	3.59	0.80	0.14
	否	11	3.18	0.75	0.23
缺乏趣味问题	是	32	3.47	0.72	0.13
	否	11	3.18	1.17	0.35
特色不足问题	是	32	3.66	0.79	0.14
	否	11	3.09	0.83	0.25
指导老师问题	是	32	3.81	0.82	0.15
	否	11	3.36	1.29	0.39
运行机制问题	是	32	3.53	0.76	0.13
	否	11	3.45	0.69	0.20
决策民主问题	是	32	3.34	1.12	0.20
	否	11	3.82	0.87	0.26

表 3　　两集团 T 检验结果

		Levene 方差齐性		两均数是否相等的检验		
		F 值	*P* 值	*T* 值	自由度	*P* 值(双侧)
经费不足问题	假设方差齐	0.363	0.550	0.203	41.000	0.840
	假设方差不齐	—	—	0.199	16.719	0.845
形式单调问题	假设方差齐	0.176	0.677	1.499	41.000	0.142
	假设方差不齐	—	—	1.545	18.372	0.139
缺乏趣味问题	假设方差齐	3.960	0.053	0.966	41.000	0.340
	假设方差不齐	—	—	0.767	12.697	0.457
特色不足问题	假设方差齐	1.074	0.306	2.026	41.000	0.049
	假设方差不齐	—	—	1.972	16.611	0.065

续表

		Levene 方差齐性		两均数是否相等的检验		
		F 值	P 值	T 值	自由度	P 值(双侧)
指导老师问题	假设方差齐	7.556	0.009	1.344	41.000	0.186
	假设方差不齐	—	—	1.084	12.912	0.298
运行机制问题	假设方差齐	0.250	0.619	0.295	41.000	0.770
	假设方差不齐	—	—	0.310	19.111	0.760
决策民主问题	假设方差齐	3.120	0.085	−1.270	41.000	0.211
	假设方差不齐	—	—	−1.437	22.300	0.165

从表 2 和表 3 的统计分析结果可以看到,只有在特色不足问题上,$P<0.05$。也就是说,只有在特色不足问题上,可以推断社团干部和普通会员之间存在认识差异,即社团干部对特色不足问题的认识严重程度大于普通社员对这一问题的认识严重程度。而在其他 6 个问题上,社团干部和普通社员并不存在显著差异。

基于以上分析,假设 1 部分成立。至于假设部分不成立的原因究竟是由于“红色社团”与一般社团之间的差异导致,还是由于 S 大学社团特殊性导致,由于资料不足无法推断。

(二)针对假设 2 进行的分析

对假设 2 的检验,就是对“红色社团”在马克思主义大众化过程中发挥的功能进行检验。在问卷调查中,我们采取了对 S 大学“红色社团”代表性活动的意义和参与积极性测量的方法来间接测量“红色社团”的功能。这些代表性活动的意义是和马克思主义大众化的目标联系在一起的,而这些代表性活动的参与积极性则和马克思主义大众化目标的实现程度联系在一起。换句话说,也就是只有大学生充分认识到“红色社团”活动的积极意义并积极参与,才能完成社团在马克思主义大众化中的功能。研究中,我们选取了 S 大学“红色社团”的三大精品活动作为调查的对象,即思想政治风采大赛、读经典征文大赛、马克思主义理论知识竞赛。

首先,大学生对三大精品活动的意义认识程度和积极参与程度统计结果见表 4 和表 5。在意义认识程度的测量中,“1=没有意义,2=意义不大,3=意义一般,4=意义较大,5=意义很大”。在积极参与程度的测量中,“1=非常消极,2=比较消极,3=一般,4=比较积极,5=非常积极”。统计结果见表 4 和表 5。

就意义认识程度来看,均值的标准误差相同,平均值最高为读经典征文大赛的3.49，而众数值最大的为马克思主义理论知识竞赛的4.00。由此可以推出，学生对这三大活动的意义都具有一定认识，但并不深刻，较思想政治风采大赛，学生更认可读经典征文大赛和马克思主义理论知识竞赛的意义。就参与积极性来看，均值的标准误差相同，平均值最高为读经典征文大赛的3.30，众数值也均为3.00。可见学生对这三大活动的参与积极性大多停留在一般程度，没有一项的平均值达到比较积极的程度。

表4　　对三大精品活动的意义认识程度统计

	总人数		平均值	均值的标准误差	众数值
思想政治风采大赛	有效值	150	3.39	0.08	3.00
	缺省值	2			
读经典征文大赛	有效值	152	3.49	0.08	3.00
	缺省值	0			
马克思主义理论知识竞赛	有效值	151	3.46	0.08	4.00
	缺省值	1			

表5　　对三大精品活动的参与程度统计

	总人数		平均值	均值的标准误差	众数值
思想政治风采大赛	有效值	152	3.14	0.08	3.00
	缺省值	0			
读经典征文大赛	有效值	152	3.30	0.08	3.00
	缺省值	0			
马克思主义理论知识竞赛	有效值	152	3.09	0.08	3.00
	缺省值	0			

其次，就不同年级的学生对三大精品活动的意义认识程度和积极参与程度进行了F检验，结果见表6。设定$P<0.05$，就三大精品活动的意义来看，四年级学生和一、二、三年级学生之间分别存在认识差异，四年级学生对三大精品活动的意义重要性认识低于其他三个年级的学生。就三大精品活动的参与度来看，同样是四年级学生和一、二、三年级学生之间分别存在参与度差异，四年级学生对三大精品活动的参与度要低于其他三个年级的学生。

表 6　　基于年级的多重比较分析表(Tukey HSD)

因变量	(I) 年级变量	(J) 年级变量	均值差 (I-J)	标准误差	P 值
对三大精品活动意义的认识	一年级	二年级	−0.1613	0.15455	0.724
		三年级	−0.2081	0.19167	0.699
		四年级	1.8363(*)	0.48798	0.001
	二年级	一年级	0.1613	0.15455	0.724
		三年级	−0.0468	0.20511	0.996
		四年级	1.9976(*)	0.49341	0.000
	三年级	一年级	0.2081	0.19167	0.699
		二年级	0.0468	0.20511	0.996
		四年级	2.0444(*)	0.50627	0.001
	四年级	一年级	−1.8363(*)	0.48798	0.001
		二年级	−1.9976(*)	0.49341	0.000
		三年级	−2.0444(*)	0.50627	0.001
对三大精品活动的参与度	一年级	二年级	−0.0961	0.14718	0.914
		三年级	−0.1244	0.18503	0.907
		四年级	1.4889(*)	0.47175	0.010
	二年级	一年级	0.0961	0.14718	0.914
		三年级	−0.0283	0.19693	0.999
		四年级	1.5850(*)	0.47654	0.006
	三年级	一年级	0.1244	0.18503	0.907
		二年级	0.0283	0.19693	0.999
		四年级	1.6133(*)	0.48956	0.007
	四年级	一年级	−1.4889(*)	0.47175	0.010
		二年级	−1.5850(*)	0.47654	0.006
		三年级	−1.6133(*)	0.48956	0.007

综上所述,假设 2 部分成立。“红色社团”在马克思主义大众化过程中确实发挥着一定的作用,特别是对一、二、三年级学生和“红色社团”成员来讲,这种作用更强。但数据还显示这种作用并不是很高,也就说明了“红色社团”要想更

好发挥功能还需要不断改进。

(三)针对假设 3 进行的分析

根据以往的研究成果以及对假设 1 和假设 2 的分析,可以看出"红色社团"在功能发挥上显然存在问题,需要采取措施来提高"红色社团"的效果。结合既往研究提出的方法和学生座谈内容,我们在问卷中针对 8 个可能措施的效果进行了预测,它们分别是将"红色社团"挂靠马列部、开通"红色社团"网站、让马列部研究生加入"红色社团"、组建"红色社团"联盟、出版"红色社团"刊物、在"红色社团"中建立党支部、组织"红色参观"、将"红色社团"活动与思想政治理论课平时成绩结合等。这 8 项措施预计效果的统计结果如表 7 所示,其中"1=非常无效,2=比较无效,3=一般,4=比较有效,5=非常有效"。

表 7　　八项措施的预计效果统计

	总人数		平均值	均值的标准误差	众数值
挂靠马列部	有效值	152	2.74	0.08	3.00
	缺省值	0			
开通网站	有效值	152	3.94	0.08	4.00
	缺省值	0			
马列部研究生加入社团	有效值	152	3.93	0.07	4.00
	缺省值	0			
组建"红色社团"联盟	有效值	152	3.87	0.07	4.00
	缺省值	0			
出版"红色社团"刊物	有效值	152	3.76	0.08	4.00
	缺省值	0			
建立党支部	有效值	151	2.67	0.07	3.00
	缺省值	1			
组织"红色参观"	有效值	152	3.16	0.10	4.00
	缺省值	0			
与思想政治理论课平时成绩结合	有效值	149	3.44	0.07	3.00[a]
	缺省值	3			

统计数据显示,挂靠马列部和建立党支部,这两项在既往研究中多次提到的措施,预计效果并不佳;开通"红色社团"网站、让马列部研究生加入社团、组

建“红色社团”联盟、出版“红色社团”刊物等 4 项措施，预计效果值相对较高；组织“红色参观”、把社团活动与思想政治理论课平时成绩相结合等 2 项措施，预计效果值居中。

综上所述，假设 3 部分成立。所以，要想扩大高校“红色社团”在马克思主义大众化中的功能和效果，需要壮大“红色社团”队伍，让更多的学生了解它、加入它。

五、结　语

虽然大学“红色社团”和其他社团一样存在一些问题，但是却在高校马克思主义大众化中发挥着重要作用，并且这种作用效果会通过一些措施的实施而得到提高，既有研究的成果在本研究中得到了检验和部分证实。学校有关部门应该落实各项措施，促进“红色社团”的发展，鼓励学生积极加入“红色社团”，使“红色社团”真正成为高校马克思主义大众化过程中的中坚力量。

多模块协同效应下高校思想政治理论课实践教学系统的探索与构建*

吴文新

山东大学(威海)党委一直以来高度重视大学生思想政治理论课教学实效的提高,带领马克思主义教学部、教务处、组织部、学工部、校团委和宣传部等做了大量探索,积累了一定经验,得到了学生们的认可。党的十八大以来,校党委贯彻落实习近平总书记关于高校要办好思想政治理论课的批示精神,聚焦实效,更加重视思想政治理论课教学改革。

一、探索历程及其初步成果

(一)探索历程

我校思想政治理论课教学改革探索始于 2003 年,以强化过程管理为中心增加了平时成绩,到"05 方案"之前,增加到 30%;随着新课程方案的实施,我们加重实践教学分量,至 2008 年前增加到了 40%,建立了教学班《教学周志》,主要是记录学生学习过程,支撑平时成绩。2007 年,学校大力推动本科教学改革,教务处率先在马列部试点,在学校层面出台了《关于思想政治理论课教学改革的实施方案》,2008 年颁布实施,对严格过程管理和实践教学作了规定,平时成绩增加到 50%。2010 年形成了《思想政治理论课实践教学手册》,规定了实践教学内容,介绍了十几个思想政治教育实践基地,设计了参观考察问题,对实践报告写作提出了要求,此后又继续探索提高思想政治理论课教学的整体实效。

---

* 本文为 2014 年申报山东省高校工委思想政治理论课教学改革招标项目中"实践教学改革"项目评审书的主要内容。

迄今为止,4门思想政治理论课主干课程基本形成了“5模块10环节”,即“4+4+2”实践教学模式,主体是课内实践模块的“登台实践+读书笔记+基地考察+教学互动”,课外实践模块的“刘公岛考察+红色之歌演唱赛+红色知识竞赛+大学生思想政治风采大赛”,以及红色社团联盟系列活动、形势政策课与党课模块。2011年以来,在校党委领导协调下,教务处、马列部与学工部紧密合作,探索了形势政策课教学改革,专兼任教师共同授课,并作了相关专题研究,着力提高教学实效。同时,马列部专任教师积极参与了校团委的寒暑期社会实践项目指导、成果评审等工作,初步形成了团委、马列部、学工部和各学院共同推动学生强化思想政治类社会实践的局面。

(二)教学和指导实践的初步成果

我们的这些改革探索,也受到了相关媒体的关注。2008～2009年间,《光明日报》《中国教育报》《科学时报》等予以专门报道,相关研究文章在《思想教育理论导刊》发表,一些教学成果得到了山东大学和山东省教育厅有关专家的认可,这些改革也有力地促进了课程建设。2007年,“马克思主义基本原理概论”课程获评山东省精品课程,“思想道德修养与法律基础”获评山东大学(威海)精品课程;2009年,“毛泽东思想和中国特色社会主义理论体系概论”获评山东大学精品课程;2011年,“中国近现代史纲要”获评山东大学(威海)优质课程。随着教学改革和课程建设,我们取得了一系列重要的教学成果。比如:2009年的《思想政治理论课考核方式与教学方法的改革与实践》,获得了山东省高等教育教学成果三等奖(证书号2009330);2008年的《思想政治理论课考核方式的改革与实践》,获得了山东大学教学成果奖二等奖(证书号2008-2-067);2006年的《关于马列课教材、教学模式的探索和实践》,获得了山东大学(威海)教学成果奖二等奖;2006年的《我校政治理论课考核方式的改革与探索》,获得了山东大学(威海)教学成果一等奖;等等。

这里的考核方式主要是逐渐增加了平时成绩中的实践教学模块,使平时成绩与期末考试成绩的比例转变为1∶1,即各占50%。教学模式和教学方法改革主要是增加了课内实践教学各环节和课外的三大竞赛活动,竞赛活动由校教务处、学工部、校团委和马列部共同举办,由红色社团联盟在马列部指导下具体承办。作为红色社团联盟会刊,《红色之旅》每年两期,迄今已印制九期,发行于本科生宿舍。这项改革成效显著,受到学生极大欢迎。

专任教师参与指导的寒暑期社会实践活动也取得了丰富成果。如:2010年,11个思想政治类项目中有3个项目获省级奖励;2011年,10个思想政治类项目中有5个获省级奖励;2012年、2013年、2014年,分别有1、2、3项思想政治类实践成果获省级奖励。2010年以来,共计78个思想政治类项目,省级获奖项目14个。可以发现,学生们申报的思想政治类实践项目数量逐年增多,2012年11项,2013年14项,2014年则达到20项。总体而言,实践项目的申报、实践过程及结项水平也都在不断提高。这也是思想政治理论课教学实效不断改善的重要表现。

(三)教学研究项目及人才成果

在学校大力支持下,仅2011～2014年间,相关教师积极申报推动此项改革探索的教学研究项目就15项。比如,马秋丽老师的山东省教育厅项目“儒家文化与大学生道德教育研究”(2013)。山东大学(威海)的重点教研项目有:牛文军的“法学专业思想道德修养课程改革与功能拓展研究及实践”(2009),吴文新的“人文价值教育类课程学生评教指标体系研究”(2011),焦佩的“‘形势与政策’课大班教学背景下课堂讨论方法的有效运用”(2012),夏卫国的“通识教育视域下逻辑学教学改革与创新”(2013),闫惠惠的“马克思主义理论课实践教学运行机制研究”(2013),段兴立的“以‘思想道德修养与法律基础’课为基础的大学生法治教育与教学实践研究”(2013),杨玉的“大学生创业实践课程体系建设研究”(2013),何峰的“‘问题探索式’教学法应用探究(以道德与法律课程为例)”(2013),马秋丽的“高校思想政治理论课引入慕课(MOOCs)的相关问题与对策研究”(2014),李建宁的“中国化马克思主义概论课教学新模式探索”(2014),陈旭的“专题教学与协同授课的结合:创新马克思主义理论课教学模式研究”(2014),焦佩的“协同创新型人才培养与思想政治理论课教学改革研究”(2014),陈宾的“让历史‘鲜活起来’——乡土资源在中国近现代史纲要教学中的运用研究”(2014),陶宏的“通识教育视野下高校思想政治理论课教学实效性研究——以‘思想道德修养与法律基础’课为例”(2014),等等。这些项目涉及了思想政治理论课的理论和实践教学的方方面面,无不围绕实效而展开研究,限于篇幅不再列举相应的教研成果。

在改革探索过程中也出现了一批优秀青年教师。比如,马秋丽2013年入选山东省首届思想政治理论课“十百工程”骨干教师;付文忠获评山东大学优秀教师,孙武安、常辉等连续多年获评毕业生“最喜爱的老师”;郝书翠、焦佩、赵焱、闫惠惠、陈宾、和春红等在学校教学比赛中多次获奖。

二、“5模块10环节”即“4+4+2”实践教学模式

经过十多年的探索,我校初步形成了一套“5模块10环节”即“4+4+2”实践教学模式,具体做法如下:

(一)课内实践模块

平时成绩主要反映这个环节的状况,分为 4 个主要环节。

1. 登台实践:学生分成 3～6 人的学习小组,第一次上课给出活动选题,学生选题准备,制作 PPT 或电子书,每组学生有 8～15 分钟展示自己的学习成果。以演讲为主,辅之以辩论、对话、访谈乃至微型表演等形式,锻炼学生搜集和整理材料、制作 PPT、逻辑思维及演讲能力,甚至辩论、表演等能力。学生和老师(助教)点评,学生干部和代表组成评委予以评分。此一环节占平时成绩的 40%。

2. 读书笔记:要求学生认真做好听课笔记、读书笔记(包括读教材和课外相关书籍)、复习整理乃至心得体会等,期末检查给分,占到平时成绩的 20%。

3. 基地考察:每门思想政治理论课每个学生都有一次机会到我们在威海和烟台建立的思想政治理论课实践教学基地(目前已有近 20 个挂牌基地)参观考察,以前述学习小组为单位撰写实践报告,期末予以评分,占到平时成绩的 25%。

4. 教学互动:包括师生相互提问交流、对登台环节的点评等,或鼓励学生课外通过 E-mail 或博客、论坛等与老师交流,根据互动频次和交流深度,教师予以评分,占到平时成绩的 10%。另有 5%是对辅助教学管理及发表文章、参与比赛等部分同学的奖励。考勤如有旷课等,从平时成绩中适当扣除。所有这些情况及其考评,都反映在《教学周志》里,作为平时成绩统计核算的事实依据,学生实践报告作为资料与《教学周志》一起装订保存。

(二)课外实践模块

此模块也有 4 大环节。

1. 新生全员参观刘公岛:2009 年以来,我校与刘公岛管委合作,景区营销中心提供便利服务,我校全部新生于每年国庆节小长假之后,马列部联合学生处,全体大一辅导员负责组织,4000 余新生(包括研究生)参观刘公岛,以甲午战争博物馆、英租威海卫历史展览、甲午海战炮台遗迹和北洋水师提督府等为主,对学生进行爱国主义教育。新生上岛后首先进行宣誓,之后参观;返回后开展主题征文活动,选出优秀征文刊登在我校和马列部网站,及《红色之旅》刊物上。

2. 举办“红色之歌演唱会”:在大一第二学期五一前后,调动艺术学院音乐舞蹈专业学生,对各学院红歌演练和比赛进行指导,提高整体演唱水平,使学生在演练革命传统和爱国主义歌曲的氛围中受到情感熏染。2014 年为第四届,应威海田和街道办事处邀请,把红歌演唱会办到了田村社区,带来了很好的社会文化效益。

3. 举办“红色文化知识竞赛”:在大二第一学期,以中国近现代史知识为主,加入少量其他思想政治理论课理论知识，开展爱国主义和革命传统知识竞赛。决赛采取共答、抢答等环节，激烈而有趣，加深同学们的知识记忆和理解，培养相关认知和情感。2014 年为第五届，以中国近现代史上的中日关系为主线，以甲午战争 120 周年和抗日战争胜利 69 周年纪念为契机，开展竞赛活动。

4. 举办“大学生思想政治风采大赛”：在大二第二学期五四青年节前后，从课堂登台实践环节选拔优秀学生，每个学院组成 3～6 人的决赛小组，在全校开展主题风采展示竞赛，提高学生理论兴趣，激发其青春活力。所有这些活动都始终贯穿社会主义核心价值观的弘扬和培育，并把红色社团作为重要的实践教学载体，教务处、学工部、校团委和马列部联合主办，委托红色社团联盟承办三大赛事活动。

(三)社团模块：发挥红色社团作用，拓展课外实践活动

1. 成立“红色社团联盟”：2010 年以来，校团委改革学生社团管理办法，4 个政治理论性社团挂靠我部，由我部选定指导老师，随后成立“红色社团联盟”，指导制定联盟章程。

2. 承办三大竞赛活动：除了各社团的日常和品牌活动之外，都把前述三项赛事作为联盟的大事来对待，从中选拔主持人，撰写主持词，组织学生演练设计，联系指导老师进行充分准备等。

3. 出版《红色之旅》内部刊物：在马列部教师指导下，由专业研究生和联盟负责人联合主编、联盟编辑出版《红色之旅》会刊(截至 2016 年 6 月已出版 12 期)，通过学工部和团委于每次决赛前发行至各学生宿舍，对普及党的创新理论和革命历史知识、激发学生关注时事、培育社会主义核心价值观等起到了积极作用。

4. 马列部教师全程指导：马列部教师也热情参与各社团的活动指导，全方位指导，并从中选取一些优秀项目，参与学校挑战杯、科研立项、暑期社会实践活动等。

需说明的是，此模块的大型品牌活动已纳入前述第二模块，且其他内容多属各社团自己的活动，故不作为一个独立的实践教学环节对待。

(四)形策课模块：进行形势政策教学改革，凸显实践性

2014 年以来，校党委高度重视形势政策课的教学改革。自 2014 级开始，将形势政策课和社会实践课合并，形成课内课外相结合的教学模式，而且由各职能部门和学院副处级以上领导干部牵头，辅导员、团支部及专任教师共同参与教学，开学初集体研讨本学期教学内容和具体分工，并将各学院日常实践活动和寒暑假社会实践活动予以统筹安排。

(五)党课模块:建构思想政治理论课与党性教育课程一体化教学模式

基于思想政治理论课与党性教育内容的一致性,2012 年以来,在组织部与教务处协调下,马列部面向全校所有入党积极分子开设大学生党员党性修养课程,专门编写出版了《大学生党员党性修养十讲》教材,提升和拓展思想政治理论课中党性修养相关内容。课业成绩占 1 学分,作为积极分子入党前的必备条件。截至目前,平均每学期可开设 6 个教学班,600～800 人受益,大大提高了入党积极分子和大学生党员的党性素养(这个模块由于并不面向全体学生,因而未纳入具体环节之中)。

三、进一步改革思路及特点

综上所述,几大模块共同作用,我校思想政治理论课"实践教学系统"架构初现,但因各模块内涵质量还存在一定缺陷,特别是未有效整合学团系统的相关社会实践,故未形成各主体、各模块、各环节和各种资源的协同效应,思想政治理论课教学实效即知—情—意—信—行递级转化未能连贯完整落实,故需进一步探索和构建。

(一)基本思路

在校党委领导下,完善现行模块,吸纳学团模块,丰富新模块,建构新联系,在发挥各模块独立效应和叠加效应基础上,最大限度地消除各种消极因素的拮抗效应,形成思想政治理论课实践教学系统,提高协同效应,改善思想政治教育实效。

(二)从纵向上厘清思想政治理论课教学各环节,明确问题所在,提出针对性改革举措

针对理论教学效果不好的问题,寓知于行,改善课堂实践,实施"教师专题＋学生研讨",切实使思想政治理论及核心价值观入脑入心。主要由马列部和学工部负责。首先,以"毛泽东思想和中国特色社会主义理论体系概论"课作为试点,探索专题式教学,并与学生登台实践相结合,形成"教师专题＋学生研讨"的课堂教学方式,教师专题侧重于晓之以理,学生研讨以问题和案例分析为主,达到弄清道理、自我培育的目的。取得经验后向其他课程推广。其次,在"毛泽东思想和中国特色社会主义理论体系概论"课探索过程中,"马克思主义基本原理概论""思想道德修养与法律基础""中国近现代史纲要"课也做好向"教师专题＋学生研讨"方式转变的前期准备工作,比如专题、问题和案例建构,机考题库建设等。再次,"形势与政策"课教学改革基本思路是吸纳部分社会实践,形成“形势政策与社会实践”课程，将教师专题与学生讨论相结合，将第一课堂与第二课堂相结合。最后，围绕提高课内实践效果，重点在“落细、落小”上下工夫，登台活动增加研究性选题比重，丰富讨论和辩论形式，纳入专题式教学整体规划，加强师生面对面思想交流，进一步精细化各环节管理考评，显著提高学生参与自觉性。

针对理论认知内化为情感和意志效果不好的问题，育情于行，励志于行，丰富课外实践模块内容。继续做好各门课实践基地考察，重点是整合校内外实践教学资源，由校院学团系统和马列部负责。第一，改善寒暑假特别是暑期社会实践项目管理。针对大学生暑期社会实践成果问题意识不明晰、逻辑思维不严谨、写作格式不规范等问题，采取措施鼓励更多思想政治理论课教师和相关专业教师参与学生实践报告撰写阶段的具体指导，形成高水平的实践成果。第二，组织学生代表考察红色文化教育基地。比如，每学年选拔 30 名思想政治理论课成绩优秀学生，利用寒暑假或小学期、双休日或小长假外出考察井冈山、西柏坡等或山东省红色文化教育基地；返回后撰写实践报告，组成报告团面向全校学生宣讲。第三，整合日常实践项目，将各学院组织的日常实践活动中与思想政治教育相关的项目纳入思想政治理论课实践教学范畴，指定相关教师予以指导，争取优秀成果，并为申报暑期社会实践项目奠定基础。

针对寒暑假社会实践不能全覆盖的问题，完善形势政策课社会实践模块。落实“形势政策与社会实践”课实践课时，使每个学生都有类似暑期社会实践经历。凡未参加寒暑假实践活动的同学，在大三结束之前完成一项社会实践，主要由学工部负责落实。

针对思想政治教育缺乏示范性、引领性问题，增加党员实践模块。这是综合性和示范性模块，旨在发挥党员和入党积极分子在思想政治教育及核心价值观培育践行中的示范和引领作用。主要是在“党性修养”课程深化认知基础上，在以上各模块把大学生党员和入党积极分子的实践表现纳入思想政治理论课实践教学系统之中。主要由组织部和各院党支部负责。

针对校园内核心价值观践行氛围不够浓厚的问题，进一步发挥红色社团活动模块，力促“情—意—信—行”转化的作用。提高红色社团联盟活动水平，营造更为浓厚的主旋律文化氛围。重点发挥会员思想政治理论课学习骨干培育践行核心价值观的积极作用，改善社团常规和品牌活动，不仅使全体会员受益，还要吸引更多其他同学参与。强化对中华优秀传统文化的学习和实践，继续开展红色之歌演唱比赛、大学生思想政治风采大赛，提升其质量和影响力；开展大学生中华经典诵读比赛，提振精气神，传扬正能量，助力社会主义核心价值观教育。主要由团委、马列部、学工部和宣传部负责。

(三)在横向上厘清不同类型的实践活动,增强考评针对性,提高实践效果

根据学生实践活动及其报告的内容和性质,大致分为认知、探究、服务和体验四种实践类型,综合形成"知—情—意—信—行"递级转化的价值观培育践行体系。

认知类实践对应的主要是课内实践模块,主要是使学生深刻理解基本理论,掌握辩证思维方法。个别优秀学生在初步运用中有往探究类实践发展的趋势,这也是今后鼓励的方向。这类实践成果由专任教师根据其认知程度予以评价。

探究类实践主要是具有学术性、研究性的实践活动,包括科研立项、日常实践中的理论研究项目、寒暑假社会实践中的调查研究和对策研究项目等,主要涵盖"意—信—行"环节,引导学生关注社会热点和难点问题,这类活动使学生受到初步但有效的科研训练,确立相应的学术质量标准和实践规范(包括项目设计、实践过程、报告或论文撰写等各环节)予以评价。这类活动具有研究性、探索性、创新性和风险性,学校设法提供各种保障,建立相应的评价和激励机制。

服务类实践一般以公益服务、志愿服务等形式为主,也是学生寒暑假、各社团以及一些日常实践活动的重要内容,包括知识普及、送文化到城乡社区、支教、为特殊人群提供特殊服务、一些重大活动志愿服务等,这类活动重在运用大学生自身的知识、素质和能力为社会提供服务,学生从中获得成就感和自豪感。为了提高服务效果,学校为之设计项目活动规范和评价方法,学生的实践报告着重于实践过程、经验总结、效果观察、社会评价(影响)、自身成长等方面。也有同学在服务过程中作调研的,而最终成果可以是两种,也可以侧重或归到某一种。

体验类实践主要是以体验为目的的活动,一般认为其不是一种独立的实践类型,因为对于大学生来说,参与任何实践活动都会有相应的体验,关键在于是否以体验为目的。严格来讲,体验类实践主要是指专门进行情感体验和心灵感悟的活动。比如体验工农生产劳动,体验军队生活,体验做教师、做父母,体验做医生、患者,体验经商、乞丐,体验庙宇里的僧尼生活;再比如一些夏令营、冬令营及拓展训练等等。以此观察和感受社会,增加自己的人生阅历,学会换位思考、理解他人和社会等等。这样的体验实践报告,应该是心灵性的感悟、精神性的震撼,甚至会为他们的信仰奠定基础。与此相适应,应该在体验内容的描述、体验过程的内心感受和精神震撼、体验效果的深度和内化程度及可持续性等方面予以适当评价。这类活动的思想道德和价值观的教育性最为突出,应该大力倡导。也有把它和服务类相结合或相混淆的,但确实又有不同,应该加以针对性的细化评价。

服务类和体验类两类实践涵盖了"知—情—意—信—行"各环节,探究类、服务类和体验类实践主要由校团委和学工部负责,马列部专任教师参与指导,

形成针对性评价方法。评价结果由教务处具体安排加分入档。

(四)该项改革的主要特点:模块化、协同性、精细化、主体养成性

模块化:通过完善和创新,形成思想政治理论课实践教学5大模块:课内实践、课外实践、形势政策课实践、社团活动和党员实践。其中前两者为主导性模块,形势政策课实践为补缺性模块,社团活动为拓展性模块,党员实践为示范性模块,各自发挥独立效应并同心协力发挥叠加效应。

协同性:其一是多主体协同,该项改革由校党委书记牵头,由马列部具体负责,校党委宣传部、组织部、教务处、学工部、团委等部门及全体党务和思想政治教育系统干部共同参与。其二是多模块协同,各模块良性互动、互相渗透,发挥集体协同效应,这是本项目的核心。其三是各种资源协同,发挥课堂、校园、传媒、社会等载体资源育人功能。其四是各环节协同,思想政治理论课相关内容通过"知—情—意—信—行"递级转化途径发挥个体纵向协同效应,形成"明知—挚情—定意—虔信—笃行"的价值观养成体系。

精细化:针对目前理论和实践教学各环节管理评价的粗放性等问题,对学生学习过程及各类实践,实行精细化管理、针对性指导和具体化评价,充分发挥评价的驱动、规范、引导和激励功能,切实提高大学生思想政治综合素质和践行能力。

主体养成性:真正落实学生主体地位,发挥其实践能动性和创造性,巩固理论教学成果,强化理论认知向实践行为转化,使核心价值观培育日常化、生活化,促进行为养成。

四、推进探索和构建的方法步骤

1.本项目主要采用模块化方法和系统化方法,5大模块各自相对独立,可单独探索和建构,同时各自从不同方面发挥思想政治教育功能,因而可通过相互嵌合而形成实践教学系统,从而发挥各模块密切联系、相互支持、共振共鸣的协同效应。

2.在校党委领导下,项目分管领导具体统筹,成立项目组各部门联席会议,进行顶层设计,明确目标和责任,科学分工,形成齐抓共管、协同攻关的大格局。宣传部要加强宣传,营造良好改革环境。

3.开展调查研究,厘清影响思想政治理论课教学效果的种种因素及其在我校思想政治理论课教学中的状况、优势和问题,总结行之有效的经验,分析问题根源,明确任务,提出精细化、有针对性的改革措施。

4.分解任务,各部门各负其责,广泛征求师生意见,完善思想政治理论课规范和评价、表彰及成果积累和推广办法，形成《大学生思想政治理论课实践手册》，引导学生按照要求规划自己的思想政治理论课学习和实践活动。

5. 以 4 门思想政治理论主课为主阵地，抓好强化实践、推动养成的环节，总结目前实践教学经验，聚焦问题，分析可提升的做法、需要改进的做法、必须抛弃的做法，特别是为达成实效目标而必需的创新，针对问题提出切实解决和改善办法。

6. 推进形势政策与社会实践课教学改革，强化其课内外实践环节。整合处级以上党务和思想政治教育干部的智力和阅历资源，将专题讲授与学生研讨相结合，使理论直通实践，把社会主义核心价值观的培育和践行直接联系起来，边解边行，因信而行，由行而信。

7. 马列部联合组织部和各学院党支部，在学生党员和积极分子中，以党性修养工程的形式，开展示范引领性实践教学活动，带动整体学风改善，使他们在“明知—挚情—定意—虔信—笃行”各环节彰显榜样引领效应。

8. 由校团委主导，马列部专任教师参与，制定不同类型社会实践的过程规范和精细化评价方法，进一步提升学生寒暑期社会实践水平。

9. 教务处、学工部、马列部等落实相应课时和学分、成果评价和入档，为学生深造和就业加码。

五、探索和构建思想政治理论课实践教学系统的主要措施

1. 做好顶层设计，明确“一把手”责任，形成“三级管理”制度。学校层面，由校党委书记牵头，成立思想政治理论课教学指导委员会，酝酿出台“全面深化思想政治理论课实践教学改革方案”；部门层面，统筹学工部“德育教研室”及马列部的 4 门主课教研室，分工负责各门课程的教学、研究与设计，教务、宣传、团委、组织等部门密切配合；学院层面，各学院党总支书记为思想政治理论课监督评价第一责任人，负责本学院思想政治理论课的具体监督、协调和评价工作，及时发现并反馈问题给任课教师及相关部门，确保实效。

2. 编发并落实《大学生思想政治理论课实践手册》。整合各模块内容，明晰各环节目标和任务，使学生 4 年内持续参与，直到完成各项必要的实践教学任务，并彰显个性化实践经历和成果。

3. 凝聚 3 支队伍，优化师资结构，强化养成教育。形势政策与社会实践课的授课队伍主要由学校党群部门处级干部、各单位党总支（直属党支部）书记（副书记）为代表的党务和思想政治教育干部以及院系辅导员 2 支队伍组成。

前者包班进课堂亲自主讲专题；后者担任教学助理，组织课堂讨论和社会实践。4门主课由马列部专任教师主讲，辅导员到班听课、监督，以形成良好学风，促进行为养成。

4.4门主课探索“教师专题讲授+学生问题研讨”教学改革。继续坚持原有的5模块10环节模式，并在合理安排专题讲授的过程中，着重探索学生问题式和案例式研讨，提高学生登台、读书笔记和师生互动等实践环节的水平，提高理论教学实效。

5.在5大模块叠加协同中实现“2个结合”，搭建“4大载体”。项目实施后，形成理论教学与课堂讨论相结合、第一课堂与第二课堂教育相连接的格局，充分尊重学生学习主体地位，发挥其学习自觉性，同时将课堂教学与课外实践打通，发挥红色社团的作用，开展自主学习和自我教育。整合校内外教育资源，充分开发课堂、校园、传媒、社会在大学生思想政治教育中的四大载体作用。这将推动学校阵地与社会基地、校内课程与校外实践、校内教师与校外导师衔接互动，形成课堂教学、校园文化和社会实践多位一体的育人平台。

6.深化思想政治与党性教育一体化工作，启动党性修养工程。将学生党员和积极分子学习思想政治理论课、参加思想政治类实践的情况纳入其党性考察和入党评价之中，切实发挥党员和积极分子在促进良好学风、培育践行社会主义核心价值观方面的先锋模范作用。

7.优化社团活动，提升教育水平。以“立足现实，研读经典，激发思想，奉献社会”为宗旨，吸收优秀传统文化社团，丰富红色社团联盟马克思主义和中华优秀文化经典的研读、践行和体会内容。

8.完善成果评价，积极引导激励。由校团委主导，做好探究、服务和体验等类型社会实践的组织、评价和表彰工作；并联合教务处采取措施，引导、激励更多专任教师腾出更多时间和精力参与对学生社会实践特别是其撰写实践报告的指导。这是提高学生实践水平和实践报告质量的关键，也是形成学校全员育人格局的重要途径。

9.改善学生评教，以评促改提效。由辅导员负责，每学期末举办一次教学评价主题班会，由学生对本学期思想政治理论课任课教师的教和学生的学进行民主和自我评议，对教学双方提出意见和建议，帮助教师改善教学，同时也引导学生反思自我、鞭策成长。

10.扩大改革宣传，营造良好氛围。教务处从学时、学分以及成果评价的入档上予以保障；校党委宣传部要在校园网上及时宣传报道该项改革，特别是教学成果和优秀学生实践成果；各相关部门网站积极配合，形成舆论合力；协调项目组成员单位做好教师教研成果及学生实践成果的优选结集出版和宣传工作。

思政课学生评教与考试改革专题研究

人文价值教育类课程学生评教的理论问题探析

吴文新　武晓玮*

包括思想政治理论课在内的人文价值教育类课程是一类特殊的课程，它不同于各种专业知识传授和技能培训类课程，其教学过程和目标也有特殊的规律和规定，因此，对其效果进行评价也有特殊性。学生评教作为课程教学评价的重要组成部分，也应该尊重课程性质和目标的特殊性，遵循其特殊的规律和目标要求。本文试图以思想政治理论课学生评教为重点，初步探讨人文价值教育类课程学生评教的相关教育学问题，旨在厘清一些理论问题，以便对思想政治理论课学生评教指标体系的设计提供理论支撑。

一、人文价值教育类课程及其特征

(一)人文价值教育类课程的内涵和外延

人文价值教育类课程是以思想政治理论课为核心，涵盖哲学、伦理学、文

* 武晓玮，山东大学(威海)马克思主义教学部2013级硕士研究生，参与了本课题文献及问卷调查、数据统计和报告整理等工作。

本文为学校重点教研项目“人文价值教育类课程学生评价体系研究”阶段性成果之一。

学、美学(艺术)、历史学等人文学科[①]在内的价值教育课程体系。人文价值教育类课程的目标是通过传授给学生人文学科知识,使他们认识自我世界、认识和适应社会、处理人与人之间关系的能力和审美能力等得到发展,同时也使他们在心理、观念、情感和行为等方面受到培养和熏陶,形成科学的世界观、人生观、价值观,从而学会为人处世,达到身心全面和谐发展。其中,思想政治理论课是人文价值教育最主要的课程,其基本性质是集政治教育、思想教育、道德教育和人文价值教育于一体的课程。思想政治理论课教学的主要目标是向学生传授马克思主义思想政治理论知识,帮助学生掌握科学的方法及方法论,培养学生分析和解决问题的能力,引导学生树立科学价值观。科学价值观的教育是思想政治理论课教学最重要的目标,思想政治理论课着力于引导学生为了实现自己正确的价值追求而努力学习和不断提高。

(二)人文价值教育的本质与特征

何为人文价值?马克思在论述商品的价值时指出:"商品首先是一个外界的对象,一个靠自己的属性来满足人的某种需要的物。"[②]如果进一步提升到哲学一般的层面,就可知道,价值是一个具有普遍意义的哲学范畴,它的实质就是任何客体(人、物、精神等)的属性对任何主体(人)需要的满足关系。人文价值是价值的一种类别,它是在超越人的本能活动的基础上表现出人的物质活动和精神活动,并使人意识到人类应该永恒追求客观世界中的真、善、美。人文价值中所体现的自觉超越意味着人能够以自身的尺度去从事自由的创造性活动,强调人的自由能动性。人文价值中的永恒追求使人的精神生活具有日益丰富而高级的文化品位,从而把人与自然区别开来。因此,人文价值是对人自身本质的完善和超越,是人的某种活动对于人的发展所具有的积极意义。通过以上论述,人文价值可以从两个层面来理解:一种是狭义的理解,基本上将人文价值局限在客体的文化价值和精神价值的范围内;另一种是广义的理解,将人文价值理解为"某一种文化(例如文学、哲学、艺术等等,当然也可以范围更大些,如通

---

① 百度百科关于人文学科是这样界定的:人文学科的主干可以现成地用人们常说的"文(文学)、史(历史)、哲(哲学)"来指称,或者再加上艺术。较广义的"人文学科"则还可以包括诸如现代语言和古典语言、语言学、考古学乃至含有人道主义内容并运用人道主义的方法进行研究的社会科学。辨别大学文科中"人文学科"和"社会科学"的一个便捷的办法是:文科中凡是不那么实用、因而也不那么赚钱、趋于冷门的学科大致就是"人文学科"了,而比较实用、赚钱和热门的学科,例如经济学、法学,则大致属于"社会科学"。并认为其特点是:根源性(社会科学的母体)、历史性、差异性(民族、国家的区别明显)、综合性或贯通性、经典性、悟性、非实用性等。显然,我们的思想政治理论课一定程度上符合这些特点。(参见百度百科"人文学科"词条,http://baike.baidu.com/view/919202.htm? fr=aladdin#ref_[1]_919202)

② [德]马克思:《资本论》第1卷,中共中央马克思、恩格斯、列宁、斯大林著作编译局译,人民出版社2004年版,第47页。

常所说的科学文化或人文文化)对人和文化的全面发展,特别是对人的生存、发展、自由和解放的意义和价值"①。本文采用广义的理解。

人文教育或价值教育区别于工具性知识或技术教育的根本点是什么?人文教育或价值教育是以能否满足人类内心深处的精神需求、能够提供人类心灵赖以相委的精神家园为己任的,它是旨在发现人、寻找人的归属和提升人的生命意义与人生境界的教育。工具性知识或技术教育把传授系统的具体知识、开发人的理性思维能力作为目的,其教育过程重视知识的传播,轻情感经验的积累。就认知层面而言,人文教育或价值教育具有浓厚的经验色彩,而工具性知识或技术教育具有典型的理性意味;从心理效应上看,人文教育或价值教育会激起丰富多样的感受,是允许多元的,而工具性知识或技术教育能唤起人们大致相同的反映,是可以统一的;从知识的学习方法上看,人文教育或价值教育通过记忆、理解、思考、感悟获得知识,而工具性知识或技术教育靠逻辑推理、实证的方法获得知识;从知识的效用价值上看,人文教育或价值教育可以调节人的心态,具有提升人格的功能,而工具性知识或技术教育讲求实效性原则,最终用于改善物质生活。

人文价值教育的目标任务和要求是什么?人文价值教育以个人的价值培养为价值取向,以个体的人的意义与价值世界的建构为目的,在具体的教育活动中,追求的是人的价值素质的整体提高和价值结构的和谐统一,形成人的协调、合理的价值观。具体来说,高校人文价值教育的目标任务是通过讲解、传播具有人文精神的价值观念,帮助学生形成能够满足其个人及社会发展需要的正确的价值观,以使他们更好地规范自己的行为,处理好人与自然、人与社会以及人与自己的关系。这就要求人文价值教育首先要贯彻"以人为本"理念,密切关注学生的生活状况,了解他们的意识层面和心理层面,尊重他们的情感,关怀他们的需要和人生价值。其次要丰富教育内容,体现与时俱进。人文价值教育想推动学生摒弃不正确的思想观念,树立并发展正确的思想观念,那么它的内容就必须要与时俱进,在奠定于最先进、最新的理论基础之上,符合社会的整体发展方向,表达正确的理想和信念。最后要创新方法,实施个性化教育。用更灵活、更科学、更得当、更人性化的教育方法实现新时期人文价值教育,在教育过程中实施体现人文关怀的个性教育法,调动学生的主动性、积极性,挖掘他们内在的潜能,使他们正确定位自己,懂得对自己的情感、思维方式和行为方式的控制,学会关心他人,善待他人。

人的人文素质或价值素质的形成或成长规律是什么呢?大致有这么几点:

① 孟建伟:《论科学的人文价值》,中国社会科学出版社 2000 年版,第 4 页。

其一，在对真、善、美认知的基础上形成坚实的世界观、人生观。对真、善、美的认知存在于生活的方方面面，不仅包括在学校中人文知识的学习、老师的教学指导，还包括日常生活中对各种事物和活动的性质认知，在这些认知基础上，得到基本的是非判断，并且在生活实践中不断践行和修正，从而形成坚实的世界观、人生观。其二，通过文化—交往实践，在世界观与人生观的引导下形成价值观。文化实践不单纯是文化教育的实践，更包括了文化主体在人与自然、人与人的社会交往中的活动，人的世界观和人生观在具体的文化—交往实践中以价值观的形式表达出来，同时也使价值观得到培养、历练、考验和深化。其三，在恒定的价值观指导下形成有超越性规则的文化行为方式。人文素质或价值素质的形成目标是成为具有人文素质或价值素质的文化生命，对人生的意义、价值和完美人格孜孜不倦地追求。只有在恒定的价值观指导下，人的意志才可以外化为对真、善、美的认知和高尚情感指导下形成理想人性所具有的行为方式。

人文价值教育的客观规律是什么？一是时代发展规律。历史的车轮总是不以人的意志为转移而向前运动的，每个时代有不同的特征和价值主流，我们要用与时俱进的目光看待人文价值教育。人文价值教育要在立足中华民族优秀文化成果的基础上，汲取人类优秀的文化成果，立足民族性，体现时代性，富有创造性。二是学生人文素质或价值素质成长规律。人文价值教育必须承载自始至终的人文关怀，一切为了学生的全面发展，这种关怀不仅在于为学生提供经过选择的人类最优秀的文化成果，在于坚持个性化的原则，还在于创造有利于人发展的教育环境。从这个意义上说，人文价值教育必须坚持以人为本的理念，突出个性化的原则，贯穿到教育的各个方面、各个环节和人发展的各个环境。三是人文价值教育内在规律。人类的优秀文化成果是经过漫长的历史积淀的，人文素质教育是作为一种精神力量将其内化为学生的人格、气质和修养，也是一种积淀的过程。学生的人格、气质和修养认知发展的过程，是真实情感的传承和反映，是环境熏陶的结果。因此，渗透、情感、教化、感染是人文价值教育的独特属性和特点，其教育效果不是一蹴而就的，需要一点一滴、潜移默化地使学生形成科学的世界观、人生观、价值观，从而学会为人处世，达到身心全面和谐发展。

二、人文价值教育类课程学生评教的理论依据

(一)学生评教的重要意义

通过传授给学生人文学科知识，使他们认识自我世界、认识和适应社会、处

理人与人之间关系的能力和审美能力等得到发展，同时也使他们在心理、观念、情感和行为等方面受到培养和熏陶，形成科学的世界观、人生观、价值观，从而学会为人处世，达到身心全面和谐发展。这才是人文价值教育类课程的最终目标。然而，对于人文价值教育类课程的教学是否实现了这一目标、其教学效果如何等问题，只有学生自己才能充分感受到，只有学生才有充分的发言权来进行人文价值教育类课程的教学评价。因此，高校人文价值教育类课程学生评教十分必要，并且意义重大：通过学生评教，可以确保人文价值教育类课程教学质量，促进教学改革，增强教师的教学服务意识，突出教师的教学水平，体现教学管理中的竞争机制，有利于“教”与“学”的结合，更有利于学生从教师的教学中得到最大限度的支持，不断提高自己的学习效果。

(二)学生评教的基本前提

通过长期的教学实践、调查研究及与学生的接触、交流，我们认为，真正落实学生评教并使之对学生之学和教师之教起到切实的积极作用，就必须具备一些基本前提，否则就会成为纯粹形式主义，成为为评教而评教，不仅对教学没有实际作用，反倒可能对师生教学形成误导。积极的学生评教应该具备以下前提：

第一，学生对所评价课程的性质和目标有一定的理解，学生对自身成长成才及国家社会对人才素质的需求有一定的理解。课程的性质与目标和国家社会对人才素质的需求本质上是一致的，在高校，后者必须通过前者来实现。为此，课程教育首先应该让学生明白开设该门课程或课程体系的重要意义——与该课程相关的科学发展自身的意义及其逻辑地位，该课程的学科性质、理论功能，特别是其社会功能和意义，乃至对学生自身成长以及未来职业或事业发展的工具性和价值性意义。有了这个前提，学生对教师及其教学的评价就有了较为科学的依据，否则学生完全凭自己的主观感觉乃至个人好恶来评教，就不会进行客观的公正的评价，也就得不出科学的结论，评教活动也就失去了应有的意义。

第二，学生作为学习的主体、教育的对象有着特殊的成长规律。这意味着，评教要遵循学生成长成才的客观规律，这些规律可能并不为学生乃至教师所觉察到。在教育领域，最大的盲区就是对学生成长成才规律的无知，以至于做出了许多有害于学生成长成才的事情，不科学的学生评教就是其中之一。师生对此规律无知并不可怕，可怕的是组织教学管理和评价的机构和人员对此无知。教学的管理和评价要根据这一规律设置科学的评价指标，引导学生成长、引导教师教学，通过引导让师生自觉或不自觉地按照客观规律从事教学和学习活动。对于人文价值素质的培养而言，由价值观念的认知到相关情感的激发，再到实现此价值观的生命意志的历练乃至习惯性的价值行为的养成，这是一个价值教育的完整的过程，其间的各个环节前后密切贯通。单纯的课堂教学一般只能完成价值观念的认知，好的教学可能达到情感的激发与共鸣，而之后的意志历练和行为养成等则根本不可能在课堂教学中体现出来。而单就课堂教学来说，对价值认知和情感的教学效果的评价就不是简单的数量多少就可以测定的，而需要学生将自己内在的认知和情感的纵向变化作为评价的依据，也就是相对于此前的状况，教师的教和自己的学，这方面的认知和情感发生了什么样的变化。

第三，学生是富有个性的活生生的社会关系和智能精神发展的综合体。这是对学生的认知，设置科学的评教体系，必须以对学生的科学认知为前提。不仅同一老师所教的一个班级的学生是丰富多样的，而且单独一个学生也是富有个性和生动活泼的。一般而言，课堂教学只能面向全体、面向一般、面向共性，从而使得教学内容和形式都显得缺乏针对性、单调枯燥甚至乏味等等。大家都知道，因材施教是教育的根本规律，如何实现个性化教学是教育理论和实践的前沿课题。因此，共性与个性的结合要求将课堂教学与课下的辅导结合起来。而课下的辅导一定是有针对性、极具个性化的知识、思想、价值、情感、态度、行为等方面的引导、疏导和指导等，并不是辅导知识性、技能性的作业的次数越多，效果就越好，特别对于人文价值教育类课程而言，更不是次数具有决定性，而是针对性、个性化的思想、情感的“辅导”更具有决定性。

第四，学生具备对教师教学态度、敬业精神及其教学效果的理性判断能力。学生的这种判断能力也来自于学生的某种正确的价值观。一个理智的、价值观基本健康的学生，他表面上可以由于专业、兴趣等个人原因不认真学习该门课程，但在对待一个教师在客观的教学过程中表现出来的教学态度、敬业精神等方面，还是可以给出一个较为客观公正的评价的。教学效果的评价则完全因人而异，主观性更为显著——我们往往发现教师同行给予较高评价的一堂课，学生评价则很一般，而相反的情况也时有发生。显然，为了使学生评教更为公正并具有积极意义，教育管理及评价组织机构，必须引导和培养学生的这种判断能力。没有这种判断能力，就没有资格参与评教，即使参与，评教结果也是不可靠的。

第五，学生可以根据国家、社会为自己设定的发展目标及自己的个性发展需求判断教师的工作性质和成效。这跟上一条关系密切，如果说上条是学生对教师个人教学行为表现的微观角度，那么这一条则强调学生对宏观角度的把握和判断。任何课程都不是孤立的，每一堂课也都有其特定的目标，但这些课程及其具体的目标都离不开国家、社会为之设定的大目标。之所以提到这一点，不仅是因为我们所探讨的是人文价值教育类课程——本身具有国家意志和民族特质及社会需要的特殊性——的评教问题，更重要的是，引导学生跳出自己个人好恶的狭小视界，而站在国家、社会发展的宏观战略的高度去理性地看待每一门课程及相关教师的讲课，这样的学生评教才更有客观性，才更有积极意义。

最后，有一个科学的、适用性较强的指标体系和标准。以上各项前提似乎都是软性的，而这最后一项则具有决定性，因为这是学生评教的直接依据。确立什么样的评价标准，建构什么样的指标体系，对于引导教学、判断效果、评价优劣，乃至发现问题及其根源，不断改善教学，具有直接的决定性意义。因此，教学管理和评价组织部门必须下大工夫研究评教的标准及其指标体系，使之具有学科适用性、课程教学规律的客观依据以及学生成长成才的针对性等。

我们应该在此前提下开展人文价值教育类课程学生评教工作，以保证人文价值教育类课程学生评教作用得到充分的发挥。

三、思想政治理论课学生评教的目的和原则

为了更好地发挥人文价值教育类课程学生评教的作用，我们对山东大学（威海）思想政治理论课学生评教现状进行研究，得出思想政治理论课学生评教的指标体系构想，同时对其他人文价值教育类课程学生评教指标体系提供参考。

（一）思想政治理论课学生评教的目的

组织学生对思想政治理论课教学进行评价，最主要的目的应该是：第一，对教师的教学过程和效果作出判断。也就是对教师组织和安排教学过程的严谨性、内容的充实性、形式的适用性以及效果是否符合预期等方面作出学生自己的判断。这种判断应该对教师的教学起到一定的纠正、规范、督促、调控的作用。第二，发现教师教学教育工作的成绩、经验和缺陷、问题。这是组织学生评教的基本功能。通过学生评教，发现教师的优点和长处，发现优秀的、有效的做法，同时也发现教学过程中存在的不足、所犯的错误、所遇到的问题以及相应的教训等，以便引导教师在今后的教学中更加认真细致地设计和准备，更加完善教学过程，提高教学效果。第三，引导教师的教学目标和价值追求。学生评教一定意义上也在告诉教师学生的需求和期待，同时将课程的教学目标也渗透其中并贯彻到底。第四，引导学生正确处理与教师、教材、课堂教学、课外延伸学习及相关实践活动的关系。学生评教，不能单纯把矛头引向教师，让学生对教

师评头论足,似乎一切都是教师的问题,与学生没有一点关系。一个有效的科学的评教指标体系,应该引导学生正确地处理自己与教师的关系。比如,自己的学习态度、学习方法、用功程度是决定性的,教师只是外在的辅助或促进因素。处理自己的学习与教师的教学过程的关系。比如,必须把自己的学习融入教师的教学过程之中,或者充分利用教学过程中的各种积极因素来提升自己的学习质量和效益。处理好课堂教学与自己的针对性的课外延伸性学习的关系。比如,要明白课堂教学面向全体同学的一般性、笼统性,因此自己在课外一定要针对自己学习中的特殊问题,积极与老师形成知识、技能、情感、思想方面的良性互动,从而收到"因材施教"的效果。正确对待教师布置的实践性或研究性作业,通过这些作业来锻炼提高自己运用知识分析解决问题的实际能力,提高自己的实践动手和创新能力,等等。总之,处理好这些关系,是学生有效学习乃至成功度过大学时光的重要内容和关键环节。由于课堂教学的重要性和主阵地地位,必须引导学生根据这些关系的客观规律正确评教。思想政治理论课教学在这些问题上更具有目的性价值,否则评教就成为形式,甚至会起到相反的作用:引导学生误解课程、教师及其教学劳动,引导教师对学生厌烦、恐惧乃至嗔恨。但这肯定不是管理者组织学生评教的真实目的。

(二)组织思想政治理论课学生评教的基本原则

思想政治理论课具有自己的特殊性,它是体现国家意志和民族身份认同的战略性课程,它是引导、规范和塑造国家合法公民的实践性课程,是引导青年学生根据国家需要和社会发展趋势来自觉培养自己各方面基本素质的课程,也是学生获得科学的世界观、人生观和价值观,以及形成信仰、养成积极的建设性的行为习惯的课程。在我国,思想政治理论课还是集中注意力培养社会主义事业的合格接班人的唯一课程。因此,学生对思想政治理论课教师进行评价,就不能不考虑到该课程体系的这种性质和使命的特殊性。为此,我们认为,思想政治理论课学生评教必须遵循以下原则:

第一,人文性原则(或人本性原则),体现教学评价以学生为本,以学生的成长成才为根本目的或中心。这一原则是最重要的,因为说到底教师的教学过程对于学生成长成才来说就是手段,最终的效果好坏,只能体现在学生的成长成才上。因此,评教体系中要充分反映有利于学生成长成才的基本素质要求。

第二,价值性原则,体现教学评价的思想政治、道德品行、辩证思维能力的引导培养等内容目标。这一原则体现思想政治理论课的特殊性,因为思想政治理论课就是对学生进行人生观和价值观教育的,教师的教学效果要在学生思想认识、道德认知、情感培养、对民族和国家历史的正确认知和科学态度、对国家发展的客观规律及长远目标的理解和认同以及培养相应的科学的思维能力等方面体现出来。因此，学生评教体系的内容要把这些因素融合进去。价值性原则是思想政治理论课学生评教体系设计的核心原则，这是它区别于其他课程的根本之处。

第三，科学性原则，即实事求是，具体问题具体分析，评价有针对性、适用性、实效性，而不是形式化、一刀切。这一原则体现的是评教的针对性，这是一个思想方法问题，科学讲求实事求是，要求按照辩证法办事，而不是用一个“放之四海而皆准”的公式死板硬套地评价一切。这要求思想政治理论课学生评教一定要有自己的指标体系，而不是照搬其他技能性、知识性课程的评教体系，否则只能导致学生更进一步地厌恶思想政治理论课教学，不会对师生教学起到任何积极作用。同时，科学性原则也要求评价教学时应该把定性评价和定量评价结合起来，而不能只是定量评价，将量化指标作为最终的评判依据，而无视评价中的其他因素的作用。量化指标客观、清晰、容易操作，结论似乎很准确，但是其片面性、机械性也非常明显，因此应该结合定性评价来得出综合结论，纠正目前认为定性评价主观性强没有意义的错误观念，引导学生对教学进行全面评价。

第四，建设性原则，即引导教师和学生积极面对教学、学习和评价中的问题、经验、成绩和不足等，鼓励师生探讨发扬长处、改善工作的积极性。这一原则的初衷是要引导学生积极地面对教师教学过程中的一切。教师也是在成长之中的，难免出现各种各样的问题，如何对待这些问题，需要一个正确的态度和方式。建设性原则，要求设计评教指标体系时，着力引导学生和教师的积极、乐观、进取的态度，而不是引起学生对教师的消极乃至破坏性的态度，引起教师对学生的烦躁、对立，甚或迎合其低级趣味、娱乐化教学。

第五，和谐性原则，即至少不有意识地制造师生矛盾或冲突，不去引导或暗示老师迎合学生的不良趣味，不去引导学生猎奇式或娱乐八卦式地看待或评价教师。和谐的师生关系是充分发挥教学过程中师生两个方面积极性的重要前提。组织学生评教不能有意识地引导学生抱怨教学、忌恨教师，也不能通过评教结果引导教师怨恨学生，乃至造成师生对立，以致引起极端的师生对抗事件。

原则毕竟只是原则，要落实到具体的评教实践中，确实不是简单的事情，但是，学生评教的组织管理者一定要有这方面的自觉意识。否则，用一个公式套用一切，最简单、最省力，但也危害最深，对我们建设世界一流大学、培养世界一流的大学生不仅无益，而且是背道而驰的。

山东大学(威海)思想政治理论课学生评教问题调研报告*

武晓玮　吴文新

高校思想政治理论课具有特殊的教学性质、特征、功能和目标,因此组织学生对其教学状况进行评价(即学生评教)十分必要且重要。而高校思想政治理论课学生评教存在一系列难点,造成高校在进行学生评教活动中出现很多问题。通过对山东大学(威海)思想政治理论课学生评教状况进行实地调研,并以调查统计数据为基础进行分析,提出了完善高校思想政治理论课学生评教系统的建议性思路。这对高校思想政治理论课教学效果评价机制的改进与完善,促进高校思想政治理论课教学改革、教学质量提高,促进高校学生思想政治理论课学习效果的提高,都具有重大意义。

一、高校思想政治理论课学生评教问题研究背景

(一)高校思想政治理论课的性质、目标及特征

在高等学校开设思想政治理论系列课程,对青年学生进行系统的马克思主义理论、思想品德和政治教育,是由社会主义高校的性质和办学宗旨所决定的,是党的教育方针的具体体现,其基本性质是集政治教育、思想教育、道德教育和人文素质教育于一体的课程。思想政治理论课教学的主要目标是向学生传授马克思主义思想政治理论知识,帮助学生掌握科学的世界观和方法论,引导学生树立科学的人生观和价值观,培养学生分析和解决社会、人生等问题的能力。

* 本文为学校重点教研项目"人文价值教育类课程学生评价体系研究"阶段性成果之一;吴文新负责设计问卷和最后修订完善报告,武晓玮等具体进行调查和问卷统计、撰写报告初稿。

其中,科学人生观和价值观的教育是思想政治理论课教学最重要的目标,思想政治理论课教师应着力于引导学生为了实现自己正确的价值追求而努力学习和不断提高。思想政治理论课与各专业和学科的其他各部门课程的教学相比,有自己的特殊性和差异性,表现出自己鲜明的特征:政治性、时代性、理论性、科学性、实践性、思想性、育人性等等。思想政治理论课的性质、目标和特点,对我们评价其教学效果有着根本的制约性,当然对学生的评教也应该有根本的制约。

(二)高校思想政治理论课学生评教必要性及重要性

高校教学评估有多种渠道,如教师自评、同行专家互评、领导评估、学生评估等。教师自评、领导评估,很难反映出课程教学质量的全貌,评价的偶然性、局限性较大;而同行之间互评,由于各种主、客观原因的限制,无法得出客观、准确的结论。相对于这些评估渠道,学生评教有不可替代的作用。在教学过程中,学生是教学活动的直接对象,老师的一言一行完全置于学生的视野之内,学生对老师有最全面的接触和最深切的了解,完全有资格对教师的教学行为给予准确客观的评价。对具有鲜明的思想性和育人性的思想政治理论课而言,使学生坚定共产主义理想和信念,树立马克思主义世界观、人生观和价值观,才是思想政治理论课教学的最终目标。然而,对于思想政治理论课的教学是否实现了这一目标,其教学效果如何等问题,只有学生自己才能充分感受到,只有学生才有充分的发言权来进行思想政治理论课的教学评价。因此,高校思想政治理论课学生评教十分必要,并且意义重大:通过学生评教,可以确保思想政治理论课教学质量,促进教学改革,增强教师的教学服务意识,突出教师的教学水平,体现教学管理中的竞争机制,有利于"教"与"学"的结合,更有利于学生从教师的教学中得到最大限度的支持,不断提高自己的学习效果。

(三)高校思想政治理论课学生评教的难点

学生对思想政治理论课的课程性质、教育目标以及相应的教育教学特点和规律没有完整和准确的认识,必然影响学生评教结果。思想政治理论课教师在一定时间内对学生教育所取得的成效,不仅是以学生掌握马克思主义理论等知识的程度为标准,更重要的是对学生思想和行为的评价。但如果把学生价值观和行为的改变完全寄予短短一个或几个学期的授课,也不符合实际。另外,学生在评教时,对自己思想觉悟是否提高、用理论知识分析问题的能力是否增强、实践中的效用如何等,很难用一个统一的尺度来衡量,甚至会根据自己的个人好恶、对课程的先入之见、对老师某些较为严厉的措施以及观点的差异等,而作出完全不同的评价。并且,学生思想行为的形成、发展受多种因素影响,其中思想政治理论课教学的影响作用占多大比例的问题,很难作出准确判断。

(四)所有课程"一刀切"的学生评教体系带来了严重问题

近年来,学校引进了一套学生评教指标体系,对全校的人文社科、理工等所有课程一律适用。这套体系设计了 6 个问题,而且涉及具体细致的教学方法,老师们觉得这个指标体系严重束缚了老师们的教学能动性和创造性,使大家陷入一种纯粹机械的教学操作流程之中,对教师的教学个性造成伤害。不少老师认为这是评价中小学教学的方法,根本不适用于大学教学。比如几个核心问题:老师课堂上是不是经常提问?老师是不是经常布置作业?老师是不是经常课后辅导作业?而且每个问题下面的几个选项全是定量指标,数量越多,对应的分数越高,似乎表明老师的教学水平就越好。这样,一个学术水平和教学能力非常高的老师可能会因为这些指标的数量少而成为学生"不欢迎"的老师,而那些迎合这个指标体系,课堂上只通过提问的方式进行教学、布置很多作业的老师,即使同学很讨厌,也会得到高分。显然,这种评教方法并不能真实地反映教师的教学状况,也不能反映实际的教学效果,以及学生对教学的真实看法。因此,基于学科针对性和大学教育之本质特点的学生评教体系的改革已成为现实的必要。

二、高校思想政治理论课学生评教问题调研与结果分析

(一)调研基本情况

1.调研对象、形式及目的

本次调研的对象为山东大学(威海)的在校学生。调研主要采用针对性问卷调查的形式:共发放 550 份调查问卷,回收有效问卷 518 份,回收及有效率 94%。在调研过程中,调研对象大都能本着实事求是的态度,表达他们的真实想法。所以,这次调研反映的情况是客观的,数据是真实有效的。调研结束后,借助 SPSS 统计软件对调研数据进行分析,通过第一手真实数据反映高校学生对思想政治理论课学生评教这一问题的认识及看法,并由此探讨、分析高校思想政治理论课学生评教现状。

2.调研对象的背景状况

(1)性别构成:男性占 54%,女性占 46%。

(2)学历构成:专科占 2.1%,本科占 97.7%,硕士占 0.2%。

(3)专业类别构成:文科占 45.4%,理科占 40.7%,工科占 9.2%,农科占 0.2%,医科占 0.4%,其他占 4.1%。

(4)正在修学的思想政治理论课状况:"思想道德修养与法律基础"占

3.7%,“中国近现代史纲要”占31.3%,“马克思主义基本原理概论”占30.5%,“毛泽东思想和中国特色社会主义理论体系概论”占33.5%,“形势与政策”占0.6%,其他占0.4%。需要说明的是:“思想道德修养与法律基础”课是大一第一学期上课,还没有进行过评教,数据应该是一种对现行评教体系的意愿性认知;“形势与政策”课课时较少,故未作为重点进行;另外三门课是大多数学生正在修学的主干课程,样本数占到95%以上。

(5)政治面貌构成:中共党员占4.6%,共青团员占92.6%,一般群众占2.3%,其他党派占0.4%。

(6)职务构成:校学生会干部占6.3%,院(系)学生会干部占17.7%,校团干部占1.1%,院(系)团干部占1.3%,班委或班团干部占35.9%,其他占37.7%。

(7)父母职务构成:党政干部占10.5%,国有企业经营管理人员占6.9%,私营企业经营管理人员占12.1%,中小学教师占6.0%,大学教师占1.2%,在岗工人占16.7%,乡村农民占32.5%,下岗或失业人员占4.2%,城市务工农民(农民工)占2.2%,其他占7.7%。

(二)高校思想政治理论课的学习及评教状况分析

1.学生的评教态度

大部分学生“对思想政治理论课老师的教学,是通过冷静的理性思考,本着对自己和老师负责的精神来进行评价的”;但有25%的学生选择“为了能使我顺利选课,或者因我对思想政治理论课一点兴趣都没有,我在网上对思想政治理论课老师进行评价时就是应付一下,随便打钩或填写几句”(见图1),说明部分学生在评教时态度不认真,敷衍了事。

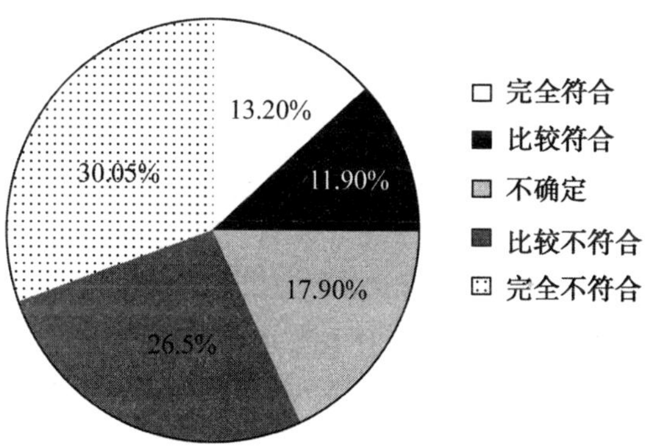

图1 “我在网上对思想政治理论课老师进行评价时就是应付一下,随便打钩或填写几句”的调查结果

2. 学生评教指标

(1)一般评教指标。一般课程教学目标主要关注学生相关学科知识的掌握和相关能力的提高，主要涉及认知领域和动作技能领域，教学评价目标相对具体、客观，高校根据一般课程教学目标的要求制定学生教学评估的调查问卷，涉及老师上课提问情况、老师课外作业布置情况、老师课外作业辅导情况等问题。根据调查得出：32.8%的学生认为“老师课堂上提问多少”和“对老师的评价高低”的关系不确定，即“思想政治理论课老师如果在课堂上提问多，我给他的评价可能高也可能低”；51.4%的学生认为“老师布置作业多少”和“对老师的评价高低”的关系不确定；30.6%的学生认为“老师课外作业辅导多少”和“对老师的评价高低”的关系不确定(见表1)。这说明学生们普遍无法从“老师上课提问”“布置作业”“课外作业辅导”等与其他专业课相同的一般评教指标方面直接确切地得出对思想政治理论课老师教学效果的评价。

表1　　一般指标与学生评价对应情况

题目	基本符合	不确定	基本不符合
思想政治理论课老师如果在课堂上提问越多，我给他的评价也越高	40.6%	32.8%	23.6%
思想政治理论课老师如果给我们布置作业越多，我给他的评价也越高	20.6%	51.4%	38.0%
思想政治理论课老师如果在课外对我们的作业辅导越多，我给他的评价也越高	46.0%	30.6%	23.4%

(2)特殊评教指标。高校思想政治理论课教学目标不仅有一般课程的认知目标，而且还有情感目标和行为目标。高校思想政治理论课教师教学效果评价一方面对老师是否把思想政治理论传授给学生、学生是否掌握了这些基本理论进行评价；另一方面也要对学生的思想状况进行评价，即学生是否对世界、国家、民族有了科学的认识，是否自觉地用正确的马克思主义方法论指导自己的行为，是否树立了正确的世界观、人生观、价值观，这是与其他课程教师教学评价内容明显不同的特点。因此，学生评教时应该还要考虑除了一般评教指标之外的特殊评教指标。根据调查得出：学生们普遍认为“老师在课外与学生交流越多”“老师课堂上传授知识量越大”“老师课堂上所讲的道理越深刻、越触动心灵”“老师授课时能够明确抓住考试要点，或划出重点”，则对老师的评价越高(见表2)。这说明大部分学生将“老师在课外与学生进行思想、感情、生活等方

面的交流”“老师课堂上传授知识量的多少”“老师课堂上所讲道理是否深刻、触动心灵”“老师授课时能否抓住考试要点，或划出重点”作为评教时参考的重要指标，并且对在这些方面符合要求的老师给予肯定评价。同时也看出学生重视考试及考试成绩，对思想政治理论课的学习、评教带着应试心理。

表 2　特殊指标与学生评价对应情况

题目	基本符合	不确定	基本不符合
思想政治理论课老师如果在课外跟我们在思想、感情、生活等方面交流越多，我对他的评价越高	78.5%	14.5%	7.0%
思想政治理论课老师课堂上传授知识量越大，我对他的评价也越高	77.6%	16.2%	6.2%
思想政治理论课老师课堂上所讲的道理越深刻、越触动我的心灵，我对他的评价越高	91.2%	6.4%	2.4%
思想政治理论课老师授课时能够明确抓住考试要点，或划出重点，我对他的评价越高	85.2%	11.8%	3.0%

3. 思想政治理论课教学

绝大部分学生(93.8%)“对思想政治理论课教学，更喜欢老师授课的生动性、趣味性，而不喜欢枯燥乏味的理论”；在“思想政治理论课老师对那些娱乐八卦或其他生动有趣的东西讲得越多，让我们越高兴、快乐，我对他的评价也越高”这一项中，41.4%的学生认同，40.4%的学生不认同，28.2%的学生无法从这方面得出对老师的直接评价。这说明课堂的生动、趣味不是只看老师是否讲很多娱乐八卦类的有趣东西，不是所有学生都对娱乐八卦类的东西感兴趣；而是老师授课时不能单纯灌输枯燥乏味的理论，要结合多方面内容，并且要将授课内容讲得通俗易懂、生动有趣。

4. 学生对老师的态度

在“我发现思想政治理论课老师连自己都不相信他讲的东西，就觉得思想政治理论课老师很可怜”这一项中，34.5%的学生有这种想法，46.9%的学生没有这种想法，18.6%的学生对此说法不确定。这说明思想政治理论课老师授课时没有完全表达自己的意思，使 1/3 的学生产生质疑或抵触，近一半学生以冷漠处理，少部分学生产生困惑。绝大部分学生(90.9%)认可“不管怎样，我发现思想政治理论课老师大部分很敬业，对我们很负责，我尊重他们的劳动和人格”,说明大多数学生坚持了理性评价,能够辨别好坏、区分真假。

(三)高校思想政治理论课学生评教的意愿性调查结果分析

1.学生对评教指标的应用意愿

超过半数的学生怀疑是否可以用同样的指标评价思想政治理论课与专业课,31.1%的学生基本不赞同用同样的指标评价思想政治理论课与专业课(见图2)。但在实际评教过程中,有83.2%的学生“对思想政治理论课的教学评价,与其他专业课的教学评价使用的是同一个指标体系”。这说明部分学生已经认识到思想政治理论课与其他专业课在教学评价内容方面的区别,应该确立专门的思想政治理论课评教指标来对其进行评教,但由于实际中不存在专门的思想政治理论课评教指标而无法操作。

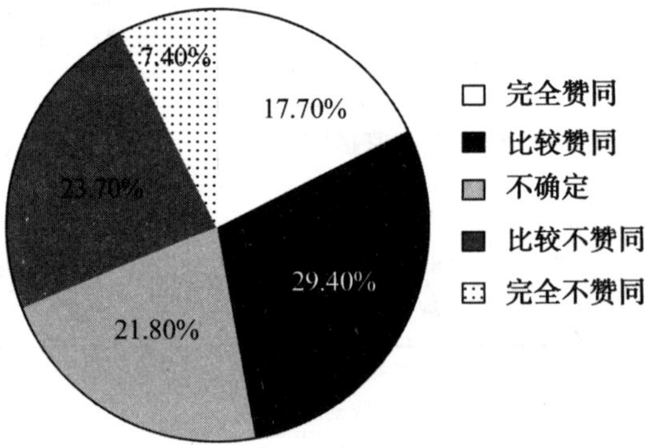

图2 “思想政治理论课与我所学的专业课没有本质区别,因此可以用同样的指标来评价”的调查结果

2.学生对思想政治理论课的认识及态度

89.2%的学生赞同“思想政治理论课是一个涉及国家、民族文化价值和意识形态教育的战略性课程,主要是培养我们的民族和国家身份认同”;89.5%的学生赞同“思想政治理论课教学主要不是给我们传授知识、培养应试或职业技能,而是传播思想,帮助我们理解人类世界,理解我们的民族、国家及其前途命运”。这说明大部分学生明确思想政治理论课的教学目标,认识到思想政治理论课与其他专业课在教学目标上的区别。89.1%的学生赞同“不管是否感兴趣,作为公民,我都有责任学好这些课程”;72%的学生赞同“不管我们对思想政治理论课是否感兴趣,老师的严格要求都是有益的”。这说明大部分学生认识到思想政治理论课对自己人生修养和民族前途、国家发展大有裨益,因此有良好的学习态度(见表3)。

表 3　　学生对思想政治理论课性质的认同情况

题目	基本赞同	不确定	基本不赞同
思想政治理论课是一个涉及国家、民族文化价值和意识形态教育的战略性课程，主要是培养我们的民族和国家身份认同，不管是否感兴趣，作为公民，我都有责任学好这些课程	89.2%	5.8%	5.0%
思想政治理论课教学主要不是给我们传授知识、培养应试或职业技能，而是传播思想，帮助我们理解人类世界，理解我们的民族、国家及其前途命运	89.5%	6.6%	3.9%
不管我们对思想政治理论课是否感兴趣，老师的严格要求都是有益的	72.0%	17.9%	10.1%

3. 学生对思想政治理论课教学方法的认识

77.7%的学生赞同“如果思想政治理论课教学能够鼓励学生多提问，而且提的问题越有深度和独创性，我们的收获也越大”；而对“思想政治理论课课堂教学师生互动主要是老师多向我们提问，提问越多，我们的收获也越大”这个问题，51.8%的学生持怀疑态度，23%的学生基本不赞同。这说明大部分学生认为传统的老师提问的教学方式在思想政治理论课教学中的作用没有在一般课程中的作用大，用“老师课堂提问多少”这一指标来进行思想政治理论课教学评估有失偏颇。87.9%的学生赞同“思想政治理论课没必要像专业课那样布置机械训练性的作业，课后辅导也应该以师生思想交流为主”；70.8%的学生赞同“思想政治理论课教学如果能给我们布置一些独立思考的实践性作业，我们会很感兴趣，也乐于去做”。这说明大部分学生认为机械训练性的作业在思想政治理论课教学中的作用没有在一般课程中的作用大，学生在课后更需要与老师进行思想交流，并进行一些独立思考的实践性作业，用“老师课后作业布置多少、老师课外作业辅导多少”这些指标来进行思想政治理论课教学评估意义不大（见表 4）。

表 4　　学生喜欢什么样的思想政治理论课教学方法

题目	基本赞同	不确定	基本不赞同
如果思想政治理论课教学能够鼓励学生多提问，而且提的问题越有深度和独创性，我们的收获也越大	77.7%	15.3%	7.1%
思想政治理论课课堂教学师生互动主要是老师多向我们提问，提问越多，我们的收获也越大	48.2%	28.8%	23.0%
思想政治理论课没必要像专业课那样布置机械训练性的作业，课后辅导也应该以师生思想交流为主	87.9%	9.6%	2.5%
思想政治理论课教学如果能给我们布置一些独立思考的实践性作业，我们会很感兴趣，也乐于去做	70.8%	19.8%	9.4%

4. 学生对思想政治理论课评教标准的认识

88%的学生赞同"思想政治理论课的学生评教前提是，学生懂得思想政治理论课的课程性质、教育目标以及思想政治理论课教育教学的特点和规律"；85%的学生赞同"思想政治理论课教学只要使大多数同学对某些问题(国家、民族、社会、人生等)有了比以前更深刻、更全面或更符合国家利益要求的认识、体会或启发，就是成功的"。这说明大部分学生认识到思想政治理论课有不同于其他课程的课程性质、教育目标及自己的教学特点规律，因此在进行思想政治理论课评教时也应该有不同于其他课程的评教标准。

5. 学生对思想政治理论课老师的评价

86.4%的学生赞同"我们对思想政治理论课老师的评价，应该以政治立场、理论水平、敬业精神和道德人格等定性方面为主"。现在学生评教方式多以定量评价为主，而思想政治理论课在课程性质、教育目标上有特殊特点，因此，对思想政治理论课的评教应该定性分析与定量分析相结合。对"按照不同学生的评教结果给老师排队不科学，因为只有同样的学生对不同的老师打分，结果才具有可比性"这一项，57.7%的学生赞同，14.8%的学生不赞同。半数以上学生认为，"同样的学生对不同的老师打分，按此结果给老师排队"的方法更科学。

6. 学生对我校思想政治理论课学生评教指标体系的态度

46.4%的学生赞同"目前我校设置的对思想政治理论课教师的学生评教指

标不科学，没有针对性，不能对提高我们的学习效果起到积极作用"；70.2%的学生认为"我校的学生评教指标体系应该尽快改善"。为了更好地促进思想政治理论课教学改革，改进思想政治理论课老师的教学方法，提高广大同学对思想政治理论课的学习效果，我们应当认真研究我校思想政治理论课学生评教指标体系，使之更加科学、完善。

三、思想政治理论课学生评教问题调研结论及原则性建议

以上调查结果显示，大部分学生认识到思想政治理论课对自己人生修养大有裨益，因此有良好的学习态度，并且认为思想政治理论课教学应该鼓励学生多提些具有深度和独创性的问题，鼓励学生在课后与老师进行思想交流，并进行一些独立思考的实践性作业，这样学生更能在思想政治理论课学习上有更大、更实质性的收获。因此，为了促进思想政治理论课教学改革、提高教学质量，改善学生思想政治理论课学习效果，我们应该致力于思想政治理论课学生评教系统的完善。

综上可知，我校在思想政治理论课学生评教中存在以下问题：部分学生评教态度不端正、学生评教指标不科学、学生评教方法不完善、现行评教排序方法不合理等等。针对这些问题，我们提出以下原则性建议：

(一)对学生进行评教指导，端正学生评教态度

学生评教结果对高校思想政治理论课教学改革、教学质量提高、促进学生思想政治理论课学习效果的提高有重要意义，如果学生的评教态度不认真，评教结果的可靠性和有效性将无法保证，这将对思想政治理论课教学产生严重负面影响。学生评教态度不认真的表现有：学生根据对教师的个人好恶来进行评价，学生根据对该门课的喜好程度来评价，学生根据该门课教师对学生要求的宽严度来评价，学生根据教师是否能在考前划出考试重点来评价，甚至有的学生抱着应付的态度随意评价。[①] 因此，建议学校对学生进行评教指导，一是要让学生明确评教重要性，思想上重视评教，理解评教的意义和要求，以负责的态度参与评教活动；二是要让学生理解思想政治理论课的课程性质、教育目标以及思想政治理论课教育教学的特点和规律，确定正确的评教依据。这样才能提高学生评教结果的质量，以便帮助教师提高教学质量，促进学生提高自己的学习效果。

同时，由于我们对学生学业评价时，只重视对学生基础知识的掌握情况进

① 参见唐瑛：《高校学生评教探索》，载《西南民族大学学报(人文社科版)》2003年第10期。

行测试，忽略了对学生情感、态度、价值观及对学生实践能力的测评，促使学生过分重视考试及考试成绩，在学习和评教时带着严重的应试心理，而没有真正考虑自己思想状况的变化、价值观的树立等问题。因此，我们也应当适度改进学生学业测评方式，以便真正实现思想政治理论课的教学目标。

(二)确立正确的学生评教依据

在评教过程中，学生由于没有正确的评教依据，经常无目的地根据自己的喜好进行评价。因此，需要让学生确立正确的评教依据，以提高学生评教结果的可靠性和可信度。有关学者提出“以学生学习效果为切入点建构高校思想政治理论课评价体系”的新理念[①]，即以学生学习效果为逻辑起点，规定学生学习效果的基本内涵，归因影响学生学习效果的基本要素，分析各个要素分别对学习效果有什么样的影响以及影响程度。这样，不同学校就可以根据各个要素与学生学习效果的关联去查找自己学校的实际情况，以对症下药，有针对性地改善影响学生学习效果的工作和条件，最终真正提高思想政治理论课教育教学实效，把发展性评价落到实处。以学生学习效果为逻辑起点形成的思想政治理论课评价体系，包括反映学生学习效果的三个主体方面评价，即对学生基础知识的掌握情况的测评，对学生情感、态度、价值观的测评，以及对学生实践能力的测评。学生评教系统也应依据这个理念进行改革，让学生评教时以学习效果为切入点，而不是无目的地根据自己的喜好进行评价，分析教师课堂上各种教学方法及课外辅导方法等对学生学习效果有什么样的影响以及影响程度。然后再评价各位思想政治理论课教师教学方法对提高学生学习效果的作用，这样不仅得出对不同老师的评价，还能让不同老师根据各种教学方法与学生学习效果的关联去查找自己教学的实际情况，有针对性地改善影响学生学习效果的教学方法，最终真正提高思想政治理论课教育教学实效。因此，学生评教系统应根据这个理念设定评教指标，改进学生评教问卷中相关问题的设置。

(三)设定科学的学生评教指标

高校思想政治理论课教学的主要目标是提高学生的思想道德素质和政治素质，重在教育、引导学生如何做人，而不是单纯传授知识。因此，对思想政治理论课的学生评教与其他专业性课程使用同一套评教指标体系，采用相同的评教指标，即“老师上课提问多少”“布置作业多少”“课外作业辅导多少”等是不科学的，学生们普遍无法从这些一般评教指标方面直接确切地评价思想政治理论课老师的教学效果。思想政治理论课学生评教指标的设定应该做到：指标必须与思想政治理论课教学目标保持一致，不能游离目标之外；指标制定必须整体

---

① 参见肖映胜、张耀灿：《高校思政课教学评价理念新思考》，载《中国高等教育》2011年第6期。

完备，能全面再现和反映教育目标；指标体系还能符合学生思想品德的实际水平，能为广大学生认可和接受，具有可行性；指标体系的制定能通过测量得出明确的结论。[①]

思想政治理论课老师与学生进行思想、感情、生活等方面的交流，老师在课堂上传授丰富知识、讲解深刻道理，可以促使学生主动参与思想交流，在思想的碰撞中自然而然地接受引导，自觉而主动地选择马克思列宁主义、毛泽东思想和中国特色社会主义理论，选择爱国主义、集体主义和社会主义，这将大大有助于提高学生的学习效果。因此，思想政治理论课的学生评教指标应该增加“老师在课外与学生进行思想、感情、生活等方面的交流”“老师课堂上传授知识量的多少”“老师课堂上所讲道理是否深刻、触动心灵”等指标，这样更能评价出思想政治理论课教师的教学情况。

(四)定性分析与定量分析相结合

“定性分析”通过对考核对象的整体及性质的分析综合来把握该对象，对评价对象一般只能作出原则的、大致的、趋向性的判断；“定量分析”则是对评价对象的各种量的关系，如程度、范围、规模、次数等进行分析后把握该对象，并作出结论性分析。由于高校思想政治理论课学生评教活动包括对“人”的测评，其测评过程绝不是简单的量化数据就可以完成。在思想政治理论课学生评教过程中，必须坚持定性分析与定量分析的统一。如：对思想政治理论课老师的评价，应该以政治立场、理论水平、敬业精神和道德人格等定性方面为主，兼顾数据分析与宏观界定，在定性分析的基础上进行精确的定量分析和描述。

(五)制定合理的排序方法

不同的学生对不同的老师打分，按此结果给老师排队不合理，综合不同渠道教学评估的结果给思想政治理论课教师进行排队的方法更合理。将教师自评分数，同行教师互评分数，领导、专家组成的教学质量监督小组的评估分数与学生评教分数加权总和，再对其求平均值得到相应分值，按照此分数对老师进行排队。而学生评教应该把同样的学生对不同的老师打分的结果作为计算参数，因为同样的学生会采用同一个评价标准对不同老师打分，这样得出的对不同老师的分数才有可比性。

(原载《改革与开放》2015年第5期)

① 参见李资源：《高校思想政治理论课教学评价指标体系研究的现状与思考》，载《思想理论教育导刊》2007年第2期。

高校思想政治理论课考试改革探析*

赵　焱

近年来,高校思想政治理论课改革热闹异常,各种理论话语伴随教育体制、教学模式以及课程内容体系的改革大潮纷至沓来,虽然取得了不少积极的成效,但依然存在着诸如学生的消极抵触情绪、教师的无所适从等困境,这不得不让人一再反思:问题究竟出在哪里? 与此同时,根据党中央的意见和部署,2005年通过的高校思想政治理论课新课程方案,2006年已进入各高校的实施阶段,这更加推进了新一轮的高校政治理论课的系统改革。为此,我们结合本校的政治理论课教学实践,进行了积极的探讨与研究。

一、改革的主要原因

无疑,高校政治理论课的开设是大学生素质教育所必不可少的,但教学理念、教学方法、教学手段等的改革却是势在必行的,原因何在? 这首先要从分析大学生"厌学"情绪入手。我们知道,人有向他之外的客观世界索取种种知识的使命和愿望,早在古希腊时代,先哲们就把知识、求知看作人最主要、最本质的属性。苏格拉底提出了"知识及美德"的命题;亚里士多德认为,求知是人类的本性,是人类的最本质冲动;柏拉图要在人们心灵里建立的也是知识的"理想国"。到了近现代,科学技术知识更是取代了上帝的力量,"知识就是力量",不仅成为社会历史发展的走向,而且也是人要成为万物之主的价值追求。这种知识不仅包括现实存在的可以被反复验证的事实和现象,而且同样包括形而上的超越于现实事实的各种理想与追求以及现实生活的意义追寻。马克思主义理

* 本文为山东大学(威海)教研课题"思想政治理论课考核方式与教学方法的改革与实践"成果之一。

论无疑是属于这个意义上的知识范畴。青年大学生的求知欲是很强烈的，那么，为什么当代大学生对政治理论课却存在普遍的厌学抵触情绪呢？2006年春，我们曾就此问题对全校本科新生作了问卷调查，在被调查的1599人中，认为是“市场经济负面冲击”的有938人，占总数的58.7%；认为“理论过时”的有353人，占总数的22.1%；认为是“教材质量问题”的有176人，占总数的11%；认为是“教师水平问题”的有132人，占总数的8.3%。在此基础上，我们又对其他兄弟院校进行了多方了解，并进行了讨论，认为当前思想政治理论课缺乏吸引力的原因主要有以下几个方面：

第一，有现实社会主义发展不尽如人意、实践说服力不够的问题。正如水由高处向低处流一样，先进国家的发展模式总是容易对落后国家的发展模式造成冲击和辐射。20世纪上半叶社会主义苏联的迅速发展壮大，曾使许多的国家和人民相信并接受了社会主义。今天世界社会主义发展正处于严重挫折后的低潮，中国的社会主义实践又是初级阶段，而与资本主义新一轮繁荣相伴的是其主导的经济全球化潮流，一浪高过一浪。这一形势使人们对马克思主义理论的认同与接受面临新的挑战。

第二，受市场经济大潮的影响。不可否认，在市场经济条件下的今天，知识越来越信息化、实用化和商业化，人们越来越趋向于片面追求知识的“力量化”，而忽视或放弃知识的“意义性”及其与个体精神成长的联系。这种对待知识的态度使知识的学习更多地遵循纯功利的标准。这种倾向反映到高等教育中，就表现为大学生仅仅满足于对将来寻求理想职业直接相关的专业技能性知识的“占有”，失去了对人的精神成长和个性发展相关的人文知识的关照，如此说来，思想政治理论课的学习缺乏立竿见影的实用性。

第三，传统的教材模式难以适应新的时代发展要求。本门课的宗旨在于培养人对人的世界的认知能力，培养人作为人的一种社会责任，就是说，人要对他的现实生活作出反思，去追寻现实存在的各种意义。这种意义的追寻必须超越现实存在的指向，它构成人的生活目的与理想，使人趋于完美，不断超越现实的局限，走向自由的本质。这要求本课的教学要源于现实生活而又超越现实生活。现行教材难以贴近生活且体例创意上缺乏应有的新思路、新视野和新形式，过分强调知识体系的严密性和逻辑性，而忽视了社会性、直观性、活泼性和启迪性，学习起来难以引发兴趣。

第四，课程内容重复，缺乏吸引力。当前高校政治理论课的内容与中学阶段有重复，这是不争的事实。马克思主义哲学、政治经济学、毛泽东思想、邓小平理论的基本内容，学生在中学阶段大都已经知晓，虽然其中许多知识点当时还不能完全理解，但为了应试，主要的知识考点训练得很娴熟。因此，应试教育的导向，使中学阶段的学习做了“夹生饭”，这样大学阶段的学习缺乏新鲜感。

第五，教学手段单调乏味，难以调动学习者的学习积极性。传统的机械灌输式教学方式，不能充分调动学生的积极参与，无法实现以学生为主体的教学模式转变，师生之间缺乏沟通与交流，难以实现教学环节的和谐与共鸣。

第六，过于注重政治性宣传而忽视学术性和科学性的探究。教学只停留在一种政治宣传、政治性表态和政治服从，再加上社会实践环节与教学的脱节，有些时候理论在解释现实生活时缺乏说服力，难以深入人心。

综上所述，目前高校思想政治理论课存在的突出问题在于：课程目标过多服从于政治需要和维护社会稳定的需要，而对个性发展的需要和个人生活与政治理论素养的关系不够重视甚至忽视。课程体系结构过于注重知识逻辑，却忽视了生活逻辑，加之以灌输式的教学方式，使学生在教材设定的内容与程序上被动地学习，不能发挥自身的主体性和积极性，缺乏应有的讨论，即使发动讨论，也是为了得出既定的结论，而不是开阔视野、启发思路、获得认知和反省的能力。课程内容上过于注重宣传性而缺乏必要的稳定性和科学性，注意联系国家政治生活现实，新政策、新方针的出台往往很快反映到课程中去，很多内容具有暂时的政策性，缺乏科学的筛选，这无疑会影响其科学性、可信度和说服力。特别是在社会主义市场经济条件下，如何探索更加有效的思想政治理论课教学模式是一项重大课题。

造成上述诸多问题的根本原因在于，目前社会主义社会的发展水平有限，实践说服力不够。同时，我们对于思想政治理论课的功用、实质以及教学目的、手段、方法等的认识没有与时俱进，不能适应新时代、新的发展要求以及当代大学生的新特点进行有效的因势利导，难以发挥本门课在素质教育中应有的作用。

面对如此种种的困境，我们实施改革，其目的是为了适应时代发展要求，恢复教育的本来意义和价值，即以提高学生素质为要，养成学生健康人格，形成辩证的思维方式，促进学生全面发展。这就要求我们在教学目标、教学内容、教学模式、考试方式等诸环节必须与学生成长经验、与其生活世界紧密联系起来。为此，我们对思想政治理论课教学进行了全面改革。近年来，我校马克思主义教学部承担了十几项有关教学改革的课题。

尤其是，考试一直是困扰思想政治理论课教师、学生以及全部教学工作的瓶颈，严重阻碍教学改革以及对学生素质的培养。很长时期以来，思想政治理论课的考核大都注重记忆、理解，忽视了应用，而从本课程的特点上看，应用恰恰是检测学习效果极其重要的方面。闭卷考试的最大弊端是过分重视书本知识特别是外部灌输性知识的学习，过分重视应试技能。与此相应的教学方法主要是机械的灌输，严重束缚了学生创造性思维的开发，忽视其情绪、情感及个性发展，忽视其自我意识和综合能力的培养，这与素质化教育的宗旨是背道而驰的。邓小平同志曾强调指出："考试是检查学习情况和教学效果的一种重要方法，如同检验产品质量是保证工厂生产水平的必要制度一样。当然也不能迷信考试，把它当作检查学习效果的唯一方法。要认真研究、试验，改进考试的内容和形式，使它完善起来。"①为了强化思想政治理论课教学的针对性与实效性，积极配合本课其他环节的教学改革，我校自 2002 年以来着手对思想政治理论课考核办法进行改革，逐步形成一套闭卷与开卷、笔试与口试、平时成绩与期考成绩、基本理论与道德认知以及实际表现相结合的综合考核评价体系。几年的实践效果比较好，也引发了一些思考和探索。

二、改革的主要思路和方法

在实践中，我们分析了现行考核方式中存在的种种弊端，对包括考试时间、考试内容、考试环节等诸方面问题进行了探索，逐步形成了一套比较行之有效的考核评价制度。

第一，明确考试目的。我们在反思中追问，思想政治理论课究竟是什么？其教学目的是什么？考试的目的又是什么？我们曾经对全校 1643 名本科生作过调查，认为"思想政治理论课是理论与实际相联系的科学"的有 1196 人，占 72.8%；认为"不知道"的有 227 人，占 13.8%；认为是"空洞的说教"的有 220 人，占13.4%。可见，马克思主义理论是科学，大多数学生是认同的。作为科学的马克思主义理论，它揭示的是人对于自然界、社会和思维规律及经验的认知，这种认知水平直接影响人对生命意义的追寻，是大学阶段素质教育的重要一环。其教学目的在于加强基础知识，发展智能水平，培养非智力因素，全面提高学生素质，塑造健全人格。与此相应，考试的目的就不仅仅是检验学生对书本知识的记忆和理解程度，而是考核其对现实生活的认知程度以及分析解决问题的视野、角度和思维方式。因此，我们就不能再延续中学应试教育的老路，搞一锤定音的评价方式。

第二，考核办法总体上分为平时成绩和期考成绩两部分。其中，平时成绩占 30%，期考成绩占 70%。②

---

① 《邓小平文选》第 2 卷，人民出版社 1994 年版，第 105 页。

② 现在已经改为平时成绩与期考成绩各占 50%，以加大学习过程考核，强化实践环节。

第三，平时成绩包括作业、论文、课堂讨论、辩论发言、调查报告以及考勤情况等。作业、论文和调查报告，一律用16开稿纸手写，不允许打印，以免有些学生直接从网上下载打印，蒙混过关。这一部分主要考察学生的查询资料、撰写小论文、口头表达能力以及学习态度等，激发其对社会热点、焦点问题的关注与思考，增强思维活力，培养社会责任感和忧患意识。为此，我们采用《教学周志》的形式，由教师在班干部的协助下对相关的教学过程予以记录，以此作为平时成绩的评分依据。

第四，期考成绩主要通过期终闭卷考试的形式评定。它包括单选题、多选题和论述题三部分，其中每一部分可以涵括判断题、辨析题和材料题的相关内容。主要检查学生对基本知识点和基本原理的理解和掌握程度，以及运用基本原理分析问题和解决问题的能力。为此，我们建立了题库制度。

第五，集体阅卷。选择题采用标准答题卡形式由读卡机统一审阅，论述题部分由任课教师集体审阅，教师对自己授课班级采取回避制，以确保评分的公正性。

第六，复核制。试卷批阅结束，以教研室为单位，教师要相互对试卷进行复核，确认无误后，由系主任检查签字，最后装订成册。

三、改革的成效与不足

几年来的改革历程，是伴随着我们对思想政治理论课认识的不断深化走过的。这段探索，我们经历了由片面应试导致学生片面发展，改善为规范考试加上平时考核，进而达到更加全面考核学生素质的目标过程。回顾和总结近年来考试改革的实践，可以看到，我校思想政治理论课教学尽管面临着各种各样外在环境的严峻挑战，但是毕竟取得了较为理想的成效，主要表现在以下几个方面：

第一，更加明确了教学宗旨。任何一种有价值的知识，它既是出于真的追求，同样也具有善的期待，还带有审美的意蕴。政治理论课教学不应成为一面磨平了的镜子，仅仅反映知识所蕴含的客观事实，呈现冷峻的宣传说教面孔，它还应关注绚丽多彩的人性追求，通过引导学生主动地学习，使学生在知识能力、情感态度、创新意识等方面得到主动发展，成为具有鲜明个性的人。改革中，我们努力探索一条超出传统应试教育思维模式的、旨在培养大学生自我完善和自我发展的新路，促进学习者由模仿者、接受者、被动者到创新者、交流者、主动者的角色转换。

第二，更加改进了教学方法。考核形式的多元化，促进了教学方法的改革。单纯的灌输式教学已很难延续，代之以课堂讲授与课堂提问、课堂讨论、课堂辩论、课堂测验相结合，课堂学习与课外阅读和调查实践相结合，书本知识与学生生活实际相结合，平时考核与期终考核相结合，开卷与闭卷相结合。进一步调动了学生学习的积极性和主动性，使其对现实一些可感可见的现象和问题勇于追问和反思，不仅深化了可以言传的书本知识的学习，而且强化了默会知识的学习，促进了由应试教育向素质教育的转化。在教学手段上，我们开展了信息技术与课程教学整合的研究与探索。教师普遍运用集图、文、声、像于一体的计算机多媒体技术来活化与优化某些教材内容，增强了知识的直观性、形象感，满足了学生认知发展需要，激发了学生爱学、乐学的感情。同时，教师在每堂课接近尾声时，抛出一两个有现实针对性的政治时事或人生问题，引导学生课后搜集网络资料，以备下次课堂上与老师、同学交流和讨论，表现突出者，平时成绩予以适当加分，以此鼓励学生课后利用网络进行拓展性学习。由考试改革带动的一系列教学方法改革，使教学内容的呈现方式、师生教与学的方式以及师生互动的方式都发生了可喜的变化。

第三，更加规范了教学秩序。2002 年时，我们深切感到，长期以来由任课教师自行命题、自行阅卷带来一系列问题。比如：有些教师授课不负责任，命题随意划定范围，阅卷走关系、送人情，直接导致学生对思想政治理论课采取无所谓的态度，上课不上课一个样，学与不学一个样，得过且过，顺利过关，万事大吉。扭转思想政治理论课教学的被动局面，保证考试应有的权威性、规范性和公正性是当务之急。我们开始考虑实行统一命题、统一阅卷。由于闭卷考试虽然具有相对客观、公正、简单、高效的优点，但毕竟造成课上记笔记、课后背笔记、考试考笔记的机械被动局面，不利于学生理论素养的养成。所以，当时规定平时成绩占 20 分，主要包括作业和考勤；期末考试占 80 分，题型有名词解释、辨析题、判断题、简答题和论述题、材料题等。阅卷由教师分教研室集体采取流水作业方式进行。

继而，我们在教学实践中又越来越认识到，思想政治理论课的教学不仅仅是知识的传递，更是一项启迪人的心灵、培养人的政治关怀和人文关怀的工程，因而授课方式应是灵活多样的，与此相应，考试方式也应该是多元化的。据此，我们将平时成绩提高到 30 分，考核内容和方式也在原有作业和考勤的基础上更加丰富多彩，为了使评定更加有理有据，又采取了周志方式，对教学过程进行追踪记录。

随着近年来学校的不断发展壮大，高考扩招，思想政治理论课教师承担的教学工作量也越来越大，尤其是期末考试几千人的阅卷量，不仅使教师不堪重负，而且很难保证阅卷的准确性。为此，我们将闭卷考试改为现行的单选题、多选题和论述题三部分。选择题采用标准化答题卡由机器统一批阅，论述题由教师集体批阅。

实践证明，这样的改革使考核更加全面、公正、客观。平时考核内容丰富、形式多样，既活跃了课堂气氛，又提高了出勤率，同时使评价更具全面性。机器阅卷和教师回避制阅卷既避免了人情关系分，又大大提高了判卷的效率和准确度，在较大程度上保证了评价的客观公正性，使整个教学秩序顺畅、井然、规范、和谐。

尽管如此，我们也认识到，高校政治理论课的教学改革还需付出更加艰辛的探索与努力，这是责任，也是追求。总结几年来的实践，我们还存在一些问题与不足。比如，闭卷考试如何侧重考核学生的理解和分析能力，避免僵死的记忆，这对出题提出了更高的要求；如何针对文科学生、理科学生、专升本学生以及艺术类学生的差异性进行更加合理有效的考核，避免单一标准导致的分数差距过大现象，尤其是艺术类学生由于高考文化分数线相对较低，与其他专业学生同一标准考核政治理论课，及格率偏低，会直接影响其将来毕业、就业和考研等。再比如，教师对过程管理积极性的调动与责任心的培养还有待于进一步加强；整套考核体系还需进一步完善，使之更加规范化与科学化；政治理论课程的开设如何更好地与考察学生的思想政治理论素质以及与研究生考试结合；等等。我们将继续总结经验教训，力求在现有的基础上使这套评价体系更加健全有效和有理有力。

总之，考核办法创新，实质上要解决的是学生为什么学和如何学的问题。改革考试不等于淡化和取消考试。素质教育的推进，不是以考试为对立面，而是摸索一条突破僵死、教条的教学模式进而形成以培养个性思维和创新精神为目标的教学模式的新路。目前正面临着如何高质量实施 2005 年高校政治理论课新课程方案的系统工程，为此，我们将继续前行，力求在现有基础上，打开新局面。

（原载《高等教育与学术研究》2006 年第 5 期）

重视过程，强化实践，全面考评，提高实效

——山东大学(威海)思想政治理论课考试与教学方式改革综述

吴文新

思想政治理论课在我国高校人才培养中具有极为重要的作用，是其他任何课程不可替代的。有关调查显示，通过广大思想政治理论课教师的不懈努力，高校思想政治理论教育的成效是显著的。但也不可否认，市场经济的发展对高校思想政治理论教育确实产生了巨大的冲击，某些大学生理想信念动摇、滑坡，对思想政治理论教育的抵触情绪是客观存在的。因此，如何通过改革提高思想政治理论课教学的实效性，是摆在我们面前的一个重大课题。多年来，兄弟院校都在进行积极探索。我们的体会是：改革思想政治理论课的考核评价办法，具有关键性的意义，以改革考核评价方式为突破口，进而带动思想政治理论课教学内容和教学方式的全面改革，是一条非常有效的途径。在学校领导和教务处的大力支持下，我校马克思主义教学部自 2001～2002 学年第二学期始，开始对思想政治理论课的考试评价方法进行大胆探索和改革。经过六年多的探索和实践，我们形成了一套比较成熟的考核方式和教学方法，并且在实践中产生了明显效果。现就改革的起因、过程、效果、经验及存在的问题作一简要总结。

一、以考试改革促进思想政治理论课教学全面改革的必要性

第一，考试历来是教师之教、学生之学的指挥棒。科学合理的评价考核和考试方式，不仅能够直接引导教师的教学，促进它不断变革，提高效果，而且对学生的学习也会起到显著的导向和定位作用。我们认为，任何教育教学改革，如果没有考试评价和考核方法的变革作为先导，那就不可能取得实质性的成功。

第二，单一的期末考试严重弱化了教学和学习过程的管理。过去，许多学生只关心期考分数，逃避课堂教学，忽视学习过程；而教师则敷衍应付，满堂灌，并不关心学生主体作用的发挥，从而使思想政治理论课的教学目的难以实现。这是改革考核方式的根本原因。教学考核要服从教学目的，思想政治理论课的教学目的很清楚，其根本点是育人，就是要教育学生掌握马克思主义的基本立场、观点和方法，树立正确的世界观、人生观和价值观，坚定中国特色社会主义理想信念，为促进中华民族的伟大复兴、为实现社会全面进步和人的全面发展而奋斗。显然，这一目的不可能一蹴而就，只能潜移默化，在熏陶、教育中逐步实现。重视实践过程，力行养成教育，是思想政治理论教育的一条基本经验和规律，也是必须坚持的一条基本原则。过去，我们的教学严重忽视了过程的考察，完全以期考分数来评价教学，导致平时教师无管理、学生不到课，考前老师划考点、学生搞突击。长此以往，恶性循环，学生到课率不断下降，教师在教学中也备受煎熬，显得很无奈。

第三，以往的期考工作教师各自为战，简单随意，表面看分数很高，实际上掩盖了教学中所存在的诸多问题，也损害了考试的严肃性。这是促使我们改革考核方式的直接原因。2002 年前，期末闭卷考试是我们考核学生成绩的唯一办法。教师一人多课、多人一课的现象很普遍，但考试评价工作一般都由教师个人负责，同一门课往往采用多种试题。在教学和考试中所出现的问题有：教学满堂灌，照本宣科，进度不一致，试题范围、重点、数量、题型、难度、评分标准、成绩等严重不平衡，有的教师考前划重点，或者评卷中存在个别交易行为。这损害了考试的严肃性和公正性，进一步恶化了学生的厌学情绪，从根本上降低了教学过程的地位，使思想政治教育的处境更加尴尬。

第四，对学习过程和平时成绩的忽视，不利于调动学生学习的主体作用，也不利于推动教师对教学方法和手段的改革，进而导致课堂教学的效果甚微。这是改革考核办法带动教学全面改革的又一重要原因。加强过程管理和平时考评，不仅可以帮助教师及时发现问题、改进教学，更重要的是可以激发学生学习兴趣和热情，鞭策他们自觉学习、主动创造，从而切实提高思想政治理论课的教学效果。

二、对思想政治理论课考核方式和教学方法的探索与改革

（一）考试考核办法的初步探索（2002～2004 年）

我们首先出台了《马列部关于社科必修课程考核办法的若干规定（试行）》

(2002年),把学生考核成绩分割为平时成绩20%和期考成绩80%两部分。要求教师对学生平时表现(包括读书、讨论、发言、笔记、作业、出勤等)进行全面考查和监控,强化过程管理和养成教育。期末考试首次实行统一命题、统一考试、统一评卷、统一登分,以确保考试的严肃性和公正性。

(二)考试考核办法的逐步完善(2004～2005年)

在探索中,我们针对出现的一些新情况、新问题,不断完善规章制度,先后出台了《关于学生平时考查成绩计算办法的调整及补充意见》(2004年)、《马克思主义理论课组织讨论课的教学基本要求》(2004年)、《马克思主义理论课学生平时成绩考核要点》(2005年)、《马克思主义理论课期末考试工作规则》(2005年)和《马克思主义理论课教学周志》(2005年)等文件。主要内容一是把平时成绩提高到30%,期考成绩调整为70%(2008年分别提高到40%和60%);二是进一步细化并规范平时考核和期考工作;三是为了确保平时考核的及时、准确和真实,我们以教学班为单位,为教师配备了《教学周志》,教师上课随身携带,随时记录课堂教学状况,其中还附有考核要点、教学日历、进度表、学生花名册及平时成绩汇总等,此举效果显著。同时,期末闭卷考试的题库建设也取得了新的进展。

(三)遵循教学互动、发挥学生主体性原则,全面开展学生登台活动

2007年以来,我们根据新课程方案的特点及我校教学改革的总体要求,把每周3个课时的课堂教学分解为教师授课和学生登台实践两个环节。教师精讲课程内容,同时指导学生组成学习小组(一般3～6人),结合课程内容,自己选题,课前准备(PPT),每周50分钟,人人登台,大家点评。所有同学的课堂表现都记入《教学周志》,纳入平时成绩,考核加分。此举不仅解决了教学内容单调、课堂气氛沉闷的老大难问题,而且使学生由被动学习到主动学习,发挥了学生的主体作用,也使学生的表达、协作、创新以及PPT制作等多方面的技能和素质得到了锻炼和提高。

(四)遵循理论联系实际的原则,全面开展社会实践

2006年3月,我们根据"05方案",制定了各课程实践教学大纲及实施方案。最初,由于经费不足,只是个别老师带领部分学生到企业、农村等地进行考察实践。2007年,随着学校投入的增加(每生每课程10元),我们很快将学生课外社会实践活动制度化规范化,把多年来有名无实的实践课时落到了实处。我们专门设立了"实践教学教研室",以加强对实践教学的指导和管理。部里与当地博物馆、监狱、部队、企业、农村等单位合作建立了10多个"山东大学思想政治教育实践基地",要求教师每学期都要组织全体学生带着问题参观考察,回校后撰写感想体会。马列部三门课程可保证学生人均社会考察3次,截至2009

年3月,我们已组织学生10000多人次参加社会实践。学生在此活动中的表现也记入平时成绩。此举克服了思想政治理论教育脱离实际、关门教学的弊端,也丰富了学生的社会实践经历,深化了学生对社会人生、责任使命的认识和感受。

(五)教学资料和考核档案

六年来,我们所推行的考试考核新办法及新的教学方式惠及全校50000多人次,共收回学生书面作业36000余份(已批改并装订存档)、《教学周志》300多册(已装订存档)、实践教学报告5000多份、学生登台实践制作的PPT课件3000多件。

(六)立项研究,总结经验,探索理论

分校先后支持马列部教师立项(近10个)研究教学改革,其中包括关于考试办法的改革研究项目2个。教职工撰写有关论文7篇,完成总结报告2份,教学研究论文数篇。如《我校政治理论课考核办法的改革与实践》《我校政治理论课考试改革探析》《试论高校公共政治理论课教学的尴尬及其实质》等。

(七)已取得成效

通过持续改革,近几年学生到课率提高了,课堂气氛活跃了,教学内容丰富了,教学形式多样了,学生有收获,教师也满意。2003年以来,学生对思想政治理论课的满意率不断攀升。2006年后,我部教师的学生评教成绩全部达到90分以上。在学校组织的学生对2005～2006学年全校833门课程的网评中,马列部的课程位居前列;在校园BBS所进行的"学生最满意的教师"调查中,马列部近半数教师位列其中。2008年,学生发表数篇文章畅谈自己在改革中受益;同年,孙武安教授被评为"山东大学教学名师",吴文新、赵焱、曹红、马秋丽等多名教师被学校多次评为"骨干教师"和"青年教学能手"。

同时,我们的改革也得到了学校专家和领导及社会舆论的认可。在分校2005年、2007年教学工作会议上,我部经验以专题形式作了介绍,并收入会议材料汇编。2006年,学校专家组在教学检查中高度评价了我部推行《教学周志》的积极做法。在2004年全国思想政治理论课教学改革研讨会和2006年、2008年山东省高校中国革命史教学研究会的交流中,我校改革经验都得到了与会代表的充分肯定和高度评价。考核方式的改革在2007年山大威海分校教学成果评比中荣获一等奖;2006年,必修课均被评为"学校优质课程";2007年,"马克思主义基本原理概论"被评为"省级精品课程","毛泽东思想、邓小平理论和'三个代表'重要思想概论"被评为"山东大学精品课程"。《科学时报》(2008年6月16日)、《中国教育报》(2008年7月12日)、《山东大学威海分校报》(2006年11月25日)、《威海晚报》都曾深度报道并肯定了我部的教学改革成绩。

(八)持续推进,深化改革

2008年4月,学校通过印发《山东大学威海分校马克思主义理论课教学改革实施方案》(山大威校教字[2008]8号),一方面肯定了我们的做法,另一方面也提出推广我们的改革经验。2008年,学校批准立项研究"马克思主义理论教学的系统化改革",希望我们深化改革,总结经验,准备申报省、国家教学成果。我部在修订完善《马克思主义理论课学生平时成绩考核要点》(2008年6月)的同时,进一步完善了《马克思主义理论课组织学生登台实践的基本要求》(2008年6月)。我们将在深化考核方式改革的同时,全面推进思想政治理论课的教学改革,包括丰富教学内容,改进教学方法,突出教学互动性,强化教学实践性,推进研究性学习,以期在教学改革和质量工程建设中取得更大的成绩,进而将这项成果提升到更高的水平和层次。

三、我校思想政治理论课考核方式与教学方式改革的特点

我校思想政治理论课教学改革的显著特点是以考试考核方式的改革为突破口,带动教学内容、教学方式的全面改革。

第一,转变观念。观念变革是实践创新的先导。淡化期末考试、强化过程教育、发挥主体作用、突出实践教学、注重能力培养等改革思路,符合思想政治理论教育的特点和规律,有利于人才素质和能力的培养与提高。

第二,完善制度。在循序渐进中探索了一套系统的、可操作性强的考核办法。考核方式的改革影响到教学的各个环节,没有配套措施的保证很容易流于形式。尤其是学生平时成绩的考核意义最大,也最难操作。搞不好就会损害考核的严肃性和公正性。我们不仅使平时考核的内容日益丰富多样、详细具体(有法可依),而且在考核方法上推行了《教学周志》的办法,使学生平时表现有据可查。同时,吸收学生干部和学生代表共同完成平时成绩的做法,也使考查更加公正和公开。

第三,考评全程。推行《教学周志》的做法实现了对教学过程的全程监督、检查和即时评价,严肃了教学纪律,保证了到课率,调动了学生读书思考、讨论发言、参加演讲、实践调研的积极性、主动性和创造性,为客观评价学生平时表现提供了事实根据。

第四,强化实践。实践教学有计划,有经费,有组织,有总结,有考核。教师不仅指导学生选题读书,收集资料,制作PPT,登台演讲,进行课堂实践,而且组织学生就近参观考察监狱、企业、农村、社区及博物馆和纪念馆等。这两项教学

内容和教学方式的改革极大地调动了学生学习的积极性和主动性，丰富了教学内容，活跃了教学气氛，也使学生在自学、表达、协作等多方面的能力得到了锻炼和提高。

第五，教学互动。对学生平时成绩考核力度的加大，必然激发学生在课堂教学中的活力，大家积极发言、争先登台、热烈讨论、气氛异常活跃，很好地实现了教学互动。

第六，规范考试。采取制度化措施统一和规范期末考试，使之更加严肃、公正和科学。一改 2002 年前期考以教师为单位，各自命题、评卷和登分的弊端，各课程在全校实行统一命题、统一考试、统一评卷（机读和集体评阅）、统一登分，从而增强了考试和阅卷的严肃性和公正性。

下一步我们将尝试进一步改革考试方式。比如在学校支持下，引进机考系统，为此要建立符合技术要求的各科题库；平时对学习过程的考核也将更加严格扎实。随着课堂教学“教师专题讲授＋学生专题研讨”模式的推广，甚或慕课改革的推进，我们的考试和教学方式改革还将迎来新的革命！

后 记

本论文集收录了近十年山东大学(威海)马克思主义教学部教师在思想政治理论课教学研究、改革与探索的部分成果,大致能够体现我校思想政治理论课教学改革发展的基本轮廓。

众所周知,高校作为我国社会的有机组成部分,大学生作为刚刚步入成人社会的一个特殊群体,也不可避免地受到种种思潮、理论、学说的影响,高校的思想政治和意识形态状况也日益复杂化,大学生的思想动态也呈现多元化、不确定和跨界游移的态势,这无疑给思想政治理论课教学提出了严峻的挑战。教师们每天面对学生,对这些变化有着非常敏锐的感知,但是,在坚守思想政治教育岗位的过程中,若非付出巨大的辛苦,就很难应对这样的境况。从本文集所收录的文章看,我们的老师为此作出了问心无愧的努力,如同老师们常说的那句话:这是良心活儿!一种强烈的浓浓的正能量在思想政治理论课教师队伍中恒久地发挥着作用。

在此对各位老师的大力支持和教研室主任的辛苦编辑表示衷心的感谢!更要感谢山东大学(威海)党委的正确领导和热情关怀,感谢学校行政的肯定和鼓励以及教务处的直接支持与鼎力协助!当然还要感谢山东大学出版社的刘旭东副社长和编辑们的辛苦努力,感谢他们支持这样的论文集出版,也彰显了他们对高校思想政治理论课教学和思想政治教育工作的认可和鼓励!

本文集所收录文章,学术水平不一定很高,我们的探索和改革也在进行之中,文章肯定存在许多不足,主编对文集的学术、事实和政治思想等担负第一责任,也希望同行们予以批评指正,在此表示诚挚的谢意!

编 者

2016 年 4 月于山东威海玛伽山下